U0581769

佛满洲家谱精选

吕萍　总主编

吉林卷

吕　萍　何晓芳　张德玉　主编

人民出版社

章取仕，虽重视门阀制度有所改变，但统治者仍凭据家谱以定宗族三代是否清白。在宗法制度的社会里，定昭穆，别嫡庶，分长幼，直接关系到人的社会分工、政治地位和财产继承，家谱则是重要的凭证。」[①]在中国历史上，统治者稽阅家谱，倡导修纂，其例不鲜。宋淳熙十五年左丞相周必太序《陈氏家谱》说：「开贞观之治的李世民，曾下旨『奏天下谱牒，退新门，进旧望。左膏梁，右寒微，合一百九十三姓，三千六百一家』。明初，皇帝朱元璋为了『尊祖敬宗，昭穆不乱，使后代子孙知其木有本、水有源』，也曾下旨修纂《朱氏家谱》。皇帝的首倡，各王公贵族大姓自然积极响应，热烈相随。

满族家谱产生缘由既有中国史的共同性，也有满族历史的特殊性。满族家谱源起于『结绳记事』，『结绳记事』是在创制文字之前的人们记事的一种手段和一种方式。满族的先人从何时开始『结绳记事』没有文字记载，不得而知。在清太祖努尔哈赤创制老满文之前，女真人就已有『结绳记事』了，满族家庭中世代祖传的『子孙绳』即是其一。子孙绳俗称『索绳』，据《索绰罗氏宗谱书》载，『索绳长三丈二尺或二丈八尺』，索绳上『拴五色绸条』，一个绸条或布条代表生育一口人，男性是红布条，女性用其他彩色布条。有的生男拴小弓箭，生女拴嘎拉哈，有的一宗支人拴一嘟噜布条，一支支往下拴，一嘟噜是一代人，这就是『结绳记事』，记的是一个氏族人口繁衍、宗支分蘖的历史。

满族有文字的谱书自努尔哈赤时期的《满文老档》开始。老满文创制后，努尔哈赤命令将他的政治、军事、生产、生活、外交等一切事务记载档子里，集成为《满文老档》，这就是满族谱书修纂的开山鼻祖之作。清入关后，即沿袭明制于顺治九年（1652）设置了宗人府，掌皇族属籍，纂修皇族谱系的《玉牒》。有清一代，八旗满洲尤其贵族受汉族传统文化的深刻影响，门第观念日益受到重视。康熙《圣谕》16条，其中第2条就是：『笃宗族以昭雍睦。』雍正则在《圣谕广训》中要求『修族谱以联疏远』。雍正五年（1727），管理旗务大臣等奏准：『凡系世职官员，令其预先缮造家谱，存贮都统衙门；其后若有应行增入者，令于岁底俱保增入』，经八旗都统核实，上奏皇帝批准，官员才可袭职，谱书成为袭职的凭证，北京、辽宁等地图书馆、档案馆收藏的《八旗佐领承袭缘由谱》就是为袭职而抄录的家谱世系。

① 张德玉：《满族发源地历史研究》，辽宁民族出版社2001年版，第264页。

清太祖举兵辽左后，将其属下女真人编为牛录军政组织，仍然沿袭爱新觉罗家族统治，所有被征服或归附的女真人皆被编隶于牛录组织之中，其军政首领就是牛录（清入关后改称佐领，正四品武职衔）。清代把佐领分为勋旧佐领、世管佐领、公中佐领，勋旧佐领是勋旧功臣带家奴仆人或因有功赏予的奴仆被编为勋旧佐领，其佐领之职子孙可以世袭；将所属之人带来归附编为佐领的，令其酋任佐领管理，沿任数世，遂为世管佐领，其子孙也可以世袭佐领之职；公中佐领不得世袭。勋旧佐领和世管佐领其子孙世袭，强调了氏族关系的重要性，而世袭佐领时，必呈家谱作为首要凭证，因而也促成八旗满洲人的修谱热。

满族谱书集大成者《八旗满洲氏族通谱》的问世，更推动了八旗满洲各氏族的修谱热情。清代作为中国封建社会的最后一个王朝，可是作为宗法『血脉文献』的家谱编修之风却达到封建社会的顶峰。满洲各氏族的修谱热忱，一是受到了汉族文化强烈影响，吸收了汉族的谱牒文化，二是八旗全国各地驻防人口分散需要收族，三是官职承袭必具家谱核实凭证，四是皇帝与清政府的提倡，五是满洲入关后各氏族对其始祖及先世功名人物的缅怀追念，六是婚姻联谊重内亲的需要，等等因由，促使清代修谱出现过三次热潮。第一次是在康雍乾三朝，出现了『盛世修谱』热，尤其在乾隆朝，国家安定，经济繁荣，人民乐业，出现修谱热潮理所自然。第二次是在嘉庆年间，国内战乱已基本平定，满洲各氏族祈盼大清中兴而掀起修谱热潮。第三次是清代晚期，尤其光绪年间，满族编修家谱进入又一个繁盛时期。此阶段八旗人口大量增长，而八旗制度管理却由于清政府摇摇欲坠而日益松弛，八旗人丁流落各处，旗档记载不全，或旗档完全散轶，满族人已经不能依靠清政府旗档登记造册记载世系，所以，往日依靠八旗官府的满族人只有各家各族自行编修家谱，以免本家族世系源流失传。另有，面对清王朝衰亡，满族怀旧的民族心态和民族意识发挥作用，也增加了修纂家谱的动因。目前，除乾隆时期告竣的官修满族家谱《八旗满洲氏族通谱》存世之外，绝大多数现存的满族民间家谱皆为清光绪年间续修或初修。由于这时期的印刷业在民间逐渐普及，为满族谱书修纂印刷提供条件，使满族谱书修编盛行。一些满洲大姓豪族或参照原有谱单、官府旗档抄录后，按照谱书体例加以完善，编撰成为谱书；或者聚集族众，遍访先人古迹，查询支脉，初立新谱；或者将原修谱书再版刊印，广发族众收藏。这些满族谱书体例完备、内容丰富详实，记载该姓氏历史源流清楚。本书所收录的满族家谱诸如《索绰罗氏宗谱书》（岫岩）、《洪氏宗谱》（岫岩）、《福陵觉尔察氏谱书》（新宾）、《伊尔根觉罗氏谱书》（新宾）、《那氏宗谱》（清原）、《永陵喜塔腊氏谱书》（新宾）、《赫舍里王氏族谱全书》（抚顺）、《京都吉林宁古塔三姓等处厢黄旗陈满洲关姓宗谱书》（长春）、《讷音富察氏增修支谱》及《富察氏增修支谱溯源记》（宁安市）等，有数百部之多，可以说是谱书精品，是清史及满族源流研究的重要民间资料。这几部谱书同其他所有满族谱书一样，都无一例外的追述姓氏起源以及清入关后驻防迁移地址，其中追述清入关后一家一姓的满族驻防迁移地址，对研究清代满族分布的来源以及地方区域性的人口民族结构提供了详实的参考资料。例如《马氏宗谱》记载：『原为盛京满洲镶黄旗人，顺治元年（1644）由盛京迁居蒲辉，继而移至和气堡，最终迁居乌拉街，加入打牲乌拉采珠镶黄旗档案』。嗣因征兵出征，拨入乌拉驻防协领管下镶黄旗。《打魚楼屯谱书》记载：『自前明时，即与我太祖皇上同居于长白山北分水岭西，旋又迁居于挥发川内呼兰哈达山下。』后金建都盛京后，该伊尔根觉罗氏『始祖安公兄弟三人随征，西迁居于沈阳南依吉福屯。清入关后，顺治二年（1645）设打牲乌拉，安定满洲，本氏长始祖遂北迁至于斯焉。其二弟随龙进京，三弟安于沈阳，此我始祖三位之所由来。居于打魚楼的长始祖赵安耐，生二世兄弟三人，其长子占据关屯，仲子占据打魚楼屯，季子占据石家屯，由此分为三大支。此后，三支人所当之差屡有变动，于此迄今二百余年以来，流传十二辈矣』。

除谱书外，还有大量谱单。因为，民国时期八旗制度解体，因谋生需要，许多满族后裔大批从原八旗驻防地徙迁各地，各氏族宗支有条件的续修重修增补谱书，而那些小门小户为了不忘先祖，年节供祭，也只好从原族谱上抄录续接简单的支系谱单或三代宗亲以代之。因此，许多满族人后裔大多都有世系谱，也就是谱单。谱单有大有小、有繁有简、有早有近。例如乌苏氏族谱，目前所能见到保存的共有5份，其中之一乌苏氏（汉姓为穆氏）族谱，修于嘉庆十八年（1813），长7.8米，宽1.3米，这是该族最早修撰的族谱，而清晚期到民国以来所标世系，皆为新宾本地世系；其中之二乌苏氏（汉姓为吴氏）谱单长13.5米，宽1.36米，嘉庆十八年以前所记世系皆抄录同祖异宗的穆氏谱。续接了本支吴氏各支系世系为满汉文合璧谱，其他各支谱皆为从清晚期以后抄录续增本支人口世系，没有任何文字标注。但这种谱单与总族谱合并之后，将各支人口繁衍、迁徙分布等状况勾勒出完整框架，具有一定资料价值。另外，从人口优生优育角度看，谱书的主要内容是世系谱图，记自一世至修谱之时各世的人口繁衍，目的是为避免同姓婚姻，『其种不繁』，因此，可作为人口基因遗传、先天疾病预防等问题研究的现实资料依据。

清代著名学者章学诚在《文史通义》中说：『且有天下之史，有一国之史，有一家之史，有一人之史。传状志述，一人之史也；家乘谱牒，一家之史也；部府县志，一国之史也；综记一朝，天下之史也。』家谱即『一家之史』，是关于某一家庭、家族的历史书籍。国家有史，地方有志，家族有谱，这是中国历史的三大支柱，三大要素。国史难以巨细无遗，而家史则可细致入微，正可补国史、方志之不足。所以谓之『补』，即是将一家一族的源流世系详叙，尤其是对地方有影响力的势家豪族阐述其来源根脉，更为必要。因此，满族家谱是研究满族历史源流及世系的必备民间参考资料。

二、记载满族定姓命名的起源

姓氏在特定的社会历史条件下有特殊的历史价值，保持满族姓氏，不与汉姓同化，是传承这一族群的基因血统。所以，清代将其与『国语骑射』并列视为『满洲旧习』，确保不能丢失。乾隆皇帝就八旗改汉姓问题曾严厉指出：『八旗满洲、蒙古皆各有姓氏，乃历年既久，多有弃置本姓、沿汉习者。即如牛呼鲁氏，或妄称为郎姓。即使指上一字为称，亦当曰「牛」，岂可直称为「郎」，同于汉姓乎？姓氏者，乃满洲之根本所关，甚为紧要。今若不行整饬，因循日久，必致各将本姓遗忘，不复有知者。』①在防止满族丢失本民族姓氏的危机感促动下，乾隆皇帝承接其父雍正皇帝未竟事业，完成《八旗满洲氏族通谱》的编修。该书以姓氏为线索，记载了满洲姓氏679个，将每一个满洲姓氏的来源和祖居地一一介绍清楚。乾隆皇帝以此来警示满族人，不能忘记本姓，表达出一种强烈的民族自我保护意识。与乾隆皇帝在位期间完成《八旗满洲氏族通谱》同时，还完成《满洲源流考》的编修，将满族源流追溯至肃慎。

乾隆所完成的《八旗满洲氏族通谱》只是对当时已经形成的满族姓氏起源都一一做了说明，或有因官为姓氏者、或有因居住地为姓氏者等，起到了对满族姓氏辨源流、清本源的作用。但遗憾有三：一是没能遍及满族姓氏，没能涵盖从原有的满族旧姓中分化出来的满族子姓氏；二是乾隆朝以后，尤其是清晚期至民国，满族姓氏发生巨变，越接近近代，满族几乎全部改为汉姓，这些汉姓对应的满族旧姓是什么？姓氏源流起源于何姓？只有民间所修纂的满族家谱起到印证作用。三是还有遗漏。以本书所收录的满族

①[清]长善等纂：《驻粤八旗志》，载马协弟主编：《清代八旗驻防志丛书》，辽宁大学出版社1992年版，第15页。

家谱姓氏变化为例：《沙济富察氏宗谱》与《京都吉林宁古塔三姓等处厢黄旗陈满洲关姓宗谱书》现今的汉字姓为『富』和『关』，《辉发沙克达氏家谱》的现今汉字姓为『沙』《马氏宗谱》原满族姓为马希哈拉，冠汉字『马』为姓。这些姓都是取满族姓的第一个字母音译而成，比较容易清楚。但有许多满族姓氏所取的汉字姓如果没有家谱说明，就不容易说清楚。例如，本书收录的《赫舍里氏康族世谱》，该赫舍里氏的汉字姓依据谱书上记载的世系追溯，就有『张』『康』『赫』三个姓氏，《索绰罗氏谱书》冠汉字『曹』『索』为姓，《依尔根觉罗氏家谱》冠汉字姓为『赵』，《永陵喜塔腊氏谱书》冠汉字姓为『图』。如若没有家谱为印证，这些满族所冠汉字姓就无法识别。

而满族谱书大多的重要内容之一即是皆将本氏族定姓因由记入家谱之中，或写在序中，或专题说明，为我们今日掌握及了解满族姓氏变化提供了可靠的历史文献资料。以上所谈本书收录的满族家谱汉字姓氏的变化，其实代表了满族姓氏变化的普遍现象。例如，众所熟知的爱新觉罗氏，其所冠汉字姓竟达20余个，多以满语汉意、以父祖名首音汉字、以官定姓、谐音定姓、原姓不变等方式命定汉字姓。另如乌苏氏，居住新宾的分别如爱新觉罗氏冠汉字姓方式冠姓为穆、吴、柏、黄、邵、包，居辽阳的除穆姓外，还有代姓等。取消原满洲多音复字老姓，冠以汉字单字姓，这是清晚期的普遍现象，甚至满族谱书中明确记载满语姓与名，傍注汉字姓与名，这就为研究满族定姓命名提供了最好的民间史料。

满洲旗人自金、明以来皆称名不称姓，清代中后期才姓与名联称，这在满族谱书载记的历世历代人名上，皆有清晰记录。其人名无论命名方式、命名规律、命名习俗，自明至清数百年，都有着明显的随意性，但研究起来还是有规律可循。明初有王山赤下、沈时里哈、童尼求里、猛哥帖木儿、孟特穆之类人名，而至明代晚期则出现了努尔哈齐、舒尔哈齐、穆尔哈齐、雅尔哈齐这样有规范的人名，到清代前期，命名就有点汉俗名的味道了。如《福陵觉尔察氏谱书》十二世六格之六子名富昌、富得、永禄、福礼、五福、鲁库，6人中有4人是汉俗名。

满族家谱对满族旧姓的记载，不仅使我们掌握和了解满族姓氏向汉字姓的变化情况，还可以搞清楚姓氏的支系脉络。例如清永陵在东红墙外葬有一坟，查遍史籍，不知为谁。但本书收录的《福陵觉尔察氏谱书》却有准确记载。其七世班布理因谏阻太祖被马尔墩人诱杀救了太祖一命，太祖在修筑赫图阿拉城时，凡臂能擎鹰的人皆分派修城，而免除班布理一家的劳役。班布理因『闲逸』而请求守护太祖祖陵，死后允葬陵内。又《满洲实录》等记载，太祖之祖『六王』时期，女真社会正处于各部蜂起，皆称王争长，互相战杀，强凌弱，众暴寡，甚且骨肉相残。该谱记载，觉尔察氏本爱新觉罗氏，与太祖同祖异宗，其长伯祖德世库之五世孙加虎并其七子与硕色纳并其九子皆强悍，欺凌诸部，终被太祖之祖觉昌安与其长子礼敦所灭，谱记加虎七子『七位祖绝嗣』，觉昌安自『骨肉相残』灭了强悍的加虎父子及硕色纳父子之后，才『尽收五岭东，苏苏河西二百里地方之内诸部，并有其地，由此遂盛』。但为什么改姓觉尔察了呢？根据《福陵觉尔察氏谱书》记载，觉尔察氏某祖因一诸申惹怒，持刀追杀至太祖院内，被太祖隐匿，讨要不予，怒砍廊柱。次日，太祖召开家族会议，讨论处置办法，太祖说，『理应从重惩办，仍姑念同宗之情』，以其居山寨名而降为陈满洲觉尔察氏。

三、记载满族社会生活情事

满族谱书的重要史料价值除记载源流与世系外，通过序言、家规、人物传记、祭祀规矩等内容记载或反映了该家族及地方的社会、经济、文化、风俗、宗教信仰等各个方面的社会生活变迁的历史叙事，生动展现出一个地方、一个满族家族的风土人情画卷，林林总总，曲折婉转。就我们本书所收录的满族家谱而言主要有如下方面：

书写满族艰苦卓绝的开拓经历。建州女真努尔哈赤起兵后由小到大，由弱到强，统一女真各部，打胜萨尔浒之战，进军辽沈，整个一部满族崛起的英雄史，在官方的史籍文献中的记载，往往从宏观着笔，勾勒事件框架，难以细致入微，更遑论士兵士气等彰显精神的叙事描述，但满族家谱却有详实记载，使今人一窥内情。如万历三十一年（1603）清太祖努尔哈赤修筑后金首府赫图阿拉城，在当时建州女真经济贫困、人力财力匮乏、内外矛盾重重、敌对势力夹击形势下，那么短的时间内如此庞大的土木城池工程是怎样完成的？各种《老档》仅只几笔代过，难解详情但满族家谱却有描述。如《福陵觉尔察氏谱书》记载，『救驾有功』者班布理，在修筑赫图阿拉城安排人力、布置分担任务时说：『太祖皇帝家法，驾鹰站立起来者，从虎栏哈达山下，即烟筒山山下赫图阿拉地，即旧老城地方迁移兴京筑城（赫图阿拉城），把人一概算者修城，班布理户中别算。』一个鹰也只500多克重，十岁小孩即可独臂擎鹰站立，按此标准，凡少年男性必去筑城，可见筑城之艰难，『家法』之严厉，即使是班布理的家族也难免。

辽东地区由于清初八旗大军入关，土地荒芜，人烟稀少，原始林海莽莽，杂草丛生。而今天已经成为青山绿水农林牧全面发展的新农村。这与满族八旗从京师回派辽东驻防，开垦戍边，有直接联系。康熙年间，有鉴于辽宁之地空虚，先后三批从京城派兵回驻，前两批基本安排在盛京（包括今日沈阳、铁岭、抚顺等地区）一带，康熙二十六年（1687）派遣八旗数量较大，皆安排在辽东地方，主要为岫岩、凤城（包括今日本溪）等地，乾隆年间又陆续向辽宁包括辽东地区派遣八旗驻防。因而，现今保存的满族家谱对八旗回驻辽宁后，对辽东土地开发情境有鲜活的记载。本书收录的满族家谱几乎都对此类内容有涉及，比如，《那氏宗谱》、《索绰罗氏谱书》、《白氏源流族谱》、《洪氏谱书》等，都明确记载回辽东驻防的满洲八旗以开垦土地为生，其中最生动者为《洪氏谱书》。该谱书记载洪氏迁来辽东岫岩时，『彼时田尚未辟，山林蓊翳，禽兽犹繁』，经过洪氏开拓『田亦渐次开垦，乃讲农功』，由此发展繁衍。洪氏依靠双手创造了自己家园，经过200多年，到民国时期，洪氏已经繁衍成以岫岩为中心广布于各地的大姓家族。洪氏也由原来『读书者颇少』变成为当地熟读诗书有名望的满族大家族。

记载满洲八旗人当时的社会经济生产情况。满族家谱不仅是记世次、别亲疏，当官承袭世职的凭证，也是继承家族财产的根据。因之，有许多满族人家都将土地田产的数量和管理办法记诸于家谱之中，作为家谱的主要内容，与世系一样一代一代传承。例如，《洪氏谱书》中有《规则十一条》，即将氏族公产、义田、义仓、祭田、学田、义塾等条条列出，规定管理办法，甚至报呈县长存案监督。再如正黄旗满洲《凌云堂白氏事宜录》，即对清代家族房地田林财产的出售购入和租赁典当等有较详细的记载，甚至对丧葬礼仪婚娶嫁女的金钱使用定例都有详细规定。《马氏谱书》其中的家规十条中，对此也有类似的记载。《依尔根觉罗氏家谱》记有祭田、茔墓图（附坟墓位置图）等。家谱中的家规不仅仅局限于对田产的管理，而且还对治理和环境保护提出规则，《洪氏谱书》中，在开荒垦田、维护生态环境上总结了一定的生产经验，将其落实为家规，记载关于山林种植与经管、学堂的创办与管理；《凌云堂白氏事宜录》中有关治理洪灾、沙地的办法措施等等。我们可以注意到，凡有这方面记载的家谱皆为康熙二十六年（1687）派回辽吉驻防，『跑马圈地』的普通满族八旗人家。原本这些土地是用来顶替旗人当兵的俸禄，产权归清朝国家所有。但历经年久，百余年之后，尽管产权未变，但管理与分配已经与民田别无二致了。更由于天下承平，战事不多，辽吉两地满族八旗被抽丁的人员日益减少，比例极低，使得亦兵亦农的八旗兵与依靠种田为生的民户几无区别。因而，家谱中该记载对研究清代满洲旗人的经济状况和生产生活，提供了正史所不载的微观资料。

反映满族社会的道德风尚及民风民俗。一部家族谱书，记录的是一个家族的氏族源流、历史沿革、世系繁衍、人口变迁、居地迁徙、婚丧嫁娶、族规家训、族产管理、文化遗存、人物事迹、科举功名以及宗教信仰等。这些内容一一真实地反映家族历史面貌、时代精神和社会风尚，蕴藏了一个家族丰富的有关宗法思想、家族制度、生产生活、人口问题、人物传记、科学教育、地方史志等鲜活资料，是研究一个地方的社会历史问题的巨大资料宝库，具有史和志不可替代的文献价值。因而俗语说，『我辈今世不修谱，三代之后知尔谁？』满族谱书，吸收和借鉴了汉族谱书颁布家规族法的功能与作用特点，将原来仅仅续世系、述源流的形式增加了家训的内容，清后期所修纂的满族谱书该特点尤为显著。满族谱书将族规家训作为首列的重要内容，尽管形式各异，繁简自由，宽严不同，但大抵都是忠国家、孝父母、敬师长、睦宗族、隆孝养、和乡邻、敦礼义、谋生理、勤职业、笃耕耘、课诵读、端教诲、正婚姻、慎交游、急徭税、守本分、效忍耐、尚节俭、从宽恕、息争讼、洁盗贼、杜奸淫、戒赌博、防伪诈、重友谊、谨言行等。例如《索绰罗氏谱书》，其中记载的满汉文合璧家训，是至今仅见的内容完整的满文家训，其内容为《十亲》、《十用》、《十勿》、《十戒》，从家庭伦理、个人品德、社会公德，多角度、多侧面，进行全方位的道德规范。

满族谱书除上述道德规范性质的家规家训外，重要内容还包括祭祀及丧葬规矩记载，这也属于家规家训的重要组成部分，需要全族人共同遵守。例如祭祀规矩，《依尔根觉罗氏家谱》专门有『祭祀程序』规定，即是将祭祀从春节大年三十儿开始一直到初五，如何祭祀，详细注明，例如：领牲程序如何，祭俱摆放如何，换索如何，祭星神如何等，一节一举规定无余。还有《索绰罗氏谱书》也有同样祭祖内容，体现于《安祖宗方位章程》、《祭祀应用器具》、《一年四大季上坟祭祀》、《春节礼仪》等。满族家谱记载祭祀程序最全的应当属《富察氏谱书》，该谱书关于此方面的记载有：《祭祀仪注序》、《七月小祭祀即磕饽饽头仪注》、《十月大祭祀用猪仪注》、《晚祭背灯用猪仪注》、《第二日祭天用猪仪注》、《第三日祭星用猪仪注》、《祭祀仪注摘要解释》、《兹详供祖宗之根原》。

满族人一向重视大年祭祀，以上家谱所载主要以大年祭祀为主，祭祀主要是祭祖。满族人不同于有些民族有共同的祭祀祖先，而是每个氏族以及每个宗族都有自己的祭祀祖先。祭祀祖先的象征物一般是谱单。谱单平日放在祖宗板上的匣子里，不能随意拿下让人看，只有在过年祭祖时才取下来祭祀跪拜。还有许多宗族对自己祖先有动人的传说，依照这个动人的传说制成神偶，例如辽东的那氏神偶是两匹木雕青马，据说这是祖先英勇善战的坐骑；另一个那氏神偶是七只鹅，据传该祖先带领本家族躲避敌兵追赶，到了一条大河边上时无法渡过，正在着急之时，飞过来七只天鹅，驼着该家族人安全渡河，从此这个家族每逢过大年祭祖时，同时祭祀七只神鹅。祭祖是大事，因而作为族规写在家谱中，使每一个同宗族人共同遵守。

丧葬规矩也是家规中的重要内容。满族人贵生重死，对于丧葬礼仪极其重视，因之写在家谱之中，以为宗族人遵守不替。《索绰罗氏谱书》中涉及这一方面的记载有《斩衰三年》、《大功九月》、《小功五月》、《缌麻三月》、《祖免》。对于守丧，从嫡子孙一直记到五服之内。重死守丧，这是满族人孝道的最好体现，作为一种家庭伦理属于家规内容，因之也必写入家谱之中。

以上满族谱书中关于家规家训的记载，充分体现清代满族的社会道德风尚以及民风民俗，可以说是满族的习惯法，具有家族的法效能，因为其来源于家族全体的公权力。满族家谱修纂定稿一般多是由宗族会议确定，公布，确定之后，即成为这个氏族的『家法』，由族长监督执行。不但记载于谱书之中，而且有的还甚至呈送知县衙门存档监督。例如，《京都吉林宁古塔三姓等处厢黄旗陈满洲关姓宗谱书》中记有《关姓亲族规约》，制定之后，由族长拟定《关族规约申请备案文》呈宁安县政府主席。

满族的族规家法有一个发展过程。最初只以『口头法』形式在氏族中实行，以爱新觉罗氏为例，至明代晚期，爱新觉罗家族崛起于女真社会，尤其在努尔哈赤任氏族『穆昆达』后，为了管理氏族，他『吐口唾沫就是钉』，对犯有过错的族人及阿哈可以『划地为牢』圈禁几日，可以将人绑在杆上爆晒，可以让其穿女人衣服示众羞辱，可以令人煽其嘴巴惩罚，可以绑于树上三天三夜不许吃喝，可以用骲箭射人背，甚至开除族籍降为诸申，等等项项，都是以『口头法』实行处罚。后金建国实行家族统治后，才逐渐制定『成文法』颁布实行，仅举一例，努尔哈赤甚至禁止其妻妾一人入厕，必须两人以上入厕，沾河姑与夫分居15年，却不允另嫁，因为未经『法律』批准解除婚姻，这种种家法就明确记入《满文老档》之中。

清进关后，满洲各氏族多随军出征，驻防各地，对于家族的约束，相对较为松散。而八旗制度所形成的佐领制仍多为世袭，佐领就是族长，军政一齐管。大多数家族族长任有职司，最低还是领催，没有官职的族长也在家族中有一定权威及经济实力。族长由全族公议推举，有的族长氏族选定后，甚至呈报上级下文任命批准，因此可以说，族长是半官身份。

民间法律的贯彻实行，是在氏族人公议确定为基本条件，其经济基础是氏族公产。若有不屑子孙屡教不改，最严重的可以拘至祖茔『杖毙』，另一处罚就是『除籍』。被开除族籍之人，即不准入录家谱，凡族中公产（坟田、茔木、山林、学田等的收益）一律不准享受，如鳏寡孤独疾患丧葬的困难救济，子孙上学、婚嫁等补助，这在封建社会时代是一项很吸引人的待遇。因此，被开除族籍是一项很重的处罚。

家族法规的监督执行人是族长，而族长的推举任用要根据家法规定执行，担任族长的条件也必须是年长有威望权势，办事公开公平公正，家境殷实，是全族中的『模范家庭』，起表率作用，这样的族长，才令全族人信服。族长有任期，届期重新选任，若处事不公正等，可罢免新选，关于族长的选任、任期、职权及对族长的约束，在《族规家法》中列有明确的条款。

四、记载满洲八旗崇尚建功立业的民族心态

家谱承载着一个氏族的文化与民族精神。著名历史学家、红学大师周汝昌老先生在《丰润曹氏宗谱》《序（一）》中说：『中华文化大领域中，有一项分目，可以称之为「氏族文化」。晋代的王谢风流，北朝的崔卢声望，诗文称道，人所共闻。如果对这一类文化缺乏研究评述，那必然造成全面认识中华大文化的一种空白或阙漏。』氏族文化，是民族文化的具体反映，是民族文化的组成细胞。因此，家谱中往往在谱注中简略记述先人生卒葬地、功名和业绩，甚至专为氏族名人列传，将先人中历史名人、能工巧匠、技术专长加以载录，有的仅只记录先人的一两件事，更有将先人的诗赋文章、著作论述、艺术作品等，一一载录入谱。新编重续的家谱，甚至将族人的各种证书、奖状、协会学会证书等图文入谱。上述种种，记录氏族先祖和族人的功德业绩，记述的是这个氏族的文化，反映的是这个氏族的精神。如《洪氏谱书》中，将洪氏祖母『生成贤德，秉性温良』，相夫教子，茹苦含辛，教育子女『喜读书，知勤俭，尚忠实』

的优秀品质如实含情地记录谱中，读之而生感佩。《洪氏谱书》还记其三世祖佐领山林保退役居家后，如何亲率子孙开荒种地，植树造林，兴办学堂，热心公益等事迹功德，强烈地反映了满洲旗人的爱家爱乡爱国精神。又如讷音富察氏，其家谱记载其氏族历世历代都有多位族人战死疆场，但凡征调出战，族中年轻人仍然义无返顾地跨马执戈，为国为民喋血奋斗，浴血鏖战，虽屡有战死仍前仆后继，奋勇向前。清中期以后，国家战事渐少，富察氏先祖即殷殷教育子孙，苦学文化，考取功名，为家为国争光，氏族『人才蔚起，担圭列爵，代有传人，谟烈昭垂，可谓盛矣！』这种种，正反映了满族的开拓进取、奋勇保国、自强不息、善于学习、文武并进的民族精神，这种民族精神，正是我们今天社会所应传承与弘扬的。《扈什哈理氏家谱》记载，其先祖岳乐顺时任领队官，在攻旅顺城时，久攻不下，伤亡甚多。岳乐顺愤而跃起，迭落士兵尸体，强行登城，终于打开缺口，后金八旗兵随后冒死强攻，终于破城。岳乐顺战亡，『因功赠拜他拉布勒哈番世职，无嗣，弟代之』。其弟雅吗善又因战功升三等阿达哈哈番，立新功又升二等阿达哈哈番。其子赫塞承袭世职后，因功授一等阿达哈哈番。其后，本氏族世袭直至清末，其间又有三代人战场捐躯而献身牺牲，其谱称本氏为『国之干城』，死亦光荣，全氏族都以为国战死而自豪。这就是氏族精神，热爱国家、热爱民族、仇视外寇的民族精神。满洲家谱，都洋溢着对祖先创造的功德业绩的崇尚，例如《沙济富察氏宗谱》说，该姓氏为『固本朝之一大阀阅也。』沙济城，位于今新宾满族自治县西的古楼村，与抚顺县毗邻。『国初率族属来归，编镶黄旗佐领』。

综上所述，满族家谱是重要的民间史料。当前，在史学研究上，史学家们已逐渐重视『三料结合』的研究方法，这『三料』就是文献史料、民间资料和田野调查资料。『三料结合』的史学研究，其论证既有内容丰富、三种资料互相佐证，同时，又使理论文章具有丰富性、可读性、趣味性和亲切性。这『三料』中的民间史料，主要指的就是各氏家族保存珍藏的谱书、墓碑和私家著述等文字资料，而田野调查资料主要指亲访、亲见、亲历的口述资科和历史文化遗存。中国社会科学院刘正爱研究员著作的《孰言吾非满族》一书，就是将调查资料以人类学理论而研究著作的。另有张德玉、张其卓的一些论著，就是充分利用了『三料』资料写就的。

满族谱书在史学研究中既然有着如此的史料性、重要性、珍贵性，社会各界就理当积极挖掘、抢救、整理、研究和保存。各地图书馆、档案馆等皆应积极收藏，使家谱资料面向社会。只有如此，才能真正地充分地发挥谱书应起的『资治、存史、教化』的作用。然而，令人焦虑的是，有些修纂时间早、内容丰富的八旗满洲望姓豪族的家谱，不是被文物贩子收购，就是被国外人士攫取，流失严重，着实可叹！

长春师范大学满族文化研究所立项，编辑影印出版《佛满洲家谱精选》，包括《吉林卷》、《辽宁卷》、《黑龙江卷》，可以说是功德之举，既保存了满族民间资料，更使谱书面向社会，其结果，必然是既满足了史学研究的迫切需求、社会各界的期待，更展现了民族文化的精彩。因此，应予祝贺。

《佛满洲家谱精选》三卷，共影印满族家谱18部，其中有瓜尔佳氏、富察氏、那拉氏、萨克达氏、赫舍里氏、索绰罗氏、觉尔察氏、喜塔腊氏、巴雅喇氏、萨嘛喇氏、洪雅氏等。这些谱书不仅体式完备，内容丰富，史料翔实，修纂时间早，延续时间长，修谱人文化水平高，多有名人序言，原谱保存完好，特别是有些内容佐证历史，可补史书的缺漏和不足，而对版本学、古文字等研究尤具史料价值，可以说是不可多得的弥足珍贵的民间史料。

《佛满洲家谱精选》的出版，能为史学家们重视和应用，将是我们所希冀所盼望的，本书也是一部高质量的民间历史资料。

编　者

2016年11月30日

序

吉林虽现今仅有一个伊通满族自治县，但历史上却有众多的满族大户望族。清入关时，绝大部分满洲氏族『随龙进京』，而今的省内满族，多是顺治至乾隆时期奉命调防的满洲八旗官兵的后裔。主要来源一是顺治十年（1653）清廷在吉林设置宁古塔将军，十四年（1657）设立『打牲乌拉总管衙门』，二是清代中晚期由于各种原因而迁入吉林的满洲旗户，三是清代满洲流人。这些清代的八旗满洲官兵、牲丁与旗户，世代驻防生息于吉林，自然成为今天吉林省满族构成的主体部分。诸如那拉氏（乌拉那拉氏、哈达那拉氏、辉发那拉氏与叶赫那拉氏）、瓜尔佳氏、富察氏、伊尔根觉罗氏、赫舍里氏、萨克达氏、他塔拉氏、石克特立氏、佟佳氏等数十个满洲大姓望族，形成为吉林省满族的主体。这些满洲大姓不仅族望支繁，氏族历史久远，在清政权的300年基业中，为民族为国家都做出过卓越贡献，付出过巨大牺牲，因而成为名公巨卿氏族，其『子姓如瓜瓞之绵，孙枝如椒实之繁』，人丁旺盛，宗支繁盛，更加先人伟勋绍德，簪缨相继，文武齐修，自然世修谱册，以表禩华胄。更加清代官职世袭以谱为凭，官方倡导，汉文化影响，尊祖收族，因而，各氏族都竞相修纂谱书，『三代不修谱，即为不孝』。所以，今吉林省内满族谱书存藏数量亦为可观，谱书的信息量即史料价值亦为珍贵。

明代，海西女真乌拉部、哈达部、叶赫部、辉发部，史称『海西女真四大部』，其主要活动之地，就是古称海西江的松花江流域，海西江（松花江）就是四大部女真各氏族的『根』，而这个『根』就扎在长白山。长白山既是满洲人的祖居之地，也是他们以部落名命姓、以居住地名为姓的定姓之地，是自远古以来即生息繁衍于『白山黑水』之间，是这块广袤肥沃的土地养育了满洲民族。

白山黑水，就是指长白山及黑龙江、松花江、图们江这一广阔地区。

八旗满洲分为佛满洲和伊彻满洲，佛满洲是陈满洲，指太祖时期归附编入旗籍的女真人；伊彻满洲是新满洲，指太宗时期及以后归附入旗的女真人。他们往往追溯氏族源流和祖居之地，多以长白山为标识，说本氏族是『长白山某某道沟人』。长白山被满洲人视为『发祥圣地』。如《那拉氏宗谱》说，某先祖『居据于满洲长白山，居纳喇河滨，遂因以纳喇为满洲著姓』，始祖纳齐布（禄）『起业长白山』；富察氏『祖宗系中国东北长白山下叶赫沟发祥』；《福陵觉尔察氏谱书》始祖索尔火『于明世中叶迁于长白山』；《永陵喜塔腊氏谱书》『于明世中叶迁于长白山喜塔腊地方』；《伊尔根觉罗氏谱书》『于国初时由长白而来』；《索绰罗氏谱书》『先祖自长白山随龙以来』；《扈什哈理氏家谱》『长白山东瓜里察地方之女真人也』等。还有更具体记其祖先居住长白山某某道沟，如萨嘛喇氏原居四道沟、赵氏居四道光、傅氏居二道沟等。长白山，自金代至清代，女真满族都视其为『龙兴重地』，封其为『神山』，世代祭祀。长白『神山』，凝聚了满洲数百氏族，成为寻祖溯源的『根本之地』。

清太祖努尔哈赤起兵辽左，创业东方，在万历四十七年（1619）灭亡叶赫部以后，海西女真四部全部统一在努尔哈赤麾下，并将四部人口全部迁于赫图阿拉，使赫图阿拉人口猛增至『五十余万众』。后金进入辽沈地区，其发祥之地几乎空虚。入关时，东北大地仅有极少部分人留守，而吉林全境几成荒野。

清初设打牲乌拉总管，属满洲兵700名，壮丁3102名。康熙十五年（1676），始设吉林将军，下辖满汉八旗官兵共3774名，合计人口约达23000人。三十一年、五十三年、雍正四年、乾隆九年、三十四年，又增设吉林、宁古塔、白都讷、三姓、阿勒楚喀、拉林、伊屯、鄂摩和索罗等地副都统，共派驻防兵5752名，四个边门兵80名。至此，吉林境内有满汉八旗兵共9606名，加上家属合计共约57000多人，这应是今天吉林境内满族人口的主要构成部分。此外，还有满洲流人，如内大臣费扬古之子色黑、宗室公爵载澜等满洲罪臣，还有其他情形谪戍吉林的满洲旗人。这些满洲人一是驻防官兵袭职，一是因氏族离散，多修有谱书存世。

吉林省修谱较为典型的是乌拉那拉氏。乌拉那拉（赵）氏，在乌拉部灭亡时（1613），族人达尔汉即将乌拉氏《谱图》《档册》精心珍藏起来，多年后，达尔汉组织修纂了上四代的满文谱，此谱即为保存至今的《乌拉哈萨虎贝勒后辈档册》。直至清王朝逊政的第三年（1914），续修清代宗谱，并将原满文谱单译为汉文，世系续至第十二世。1964年修谱时，赵氏老萨满85岁高龄的经保，又将满文《祭词》《萨满神歌》音译成汉文，2000年续谱至第二十五世，并于出版社印刷出版。其他姓氏修谱的还有瓜尔佳氏、叶赫那拉氏、李佳氏、伊尔根觉罗、舒穆禄氏、赫舍里氏、富察氏等各氏。

吉林省满族谱书的收藏除省图书馆、档案馆及各大专院校图书馆收藏有部分谱书外，吉林师范大学博物馆专设有『八旗谱牒馆』，收藏各地谱书复印件千余部，主要是东北三省的满族谱书。然而，仍有相当数量的谱书存藏在民间，特别是谱单，数量更为可观。撰写于清代的谱单，多有简单序言，记述本氏姓氏、族源、祖居地、旗属及重要人物略传等，虽然简略到仅只一二句话，对其氏族研究尤亦珍贵。任有官职者多有谱注，有的是满文标注汉文，等等记载，都有资料价值。即便只有简单世系人名，只要记载的早，可追溯至清代或清中期的，同一姓氏氏族的小谱单汇在一起，对研究某一氏族的人口发展等，都有史料作用。

因此，民间谱书的搜集与整理是一项浩大工程，鉴于当今传统文化的衰微，更应积极挖掘与抢救，之后才可提供史学研究。《八旗满洲家谱精选·吉林卷》的影印出版，正是对中华优秀传统文化中谱牒文化的抢救、发掘、整理与保存，使谱牒文化面向社会，可为有益之举。

是为序。

编　者

2016 年 12 月 18 日

编辑说明

一、收录标准

1. 佛满洲家谱

2. 品相完好，页面整洁，字迹清晰

3. 修纂于清代及民国年间

4. 体式完备、内容丰富、有史料价值

二、编纂体例

1. 原谱全部影印，以保存原貌

2. 影印谱前加简介，以备说明

三、排序与分卷

1. 按收录家谱的修谱时间先后

2. 各卷归类按家谱现今收藏人所在地为准

目录

《沙济富察氏宗谱》内容简介

《沙济富察氏宗谱》现收藏在吉林省富姓族人家中。

该谱书首修于乾隆庚子岁（1780），次修于『道光七年岁次丁亥六月吉旦』，本书选用的是道光七年（1827）本。

富察氏，因『沙济富察氏居沙济城，因地名以为姓，固本朝之一大阀阅也。』沙济城，位于今新宾满族自治县西的古楼村，与抚顺县毗邻。『国初率族属来归，编镶黄旗佐领』。后来，有一支人又改隶正黄旗。

谱书保存完好，无有残破缺漏，字迹清晰。

谱书内容有序言、世系和跋。

国初率族屬來歸編鑲黄旗佐領支派滋生
賢才輩出盖
國家之養士也久矣溯自　恪僖公肇膺封
爵聿著勲猷而　敏果公克篤忠貞光前
裕後益以大其門户若夫運籌帷幄韜略
裕如則　襄貞公有爲歷相
三朝竭忠宣力則　文穆公有爲備位侍從之班
立功邊圉之䢀則　勤恪公　莊慤公有

焉由是繼繼繩繩永世不替如　温勤公
襄烈公　恭勤公　果烈公　文襄公
武毅公及正黄旗本公父子或宣猷中
外或盡職台垣功銘鐘鼎名載旗常者實
又指不勝屈也夫其發祥也如此其流澤
也又如此而出降嵩生方興未艾迨　文
忠公出一門之内具有雋才其豐功偉烈
迨今人猶思之　勤恪公其仲嗣也實督

額駙克守前勲至　文襄公尤有父風竭
誠寧輔盡瘁茂行位將相爵王公父子濟
美哀榮備至固赫赫在人耳目者是譜也
恭少司馬修於乾隆庚子歲上述靈源
仰承血脈詳且慎焉今以生齒日增宗支
日盛爰合族人而重為訂正彙雲礽於羣
從緬紹續於前昆此固孝子慈孫之美舉
而亦水源木本之難忘也譜既成　誠世

台屬序於余夫余世居葉河族姓蕃昌惜
未有人焉起而譜之然則垂穎顧本沿波
溯源求繼美於祖璉永垂光於宗碣者流
覽斯編又不禁為之慨然也是為序
道光七年歲次丁亥六月吉旦
賜進士出身
誥授光祿大夫前刑部尚書現任都察院左都
御史鑲白旗漢軍都統署鑲紅旗漢軍都

序

統葉河那清安頓首拜撰

始祖 二世 三世 四世 五世 六世 七世 八世 九世 十世 十一世 十二世 十三世 十四世 十五世 十六世

穆都哈禮 — 善 — 瑚 — 巴彥 — 阿泰 — 屯塔錫 無嗣

愛巴理 無嗣

默巴理 無嗣

達爾哈 無嗣

五祿順 — 瑚芹 無嗣

阿爾泰塔 — 海呼紐 無嗣

巴奔 無嗣

巴爾本 — 希蔣 無嗣

古 無嗣

五班泰 無嗣

鄂穆古 無嗣

始祖 二世 三世 四世 五世 六世 七世 八世 九世 十世 十一世 十二世 十三世 十四世 十五世 十六世

始祖　二世　三世　四世　五世　六世　七世　八世　九世　十世　十一世　十二世　十三世　十四世　十五世　十六世

阿哈章京—果克託（西伯不詳）—果色—尼瑚—法保—實成—八十一

寶在—福保—卓靈阿—巴克潭布—德全

德安

巴克三布

巴克親布—德春

德祥

巴克金布—他思哈

西靈阿—永哈布—成通

四達色

五達色—烏丙徳恩布—丙富瑚里

六洛—巴克浙布—德玉

始祖
二世
三世
四世
五世
六世
七世
八世
九世
十世
十一世
十二世
十三世
十四世
十五世
十六世

法爾遜巴圖魯
福山 無嗣以胞兄七盛阿四子承嗣
七郎阿
二格
雙林
英福
六十一
佛德訥
印德
印德福
印德壽
印德布
霍隆武
五格
福泰
七福
德克金布
平安布
富朗阿
伊禮布
巴哈布
富爾宏阿

始祖 二世 三世 四世 五世 六世 七世 八世 九世 十世 十一世 十二世 十三世 十四世 十五世 十六世

福楞義

福明 無嗣

公岱 無嗣

常在麻色

馬錫三 五十八 晉德

黑格 福倫

金柱 祿保 穆騰額 存德

此支係烏魯木齊駐防

印德

連德

額勒 冲額 齡德

富明泰 烏爾 杭阿

百冲武

始祖
二世
三世
四世
五世
六世
七世
八世
九世
十世　吉旺
十一世　跟犟　德保　沉重保
十二世　富桑阿　額勒兵額　額爾通額　額爾清額　古尼春　豐阿拉　靈倫
十三世　飛靈阿　吉魯　圖倫　印登　額勒登額　扎庶阿
十四世　扎隆阿
十五世
十六世

始祖 二世 三世 四世 五世 六世 七世 八世 九世 十世 十一世 十二世 十三世 十四世 十五世 十六世

四格
永存 觀音保
壽保 德綬 雙官
永德 永保 霸州
巴彥布 阿當阿
庫爾庫
常保 富察紀
富元
德祿 那當阿
明元 伊昌阿
保存 七十一 晉 楳
保什那 達松阿

始祖 二世 三世 四世 五世 六世 七世 八世 九世 十世 十一世

明柱

英格

蒙古通 周保住 二黑

羅漢保

二格 積德 鈕色

桑額 八十八

興貴 福德保

果丕那 無嗣

飛揚武 無嗣

達爾滿岱 都申 李爾額 德宜 無嗣

九格 黑達色 他思哈 薩勒洪阿 扎郎阿 全祿

吉郎阿 全成

始祖 二世 三世 四世 五世 六世 七世 八世 九世 十世 十一世 十二世 十三世 十四世 十五世 十六世

全興

布敦庫 年長阿

吉齡阿 全瑞 福全額

富英 恭阿善 富明阿 扎阿 敦泰

全泰

全玉

富雄 噶善

托岱 無嗣

雅圖 無嗣

沙拜 殷丹 赫達色 東保住 福明奎

此支現隸鑲黃旗內務府三家

福明叙

長安

百祿 立保住

永國住

始祖 二世 三世 四世 五世 六世 七世 八世 九世 十世 十一世 十二世 十三世 十四世 十五世 十六世

光成

布爾察 布因圖 吾金泰 馬爾泰 他思哈

富察漢

六十五 富察理

富察興 富春

富生

富察慎 福裕 安泰

安慶

觀 鎖 富察寶 富閏 崇亮

富閏 幼殤

[illegible]爾圖 諾神保

薩朱阿 七十四 福壽 祥臨

始祖 二世 三世 四世 五世 六世 七世 八世 九世 十世 十一世 十二世 十三世 十四世 十五世 十六世

桑格 海蘭泰 七爾泰 伊靈阿 明山

訥爾泰 英爾泰 石德 無嗣

九德 清山

博啟 崔保

英額 立德 壽 多爾吉 柏靈阿 富閣

麻倫額

福 奎 常存

六格 無嗣

老格 阿觀泰 跟 佳德 升額 [illegible]武

富克精額 博爾欽武

特克興額 博[illegible] [illegible] 舒魯山

愛[illegible]

阿思哈 五 哥 四十

始祖 二世 三世 四世 五世 六世 七世 八世 九世 十世 十一世 十二世 十三世 十四世 十五世 十六

喀拜 無嗣

額爾丑 無嗣

烏里 無嗣

胡里 崔三保 無嗣

班第 無嗣

班集 無嗣

巴克塔 無嗣

四著

旺長壽 甘佳德爾

博爾渾

齊金泰

馬金泰

始祖	二世	三世	四世	五世	六世	七世	八世	九世	十世	十一世	十二世	十三世	十四世	十五世	十六世

- 扎林（此支現在內務府鑲黃旗蒙家）
  - 長三保
    - 彰陞 無嗣
    - 多霍 無嗣
    - 外庫
      - 五十三
        - 五十五
          - 海亮
          - 海成
            - 白達子
              - 常
                - 保
                  - 禾安
        - 七十一
          - 海壽 無嗣
    - 華色 無嗣
  - 存柱
- 愛滿（此支現在內務府鑲黃旗蒙家）
  - 扎爾器
    - 萬保住 無嗣
  - 瀾爾器 無嗣
  - 瀾里
    - 佛倫
      - 阿吉根
        - 友昌阿
          - 烏什哈
        - 那當阿

始祖 二世 三世 四世 五世 六世 七世 八世 九世 十世 十一世 十二世 十三世 十四世 十五世 十六世

瓦淡—答思洪—济塔克新—阿彦 永安 国隆阿

傅和舒 保 洪阿—庆 怡 成全

八十丁巴—周尔 兆保—阿 林四保 伊林 马海 乌达色 东阿

果胜阿 庆如

阿多欢

始祖 二世 三世 四世 五世 六世 七世 八世 九世 十世 十一世 十二世 十三世 十四世 十五世 十六世

福顺—倭陞額 無嗣
索泰—德福 無嗣
富保—富倫—瑞格 無嗣
五格—通額—星額圖—福綱 無嗣
豐武額 無嗣
六格 無嗣
八格—富俊 無嗣
福隆阿—登布—福卿 無嗣
登額 無嗣
托鈕—富瑞 無嗣
福敦—卓特巴 無嗣
你協—索達海 無嗣

始祖
二世
三世
四世
五世
六世
七世
八世
九世
十世
十一世
十二世
十三世
十四世
十五世
十六世

齋三 無嗣
福岱—多舒—福昭 無嗣
福蘭 無嗣
多福 無嗣
英爾琿 無嗣
那濟布 無嗣
那爾海 無嗣
阿都齊 無嗣
尼雅漢 無嗣
尼 你喀—準泰 無嗣
裘揚古飛雅禄—索倫 無嗣
海倫—伊桑阿—福著—清泰—郭拉敏 無嗣

始祖 二世 三世 四世 五世 六世 七世 八世 九世 十世 十一世 十二世 十三世 十四世 十五世 十六世

武鄉署 無嗣

希特庫 無嗣

瑚什喀 無嗣

哈那—瓜—賢—花色 無嗣

長祿—巴金 無嗣

二達色 無嗣

三達色 無嗣

訥壘福 三十三達里—星—德—福—慶—照—延齡

延芳

延年

倭赫 無嗣

霍哲 無嗣

始祖 二世 三世 四世 五世 六世 七世 八世 九世 十世 十一世 十二世 十三世 十四世 十五世 十六世

扎[illegible]—佛索里—阿拉密—對 齊—馬爾泰—富 貴 無嗣

達蘭泰—阿 林—豐盛阿

富章阿

金奇頣—札豐阿 無嗣

夭佛保 無嗣

永 祥 無嗣

七爾薩—吉勒通阿—廣 明

福春保—武靈阿—廣 齡

色杭阿—海 對

海 岺

賀英額 無嗣

麻 色 無嗣

始祖 二世 三世 四世 五世 六世 七世 八世 九世 十世 十一世 十二世 十三世 十四世 十五世 十六世

巴哈尼 堪阿 硕色 無嗣

恭泰 無嗣

德衣珠 旺吉努 萬濟哈 哈錫屯 永行阿 禹思哈 納程柱 無嗣

納爾天 富昌 無嗣

佛成 善慶 托阿 無嗣

抗阿 春齡 無嗣

春明 德昌 鳳山

鳳玉 故

阿 無嗣

善福 寶卓 幼殤

閣祥

善祿 尚阿 幼殤

薩爾泰 木 忠善 寶 富阿 福聯

始祖 二世 三世 四世 五世 六世 七世 八世 九世 十世 十一世 十二世 十三世 十四世 十五世 十六世

富景阿

富明阿—瑞齡 幼殤

富森布—善寧—富清阿—三齊

善興—富靈阿—百康—緒昌—鳳祥—潤敬

鳳林

古成

克清阿 無嗣

富宏阿 幼殤

善長—好存

善岱 無嗣

薩爾圖 無嗣

禹齊—富爾敦—博奇—額爾額 無嗣

明保 無嗣

始祖 二世 三世 四世 五世 六世 七世 八世 九世 十世 十一世 十二世 十三世 十四世 十五世 十六世

和頓—愛隆阿—黑格

五爾袞—安清—雅對

愛阿 辰勇 無嗣

辰忠

辰福

愛舒阿 無嗣

七格 無嗣

觀音保 無嗣

和成額 無嗣

塔爾璽 福凱

福同

額爾文 無嗣

始祖　二世　三世　四世　五世　六世　七世　八世　九世　十世　十一世　十二世　十三世　十四世　十五世　十六世

海慶—賽碧漢—永安—連麟—恩忠—福泰
福常
榮貴
連明—煜奎
連蘭 無嗣
連祿 無嗣
開泰—連祥 無嗣
連寧—盛福
寶林 無嗣
薩克慎—寶臣 無嗣
無嗣[illegible]
賽音布—寶源—鶴齡—盛英

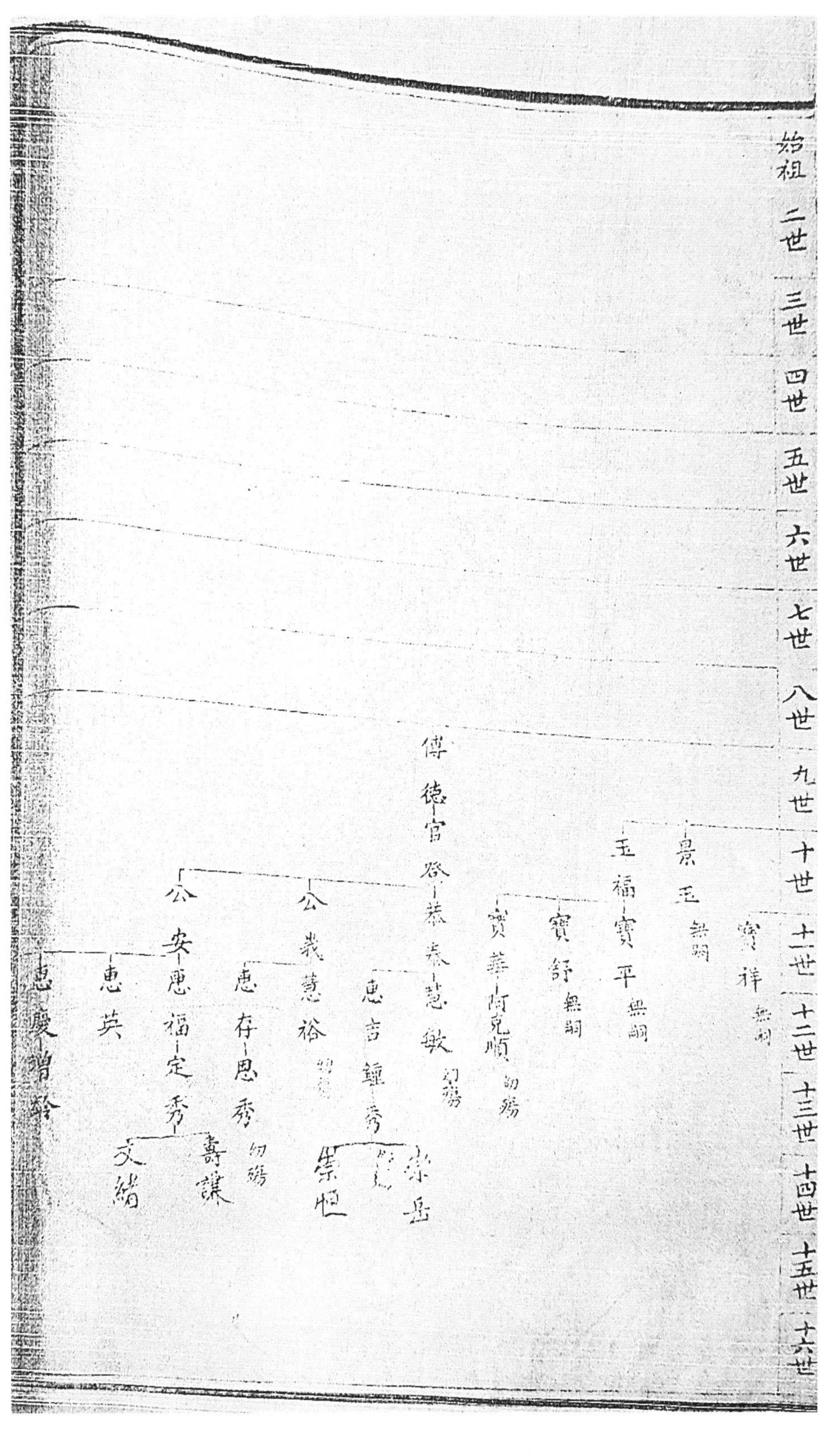

始祖 二世 三世 四世 五世 六世 七世 八世 九世 十世 十一世 十二世 十三世 十四世 十五世 十六世

景玉 無嗣
玉福—寶平 無嗣
寶舒 無嗣
寶華—阿克順 幼殤
寶祥 無嗣
傳德—官蔭—恭泰—慧敏 幼殤
惠吉—鍾秀
宗岳
榮恒
公義—慧裕 幼殤
惠存—恩秀 幼殤
公安—惠福—定秀
壽謙
文緒
惠英
惠慶—增齡

始祖 二世 三世 四世 五世 六世 七世 八世 九世 十世 十一世 十二世 十三世 十四世 十五世 十六世

傅光－豐神布－吉爾彰阿 無嗣

果昇阿－崧珠

玉慶－祥齡

英隆阿－玉璋 無嗣以胞兄果昇阿四子承嗣

德克精額－墩保－玉衡 無嗣以堂弟果昇阿三子承嗣

成保 無嗣

惠保 無嗣

平保 無嗣

瑞保 無嗣

志昌－普秀－文端

始祖　二世　三世　四世　五世　六世　七世　八世　九世　十世　十一世　十二世　十三世　十四世　十五世　十六世

連保 無嗣

富哈禪恩貴

克盈額經奎 無嗣

百齡阿春連

經書 無嗣

春善

傳成富勒禪海福奏明

書魯

佛住秀瑞

秀珍

海樣 無嗣

海長壽泉

始祖 二世 三世 四世 五世 六世 七世 八世 九世 十世 十一世 十二世 十三世 十四世 十五世 十六世

福强 無嗣

福珠 禅海 麐書 泰 系嗣以堂兄海福次子承嗣

傅勲 石麟 吉泰 誠善 錫純

系嗣以堂弟金濟阿四子承嗣

錫嘏

傅明 齊克精 哈豐阿

充尚阿 誠祿

誠通

達崇阿

傅向文 玉 五倫

文宗 百祿 錫凝 福昆

福兆

始祖　二世　三世　四世　六世　六世　七世　八世　九世　十世　十一世　十二世　十三世　十四世　十五世　十六世

傳良善明

福松阿—松文—存成 幼殤

吉福 無嗣

錫定 幼殤

松年—成忠—宗佑　宗英　宗芸

松瑞

福精阿—松長

福洞阿—松齡—烏納世

福江阿—誠壽—秀昌

福豐阿

始祖　二世　三世　四世　五世　六世　七世　八世　九世　十世　十一世　十二世　十三世　十四世　十五世

穆靖安—哈清阿—誠存　幼殇
哈清阿—誠復—博通
哈清阿—誠敬—博興　幼殇
哈清阿—誠斌—博文
奇清阿—誠端—錫齡—紹敦—禾和璋
錫齡—紹紀　幼殇
誠春—錫祜—敦崇—和珍
誠春—錫覚
那清阿
㚑和—隆安泰—誠莊—成崇
火倫泰—誠安
誠廕
西林泰　幼殇

始祖 二世 三世 四世 五世 六世 七世 八世 九世 十世 十一世 十二世 十三世 十四世 十五世 十六世

那彦泰

灵慧—春—福—诚、敦 幼殇

诚—骈—乌拉布

骈—乌拉阿洪

敦—驻音阿学—琪—璋—魁—之

崇—福 无嗣

恒—福

灵—氤—庆—福

傅—畀—英—杰—和尔金—禄—吕

年□□□□□□□□□

英—倬—多—文 无嗣

多—奎 幼殇

英—年—恒—敬—诚—瑞

英—伦—昭—□—□—□ 幼殇

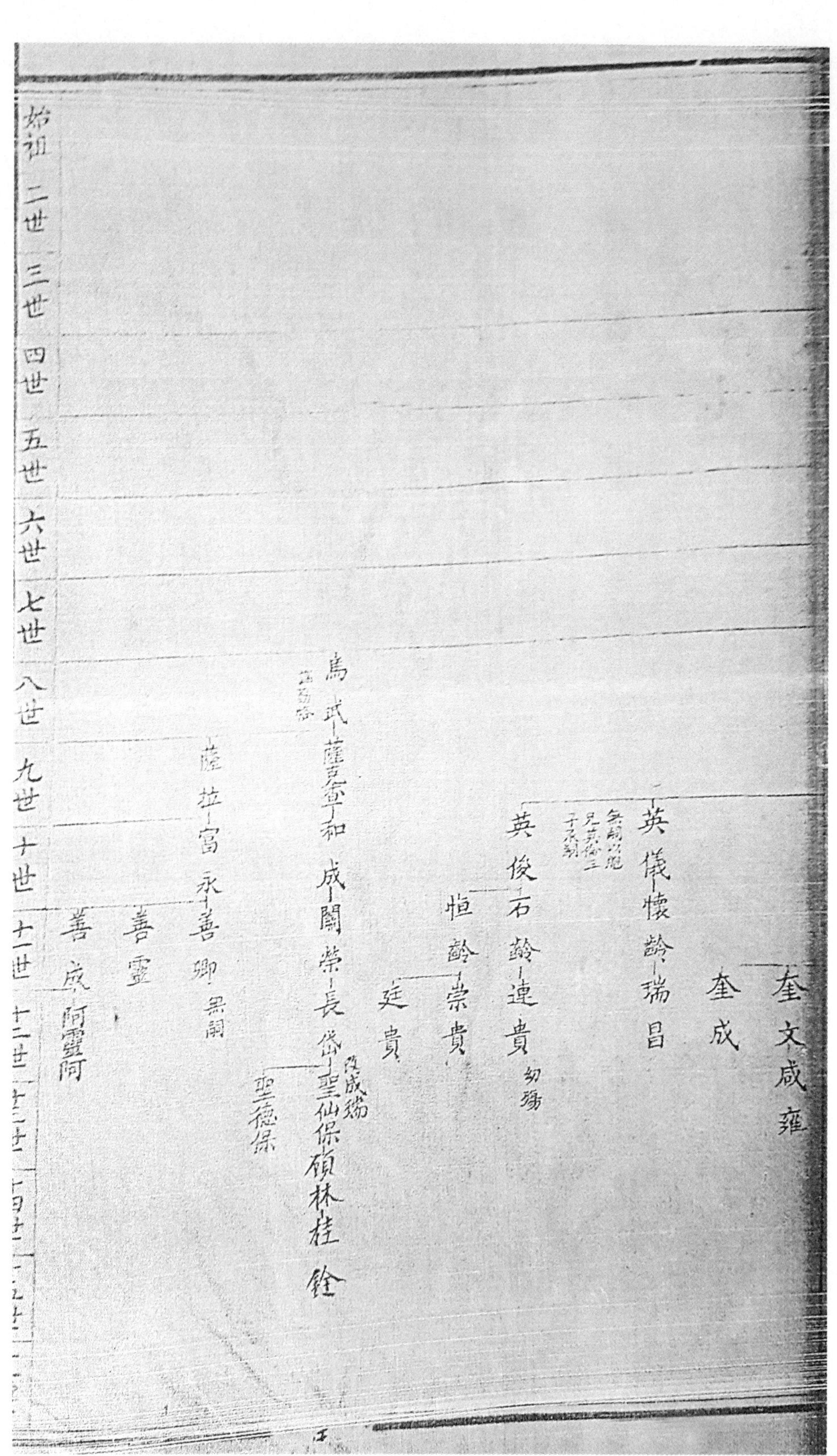

始祖 二世 三世 四世 五世 六世 七世 八世 九世 十世 十一世 十二世

始祖 二世 三世 四世 五世 六世 七世 八世 九世 十世 十一世 十二世 十三世 十四世 十五世 十六世

鳴 滚 春 成 忠 富 亮 坦 桂 升

結通阿 桂 德

珠隆阿

善志

富 住 善 勇 鵬柄阿 德 貴

玉 福

興 禄 恩 受 惠 林

扎隆阿

善 全 托凌阿

那 拉 哈 佳 海 長 雙 福

富 順 無嗣

富 通 長 安 和 舒 成 祥 福 諾 桂 英

始祖　二世　三世　四世　五世　六世　七世　八世　九世　十世　十一世　十二世　十三世　十四世　十五世　十六世

德祥－福環

長瑞－和齡

長寧－和慶－成莊－恩惠－寶坤

明德－長祿

長永

恩升－寶坤

保祝－富景－寧義－恒山　無嗣

李崇保－廣成－明祿－經齡－聯寧　初殤

明興－和倫－瑞泰

聯恩－萬齡　初殤

崇齡　初殤

全倫－聯傑

瑞康

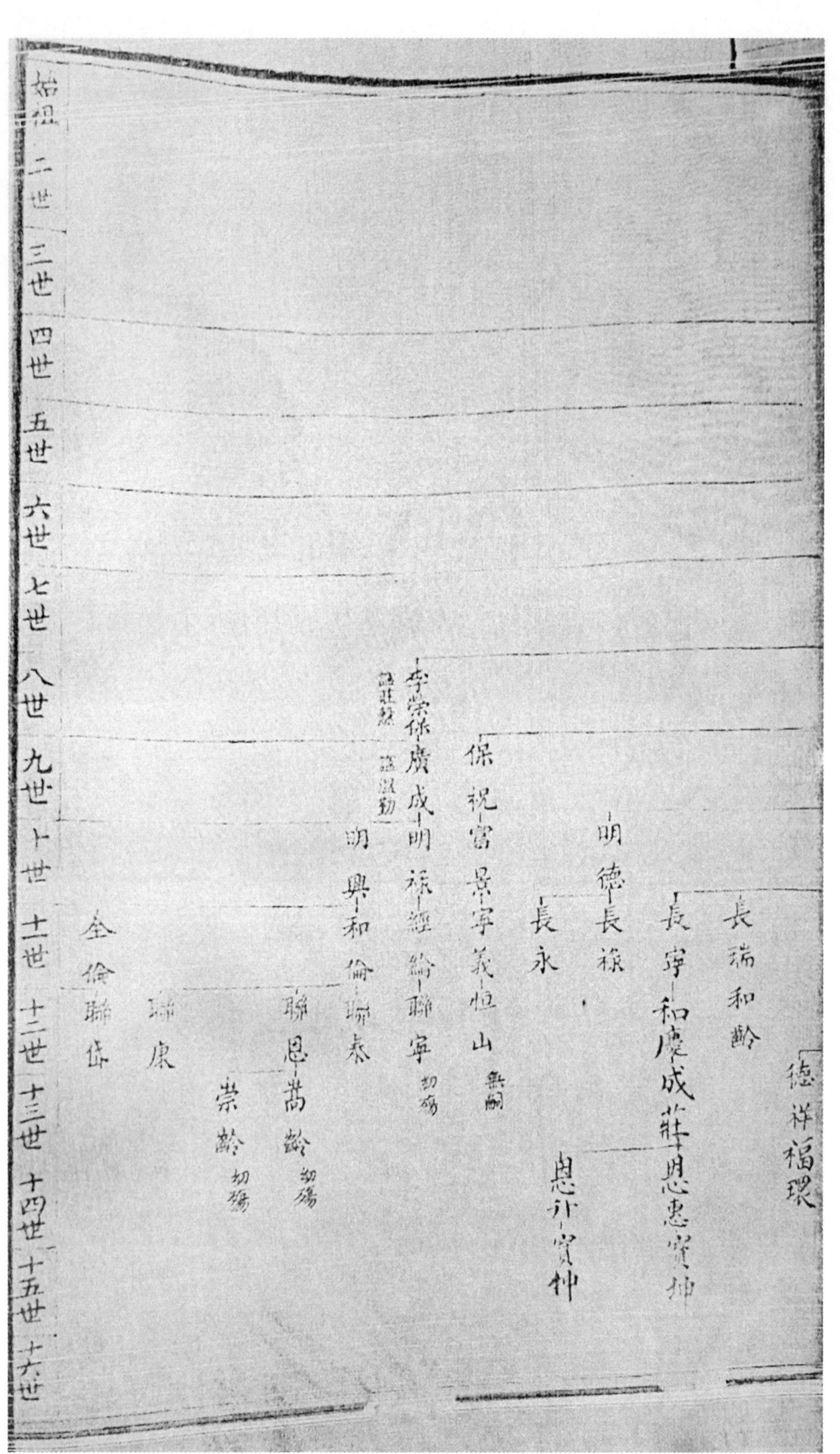

始祖 二世 三世 四世 五世 六世 七世 八世 九世 十世 十一世 十二世 十三世 十四世 十五世 十六世

聯昆

聯岳

貴倫 無嗣

敦倫—聯福

聯智

重倫—聯豐

啟倫—聯奎 幼殤

聯華

秀倫

亮德—倫—聯慶—延呂—奎璧—存興

存厚

延年

部倫—聯順—延壽

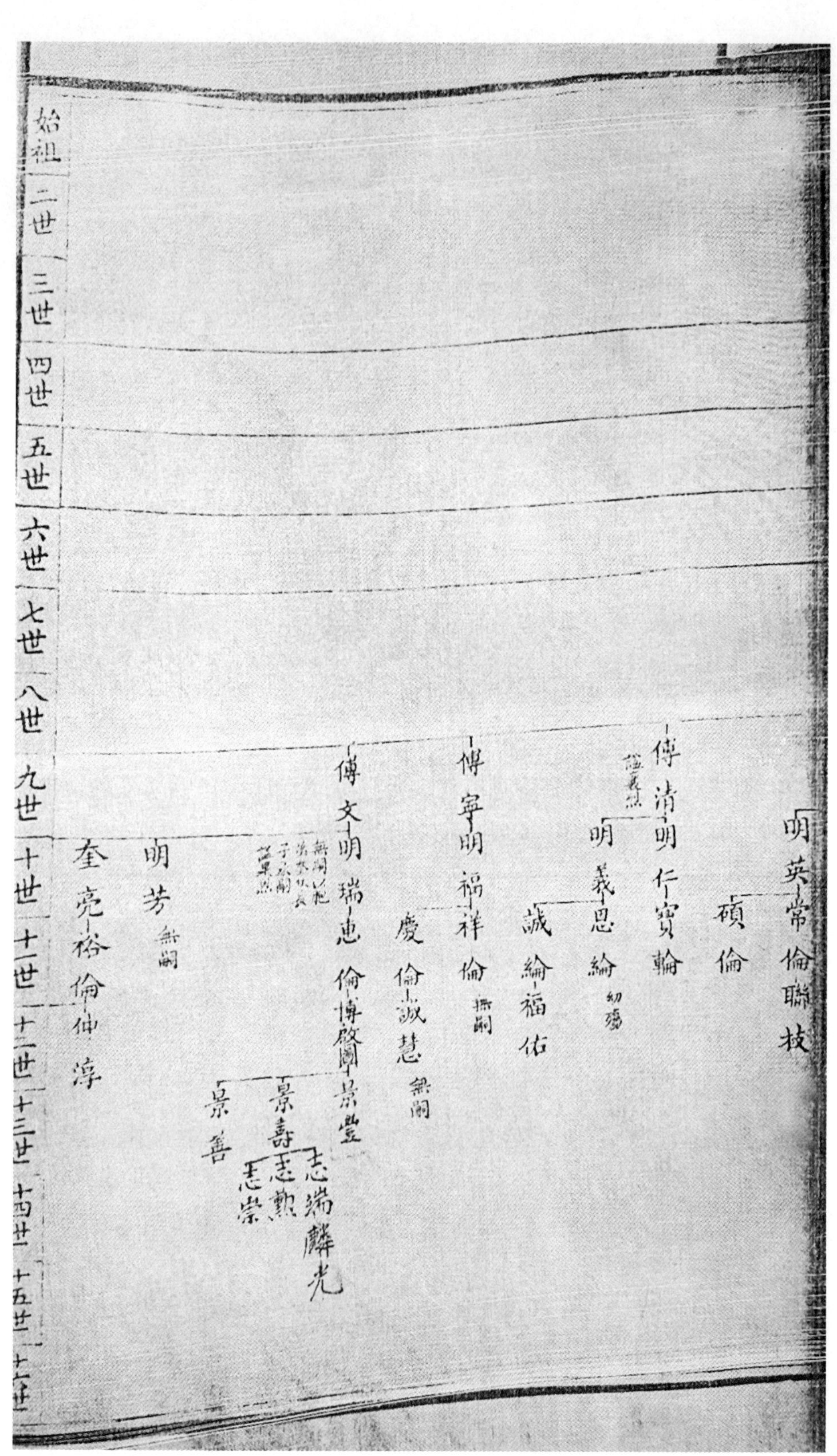
始祖
二世
三世
四世
五世
六世
七世
八世
九世
十世
十一世
十二世
十三世
十四世
十五世
十六世
明英常倫聯枝
碩倫
傅清明仁寶輪
明義恩綸
誠綸福佑
傅寧明福祥倫
慶倫誠慧
傅文明瑞惠倫博啟圖景豐
景壽志端麟光
志勲
志崇
景善
明芳
奎亮裕倫仲淳

始祖 二世 三世 四世 五世 六世 七世 八世 九世 十世 十一世 十二世 十三世 十四世 十五世 十六世

寬勤

奎林 崇綸 無嗣

福綸 博敬

成敬

傳寬 明景 無嗣

傳新 無嗣

傳玉 明俊 喜倫 聯惠

聯志 春福 志約 榮齡

榮綽

信倫 聯春

聯祜

青倫 幼殤

卯倫

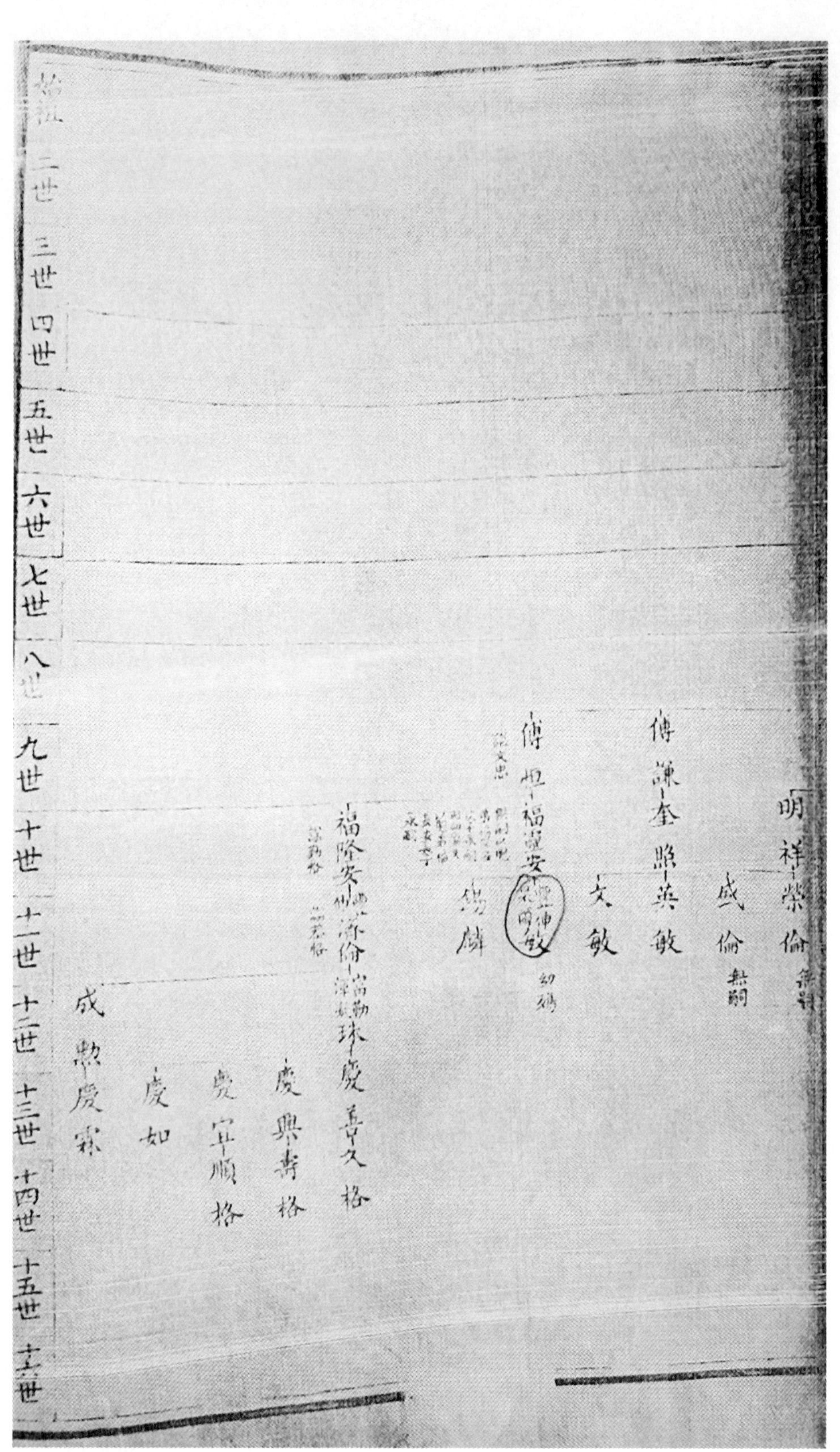

始祖 二世 三世 四世 五世 六世 七世 八世 九世 十世 十一世 十二世 十三世 十四世 十五世 十六世

國欽 度 泰

德銘

福康安 福隆阿 德麟 度 敏文 謙海 年 振銘

振泉

福長安 瑪 玉 書

聯 偶

米 寨

塔巴 吉斯哈 來 娃 琥 勒 福 能 阿 興 泰

福申阿

福松阿 興 善

福明阿

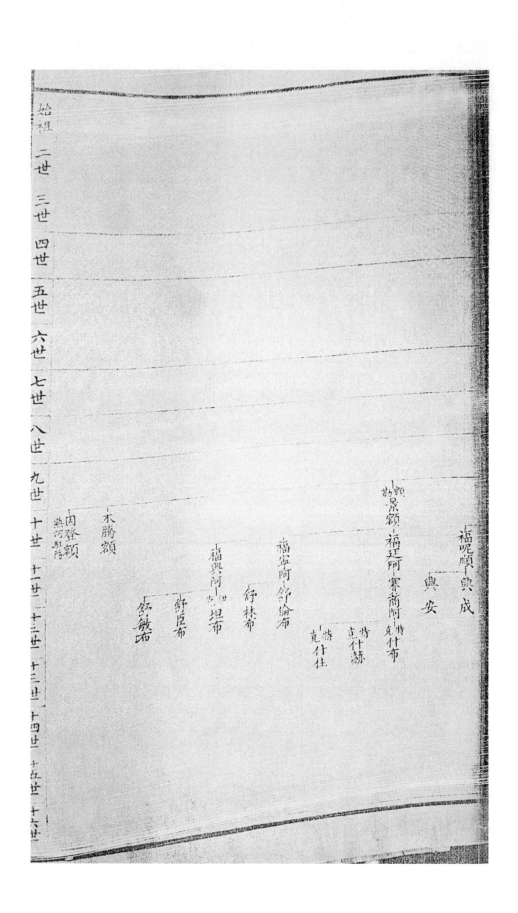
始祖
二世
三世
四世
五世
六世
七世
八世
九世
十世
十一世
十二世
十三世
十四世
十五世
十六世
福呢順
興成
興安
額勒景額
福廷阿
賽爾阿
特克什布
特克什赫
特克什住
福寧阿
舒倫布
舒林布
福興阿
伊克坦布
舒臣布
舒敏布
木騰額
因登額
熱河駐防

始祖 二世 三世 四世 五世 六世 七世 八世 九世 十世 十一世 十二世 十三世 十四世 十五世 十六世

富賓—福增—德通—平善—順德

慶安 無嗣

主安 無嗣

崇普—順通

富納—長安—德齊

馬查—馬雲阿

馬興阿—海通保 無嗣

馬並阿

馬明阿—海龍保—重福

德亮—福齡阿

福龍阿

福清阿—金壽—順昌

始祖 二世 三世 四世 五世 六世 七世 八世 九世 十世 十一世 十二世 十三世 十四世 十五世 十六世

德芳—克精阿—龄泰

顺泰

福明阿

福呢雅杭阿

八十—他那—连—永—满惠

连兴—满禄—宝顺

满福 无嗣

满成

满贵—顺庆

達春—連陞—勒额赫泰

連中

連城—阿勒精阿—普佛保 无嗣

始祖 二世 三世 四世 五世 六世 七世 八世 九世 十世 十一世 十二世 十三世 十四世 十五世 十六世

達祥—連—喜圖齡阿—順連

瑞福

九十—巴揚阿—富倫德—瑞凝

拜靈阿—德符

德成—春亮—順元

春和

春孚 無嗣

春海 無嗣

德昇

德舒—春祥—順泰 無嗣

順喜 無嗣

春齡—順全

春平 無嗣

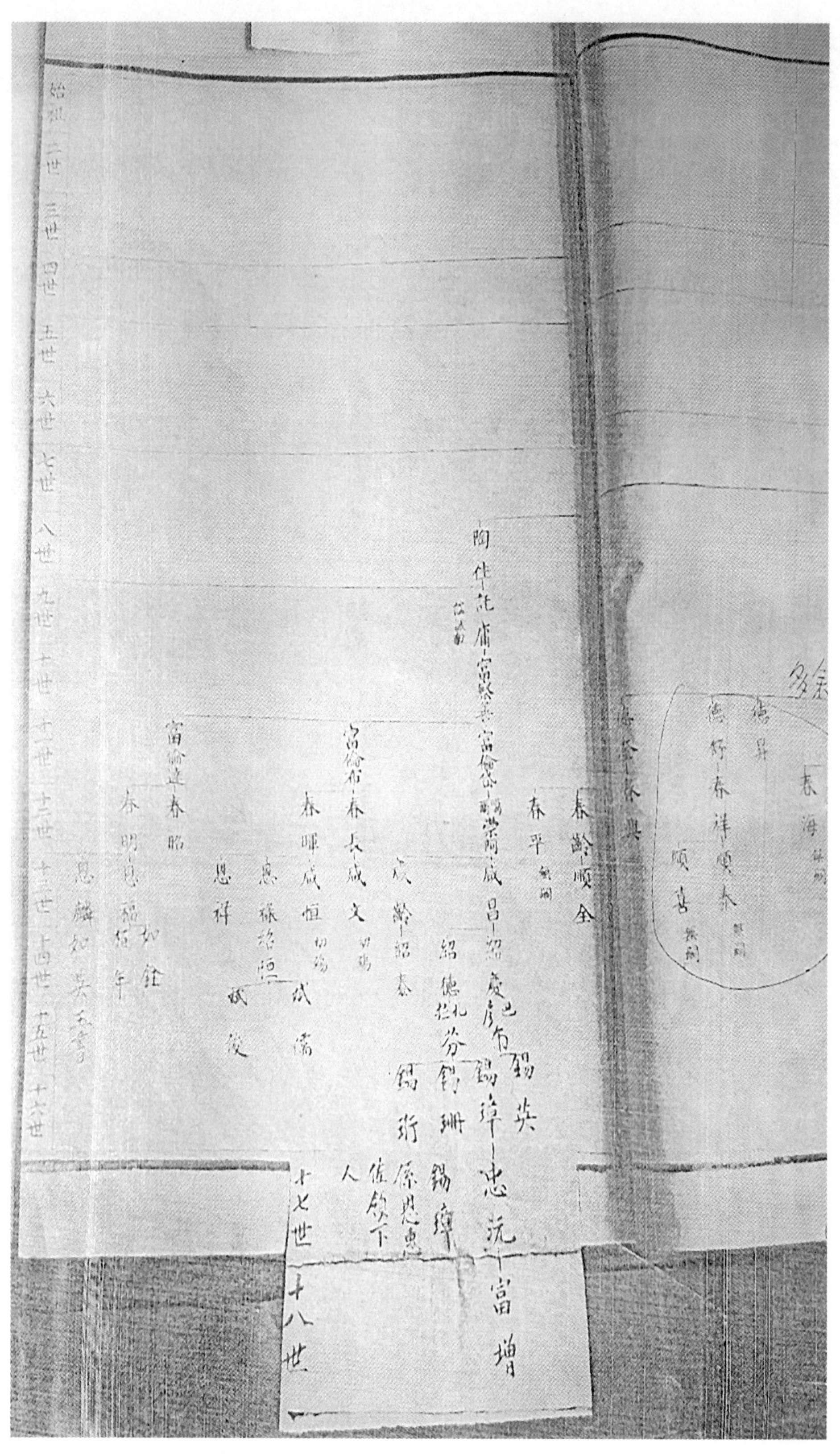

始祖 二世 三世 四世 五世 六世 七世 八世 九世 十世 十一世 十二世 十三世 十四世 十五世 十六世

恩錦

恩瑞

恩起 如凱

訥隆 富察伶 富倫琦

富倫貴

富倫吉

富森額 富倫普

富森瀾 無嗣

兆 國 納爾布 達爾布 廣 福 存 德 全壽

永 祿 穆精阿 烏雲保

穆冲阿

富爾伸 爾杭阿

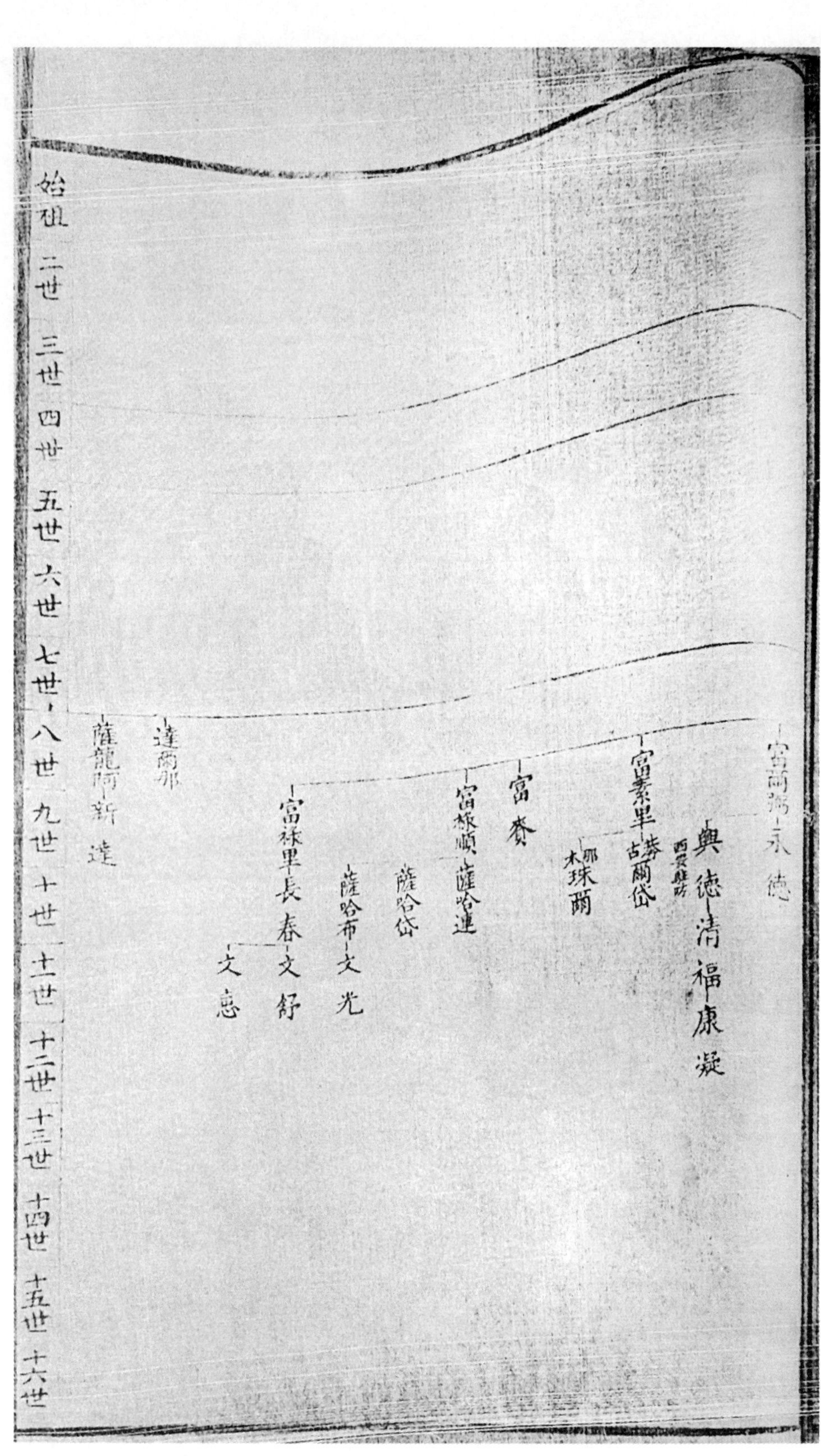
始祖
二世
三世
四世
五世
六世
七世
八世
九世
十世
十一世
十二世
十三世
十四世
十五世
十六世
富爾瑪 永德
興德 清福 康凝
西吴鎮防
富索里 恭古爾岱
那木珠爾
富賚
富林順 薩哈連
薩哈岱
薩哈布 文光
富祿里 長春 文舒
文惠
達爾那
薩龍阿 新達

始祖 二世 三世 四世 五世 六世 七世 八世 九世 十世 十一世 十二世 十三世 十四世 十五世 十六世

阿龍阿—新保

萬塔錫阿—九順—烏雲托—七十八—陂岡圖—訥克泰—舒明阿—忠明

盛京 駐

富忠—舒通阿

鄂隆多

寧古塔

齊新保—舒興阿

舒裕阿

舒尚阿

舒英阿

闡岱—舒靜阿

舒斌阿

海秀—舒郎阿

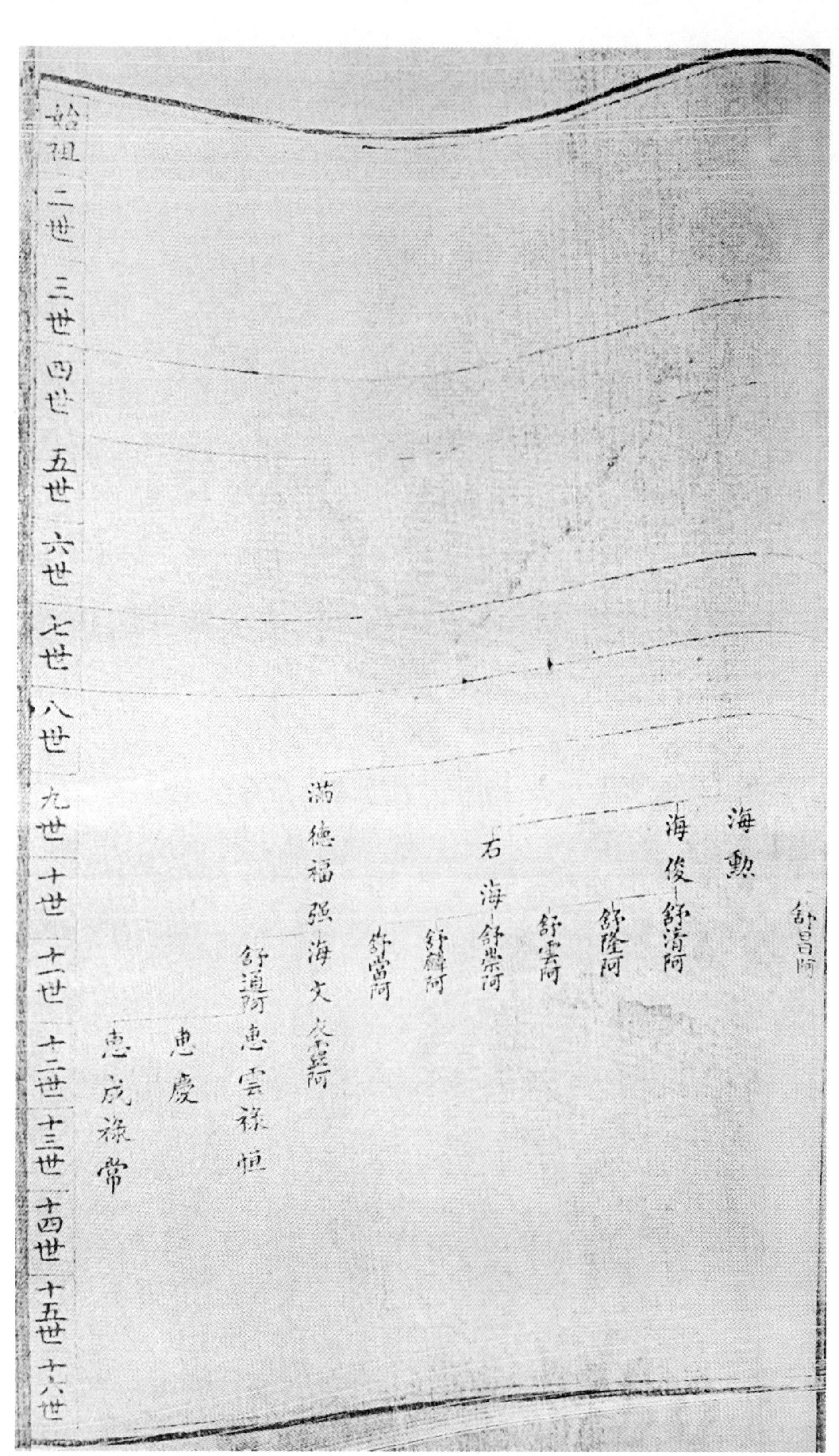
始祖
二世
三世
四世
五世
六世
七世
八世
九世
十世
十一世
十二世
十三世
十四世
十五世
十六世
海勳
海俊
舒清阿
舒隆阿
舒昌阿
舒雲阿
右海
舒崇阿
舒麟阿
舒富阿
滿德福
強海文
舒通阿
惠雲祿恒
惠慶
惠成祿常

始祖　二世　三世　四世　五世　六世　七世　八世　九世　十世　十一世　十二世　十三世　十四世　十五世　十六世

八十　馬羅（北文正白 旗京）　德什泰　海祿　福亂
海亮　豐昇額
倭什泰　海昌
石雅那　達虎　奇成額　阿三保
五福　烏凌阿
五兒　特克慎保　克興額
巴三保
沙林保
海泰
扎魯　蘇布　金花保　倭興阿
得官保　海成阿
三耆　奇德布　大小兒

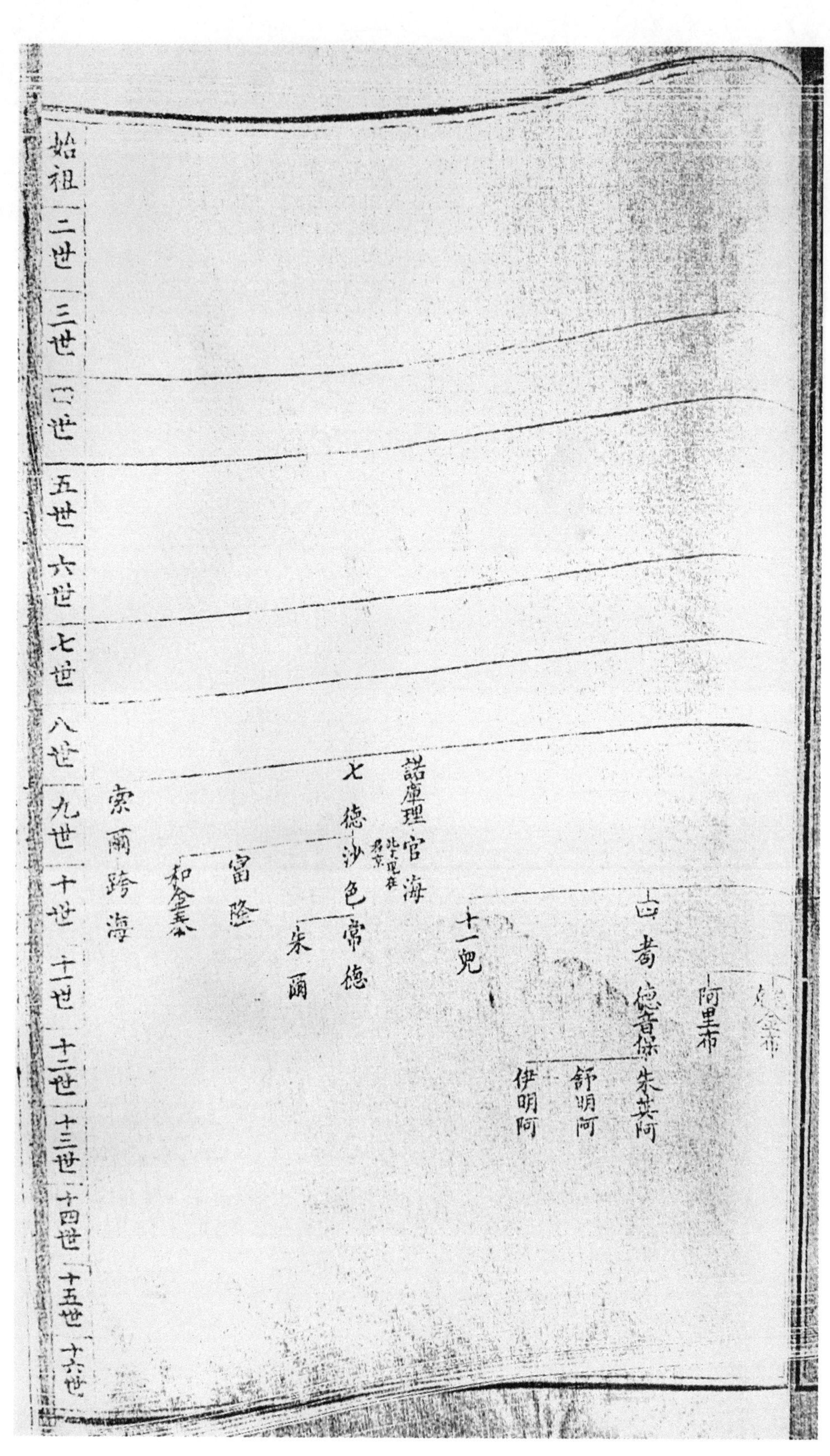
始祖
二世
三世
四世
五世
六世
七世
八世
九世
十世
十一世
十二世
十三世
十四世
十五世
十六世
諾庫理 官海
七 德沙 色常德
富隆
朱爾
索爾跨海
和金泰
十一兒
四 耆 德音保 朱英阿
阿里布
舒明阿
伊明阿

始祖　二世　三世　四世　五世　六世　七世　八世　九世　十世　十一世　十二世　十三世　十四世　十五世　十六世

彰泰　扎隆阿

伊隆阿　范津布　伊里布　春魁　健成

慶魁

寶杭德　義和春

舒春

富春 無嗣

順凱

那親

文魁　景春

德興

珠敦　五正額　東海　豐伸布

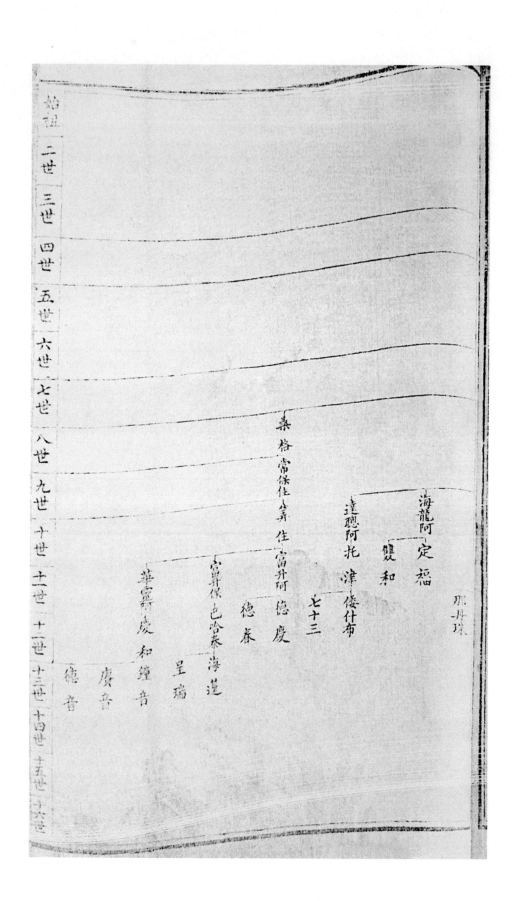

始祖　二世　三世　四世　五世　六世　七世　八世　九世　十世　十一世　十二世　十三世　十四世　十五世　十六世

那丹珠

海龍阿 — 定福 — 雙和

達聰阿 — 托津 — 倭什布
　　　　　　　 — 七十三

桑格 — 常保住 — 常升住 — 富升阿 — 德慶
　　　　　　　　　　　　　　　　 — 德春
　　　　　　　　　　 — 富昇保 — 色哈泰 — 海蓮
　　　　　　　　　　　　　　　　　　　　 — 呈瑞
　　　　　　　　　　 — 華壽 — 慶和 — 鍾音
　　　　　　　　　　　　　　　　　　 — 慶音
　　　　　　　　　　　　　　　　　　 — 德音

始祖 二世 三世 四世 五世 六世 七世 八世 九世 十世 十一世 十二世 十三世 十四世 十五世 十六世

色和德 巴靈阿 恩慶
寬祿
長貴
長有
升音
伊靈阿 富通保
二保
烏林保 常福
常祿
常喜
拴住 富升阿 富春
恆興

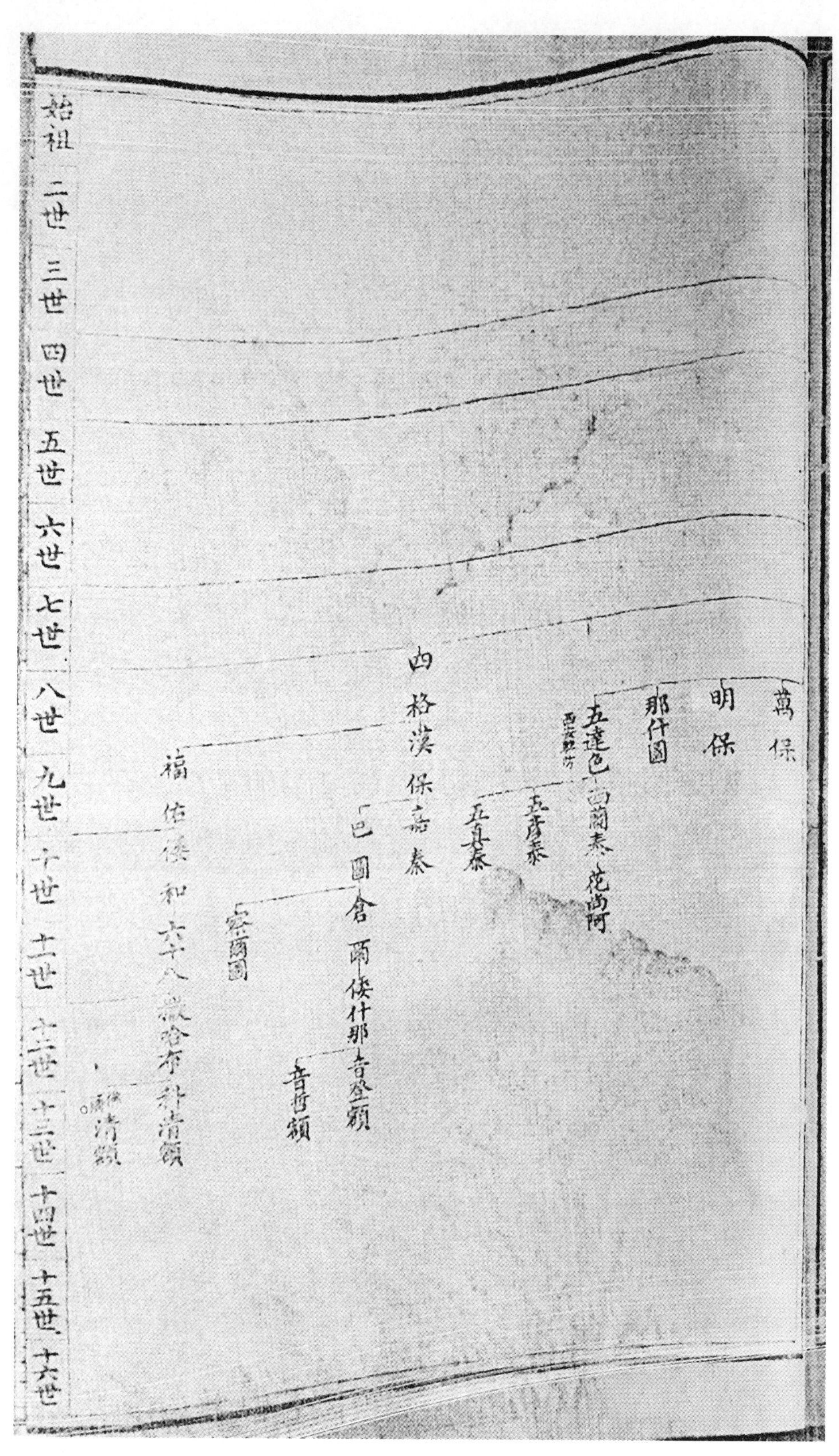
始祖
二世
三世
四世
五世
六世
七世
八世
九世
十世
十一世
十二世
十三世
十四世
十五世
十六世
萬保
明保
那什圖
五達色
西安駐防
西蘭泰
花尚阿
五彥泰
五县泰
西格漢保
嘉泰
巴圖倉
爾倭什那
音登額
音哲額
福佐倭和
六十八
徹哈布
升清額
清額

始祖 二世 三世 四世 五世 六世 七世 八世 九世 十世 十一世 十二世 十三世 十四世 十五世 十六世

阿金太 霍隆武 庆福

穆金布 德升额

庆禄

庆贵 德成额

德隆额

塔清阿 恩祥

五格 德保 沙津 索住

四希布 乌尔滚 西拉布

六儿 伊常阿 贵住 实成

伊杭阿 佛尔清额

四德 双福 海亮

双德 海保 乌林保

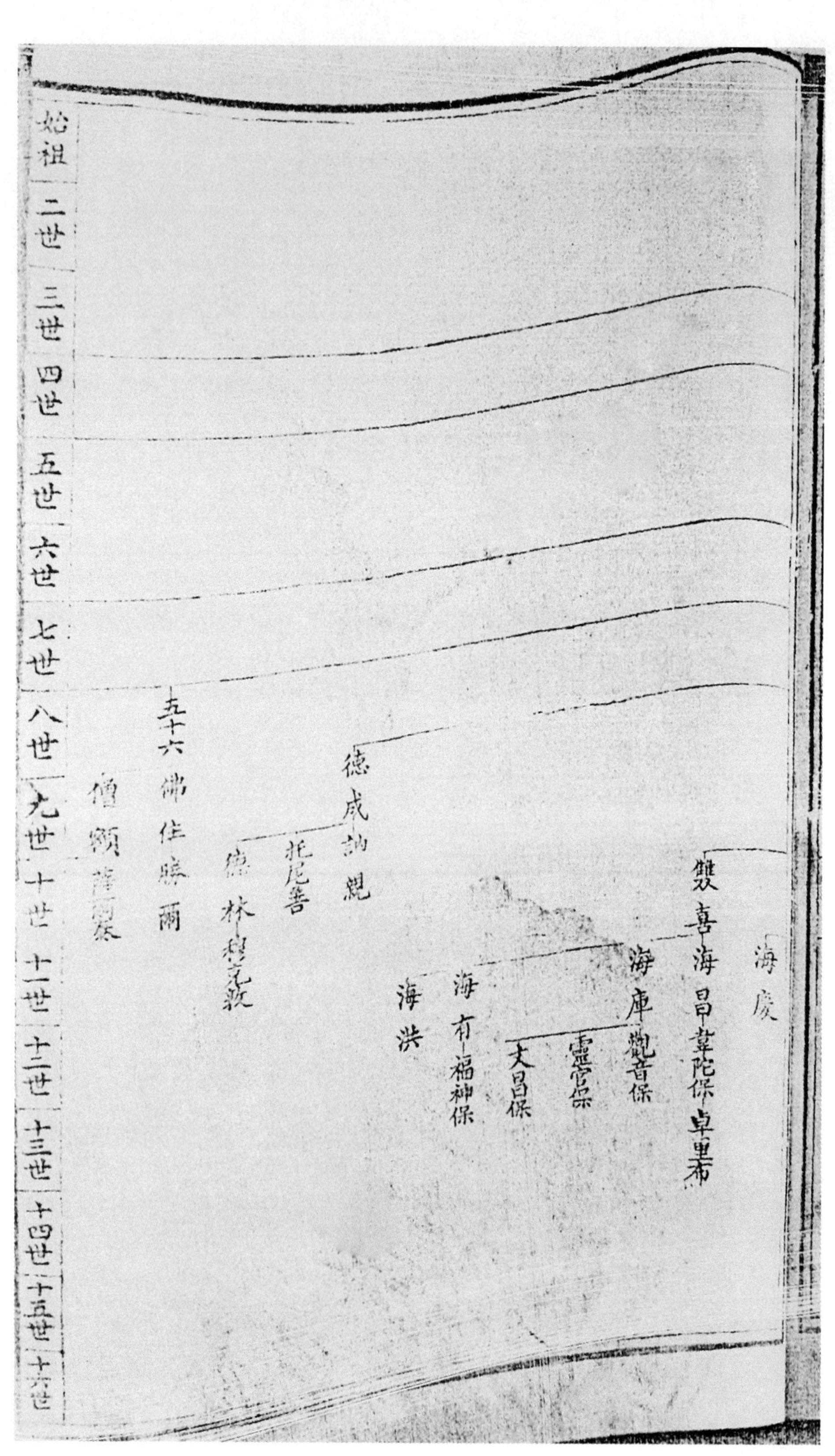

始祖

二世

三世

四世

五世

六世

七世

八世

九世

十世

十一世

十二世

十三世

十四世

十五世

十六世

海慶

雙喜

海昌—韋陀保—卓里布

海庫—觀音保

靈官保

丈昌保

海有—福神保

海洪

德成訥—觀

托尼善

德林—烏克敦

五十六—佛住—騰爾

僧額—薩爾泰

始祖 二世 三世 四世 五世 六世 七世 八世 九世 十世 十一世 十二世 十三世 十四世 十五世 十六世

興保

保兒

額爾奇色 彥保 福成

富爾 福明

富海 德壽

福伸

松吾圖 德書 濟克 富興額

福升

黑色 福德 富森

福保 福勒赫 阿克敦 得官

朱爾蘇

存住 慶祥

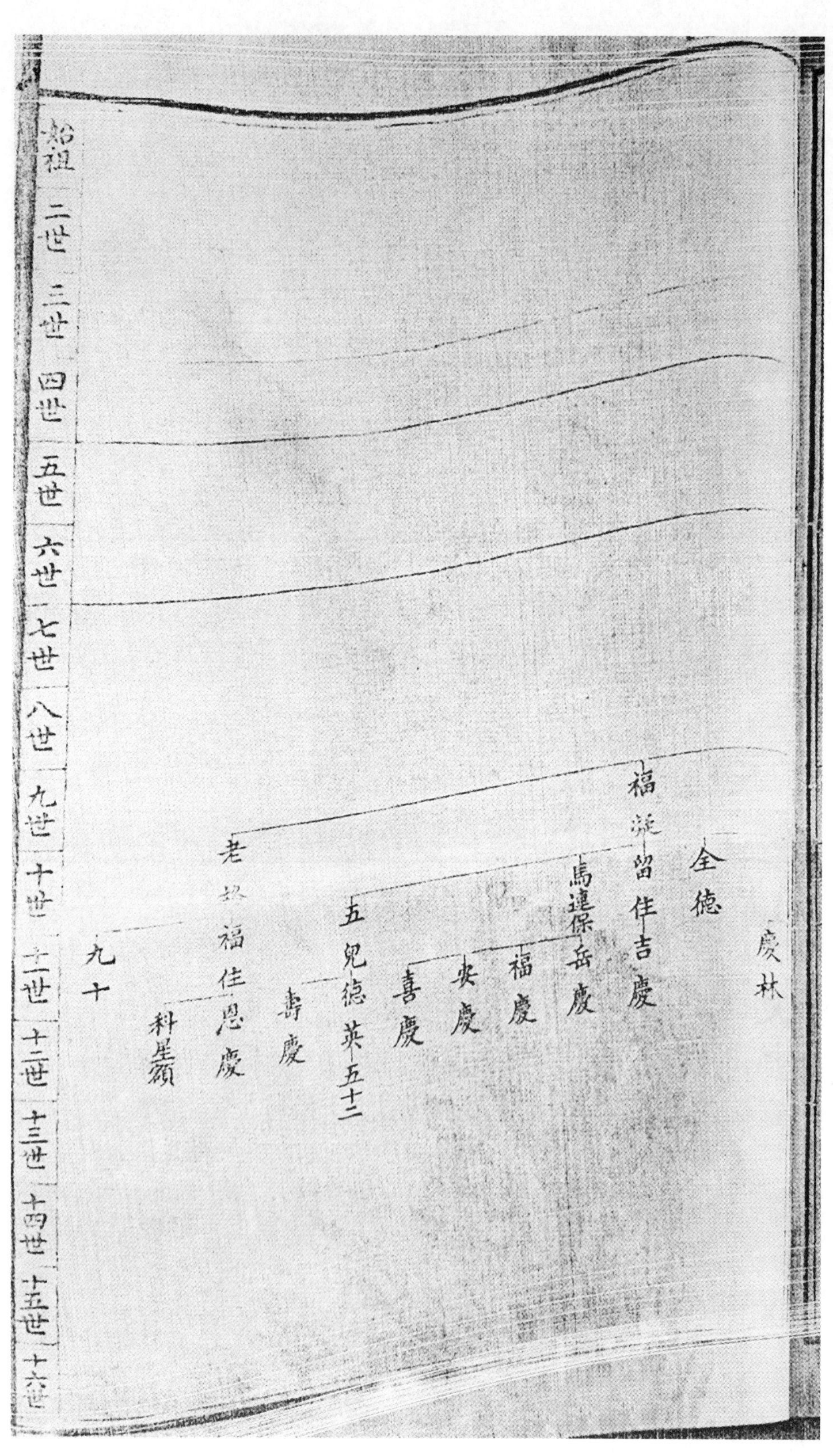
始祖
二世
三世
四世
五世
六世
七世
八世
九世
十世
十一世
十二世
十三世
十四世
十五世
十六世
福凝
全德
慶林
留住
吉慶
馬達保
岳慶
福慶
安慶
喜慶
五兒
德英
五十二
壽慶
老格
福住
恩慶
九十
科星額

始祖 二世 三世 四世 五世 六世 七世 八世 九世 十世 十一世 十二世 十三世 十四世 十五世 十六世

阿都胡 無嗣

碩色 達爾都胡 無嗣

常綬 佛爾莫 常泰 富邦

豐泰 拴住 達爾杭阿

麒麟阿

安仲泰

福隆阿 無嗣

岳興阿 無嗣

珠爾杭阿 無嗣

雅隆武 觀音保 和精額 現慧

扎杭阿

扎桑阿

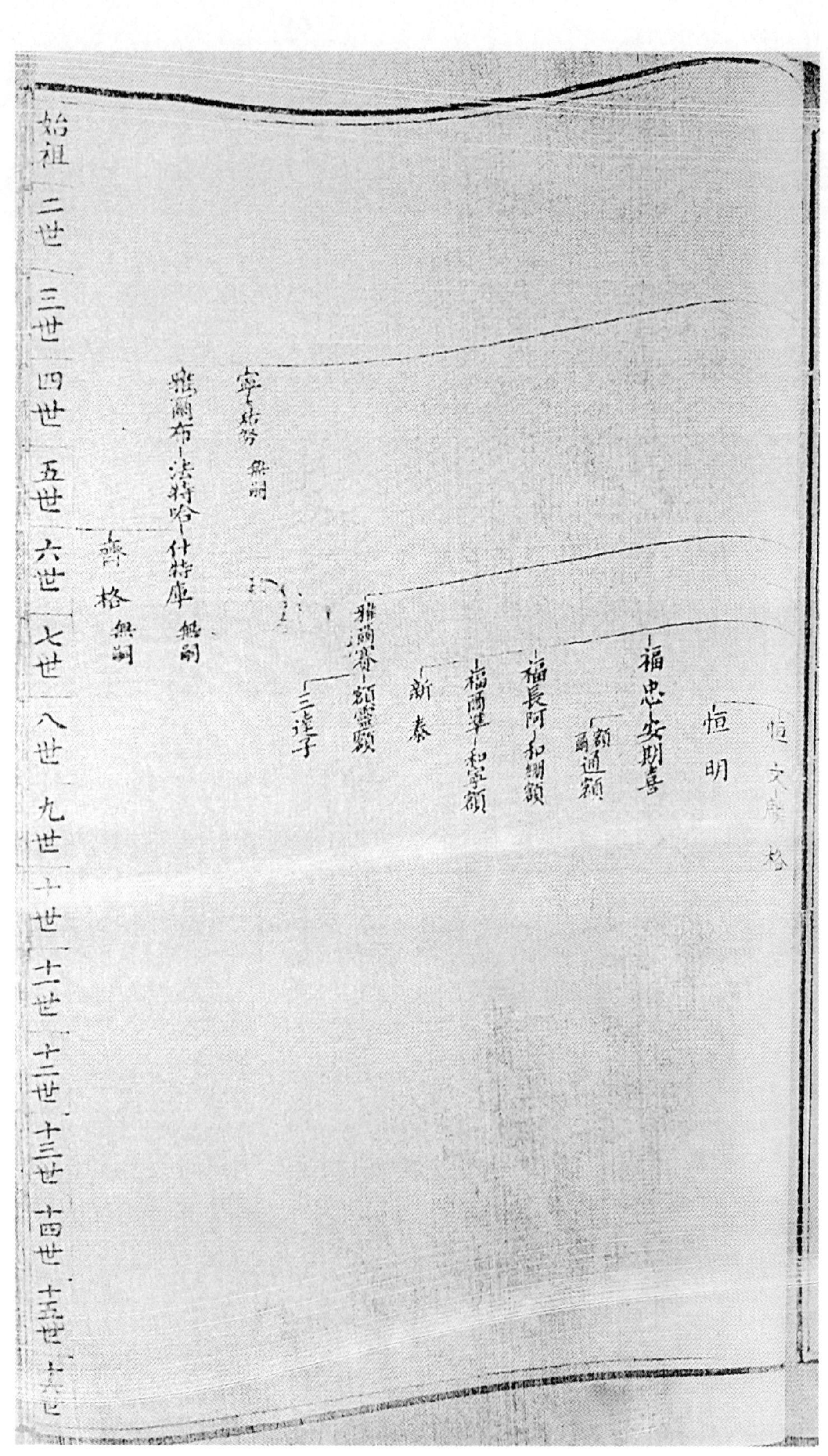
始祖
二世
三世
四世
五世
六世
七世
八世
九世
十世
十一世
十二世
十三世
十四世
十五世
十六世
宁古塔 无嗣
雅尔布-法特哈-什特库 无嗣
齐格 无嗣
雅尔赛-额灵额
三达子
新泰
福尔华-和亨额
福长阿-和绷额
额通额
福忠安-明喜
恒明
恒文-庆格

始祖 二世 三世 四世 五世 六世 七世 八世 九世 十世 十一世 十二世 十三世 十四世 十五世 十六世

五爾達 無嗣

法 拉—託倫保—披爾納—富 明—寶 福—富忠阿

六十—七 林—寶依

寶 明

三奇海 林—勝 英—恒 善—福 興

貴 齡

綏哈保—哈達漢—吉 亮

哈達渾—斯 亮—忠 英—爾多泰

受哈保—明 昇—翔唐阿 廣 興

廣 寧

成 吉

成 保

始祖　二世　三世　四世　五世　六世　七世　八世　九世　十世　十一世　十二世　十三世　十四世　十五世　十六世

福隆保－觉善

佛保住　无嗣

明德－福僧额－广亮－英住

珠保伴广泰－伊精阿

广林

广吉

广志－伊龄阿

伊兴阿

伊隆阿

广惠－富文泰

克唐阿

图名阿－广明

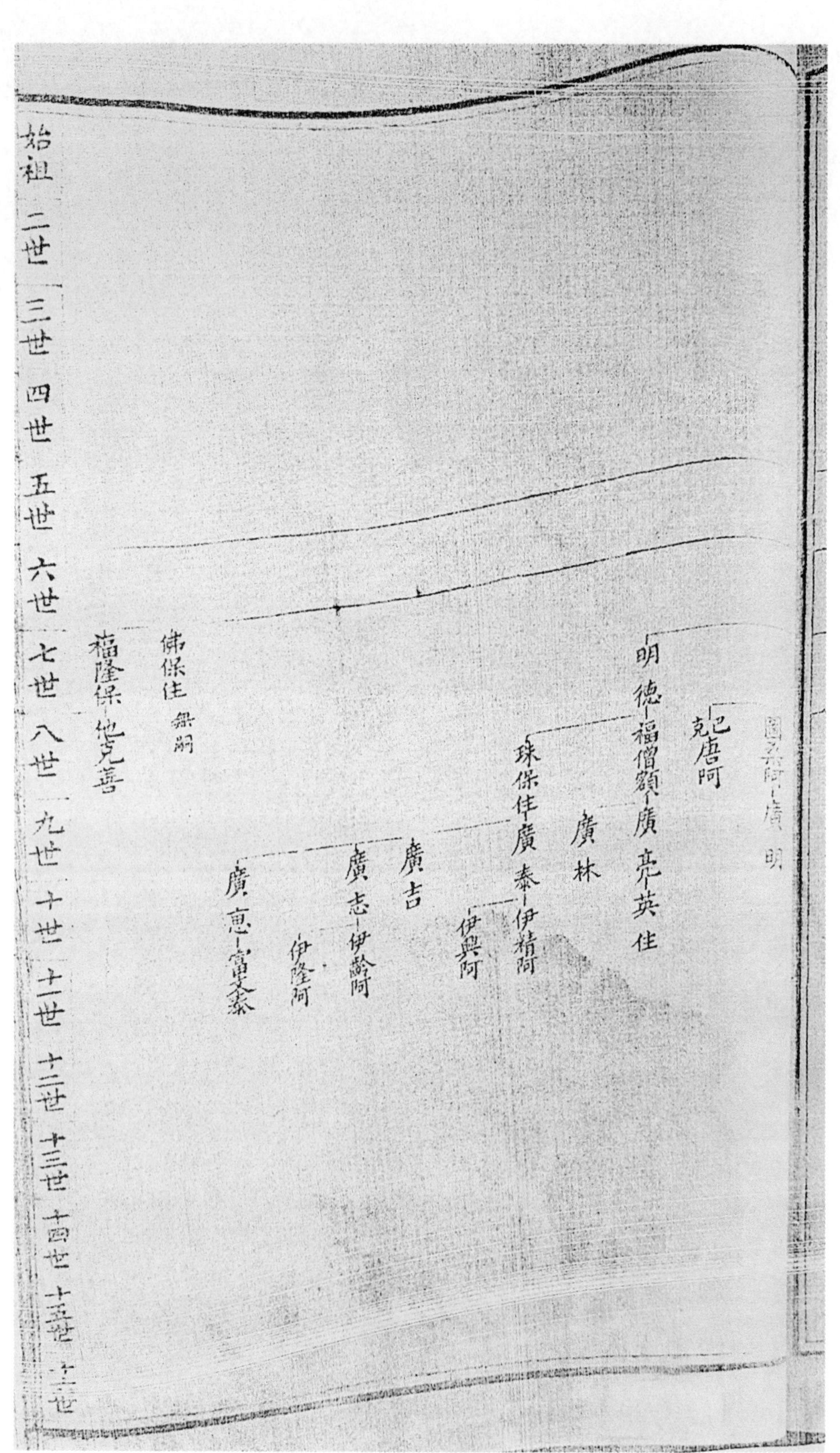

始祖 二世 三世 四世 五世 六世 七世 八世 九世 十世 十一世 十二世 十三世 十四世 十五世 十六世

巴格—索保住—白喜—福寬

無嗣以胞兄法拉五子承嗣

特克慎—巴靈阿

那親

那爾賽—珠滿—巴抗阿

達爾漢宜—勝嗬—嗬 無嗣

達爾漢宜哈喇拜勒伯賀勝古阿勒依阿馬兄弟五人俱[illegible]什[illegible]後亦能[illegible]蓋係滿洲

進布—敦拜 無嗣

新德庫 無嗣

勤德宜 無嗣

勒泰 無嗣

勒木貝 無嗣

雅賚 無嗣

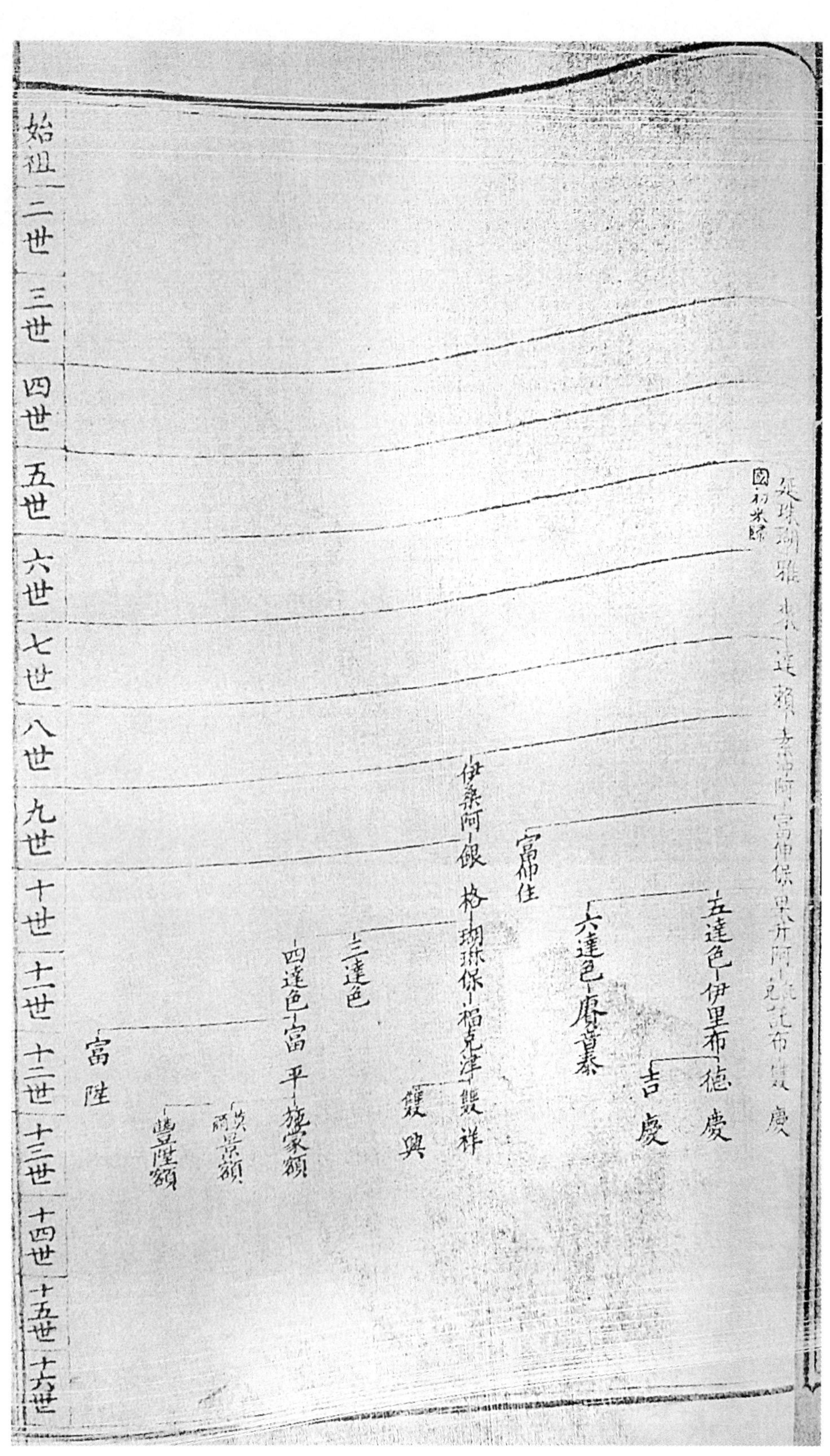
始祖
二世
三世
四世
五世
六世
七世
八世
九世
十世
十一世
十二世
十三世
十四世
十五世
十六世
國初來歸
伊桑阿
銀
格
富佈住
五達色
伊里布
德慶
六達色
吉慶
三達色
四達色
富
平
富陞
雙興
雙祥
豐陞額

始祖 二世 三世 四世 五世 六世 七世 八世 九世 十世 十一世 十二世 十三世 十四世 十五世 十六世

六十一

伊拉齐 富喜 太平 富祥 巴哈

堆 齐 富[illegible]

富[illegible]音

富升

和占 明[illegible]阿

[illegible]阿

准 色 佛保

德 宁 山 图[illegible]领 [illegible]多布

[illegible]禅

[illegible]禅

塔斯哈禅

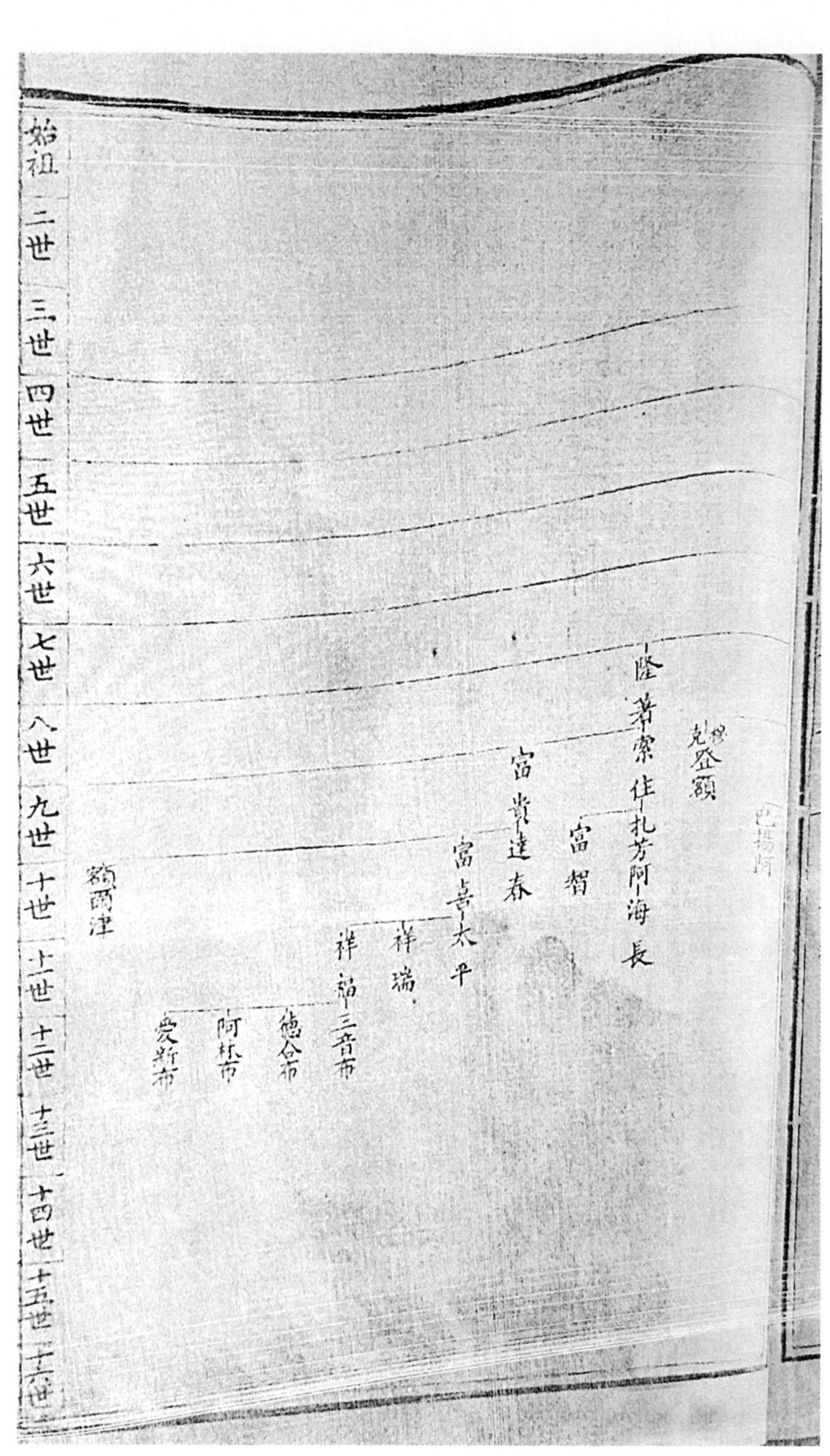
始祖
二世
三世
四世
五世
六世
七世
八世
九世
十世
十一世
十二世
十三世
十四世
十五世
十六世
巴揚阿
克登額
隆著索住
扎芳阿
海長
富智
富貴
達春
富喜
太平
祥瑞
祥福
三音布
德合布
阿林布
愛新布
額爾津

始祖　二世　三世　四世　五世　六世　七世　八世　九世　十世　十一世　十二世　十三世　十四世　十五世　十六世

- 戊朱瑚（六世）無嗣
- 沙賴（七世）無嗣
- 博爾和岱（八世）
  - 富海（九世）
    - 阿爾圖（十世）
      - 慶福（十一世）
        - 烏臨布（十二世）
        - 吉拉敏（十二世）
      - 慶祿（十一世）
- 逸得保（九世）
  - 富[illegible]額（十世）
    - 海壽（十一世）
      - 巴彥布（十二世）
        - [illegible]精阿（十三世）
        - 阿興阿（十三世）
    - 海明（十一世）
    - 海永（十一世）
    - 海興（十一世）
    - [illegible]爻泰（十一世）
  - 赫住（十世）

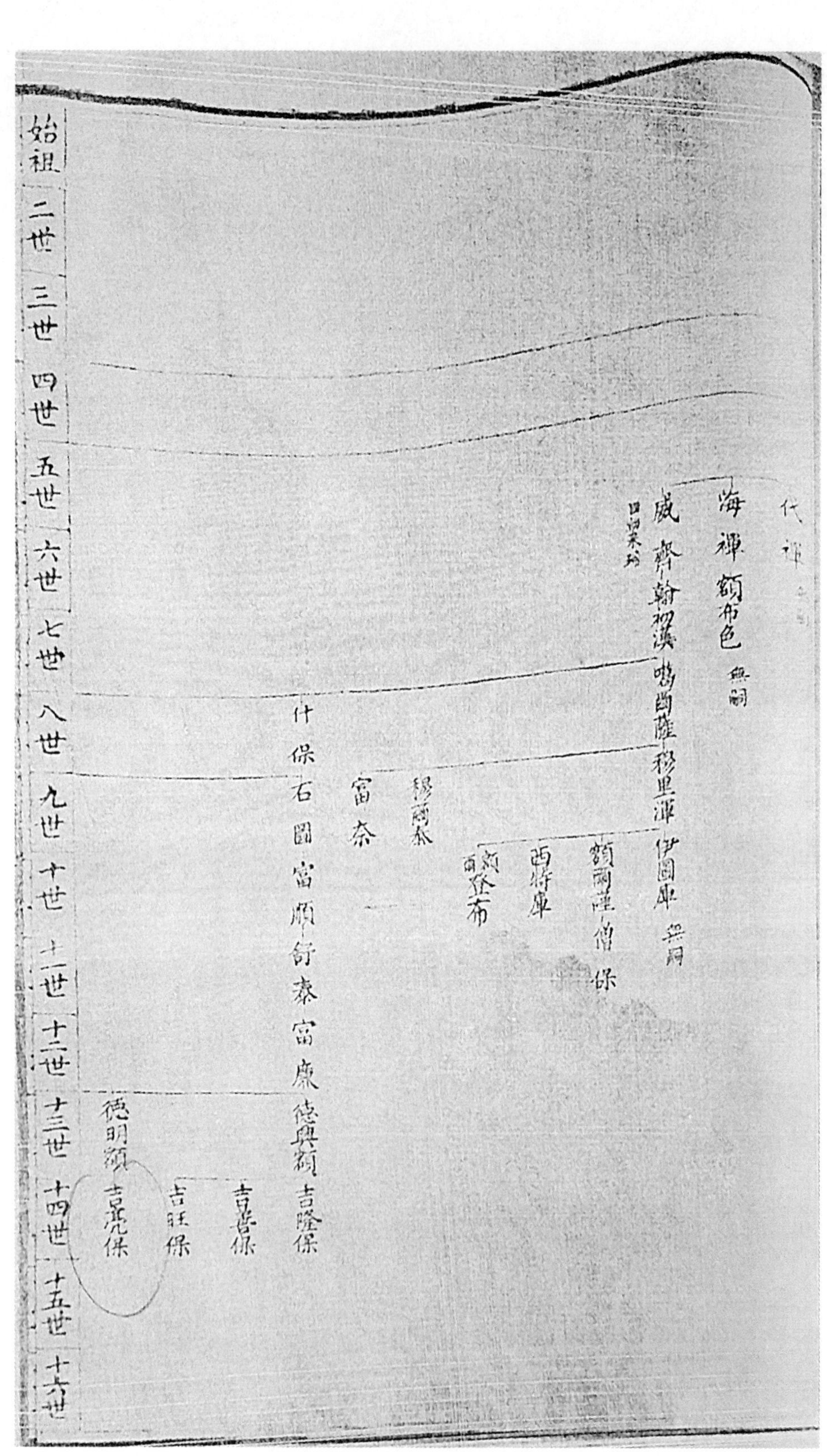
始祖 二世 三世 四世 五世 六世 七世 八世 九世 十世 十一世 十二世 十三世 十四世 十五世 十六世

代禪
海禪 額布色 無嗣
威齊 翰初漢 喝西薩 穆里渾 伊圖庫 無嗣
額爾蓬 僧保
西特庫
兩登布
穆爾泰
富泰
什保 石圖 富順 舒泰 富康 德興額 吉隆保
吉普保
吉旺保
德明額 吉亮保

始祖 二世 三世 四世 五世 六世 七世 八世 九世 十世 十一世 十二世 十三世 十四世 十五世 十六世

德成額 吉祥保
吉興保
德升額 吉順保

舒 圖 興 良 德 保
和 保 平安泰
神 保 興 安
永貴

法 僧 福 定 富 保 敖克登 赴 福 達興阿
迦藍保 魯克登
烏克登
金剛保 隆 福 西郎阿 雙 奎
彌陀保 永 德 福凌阿

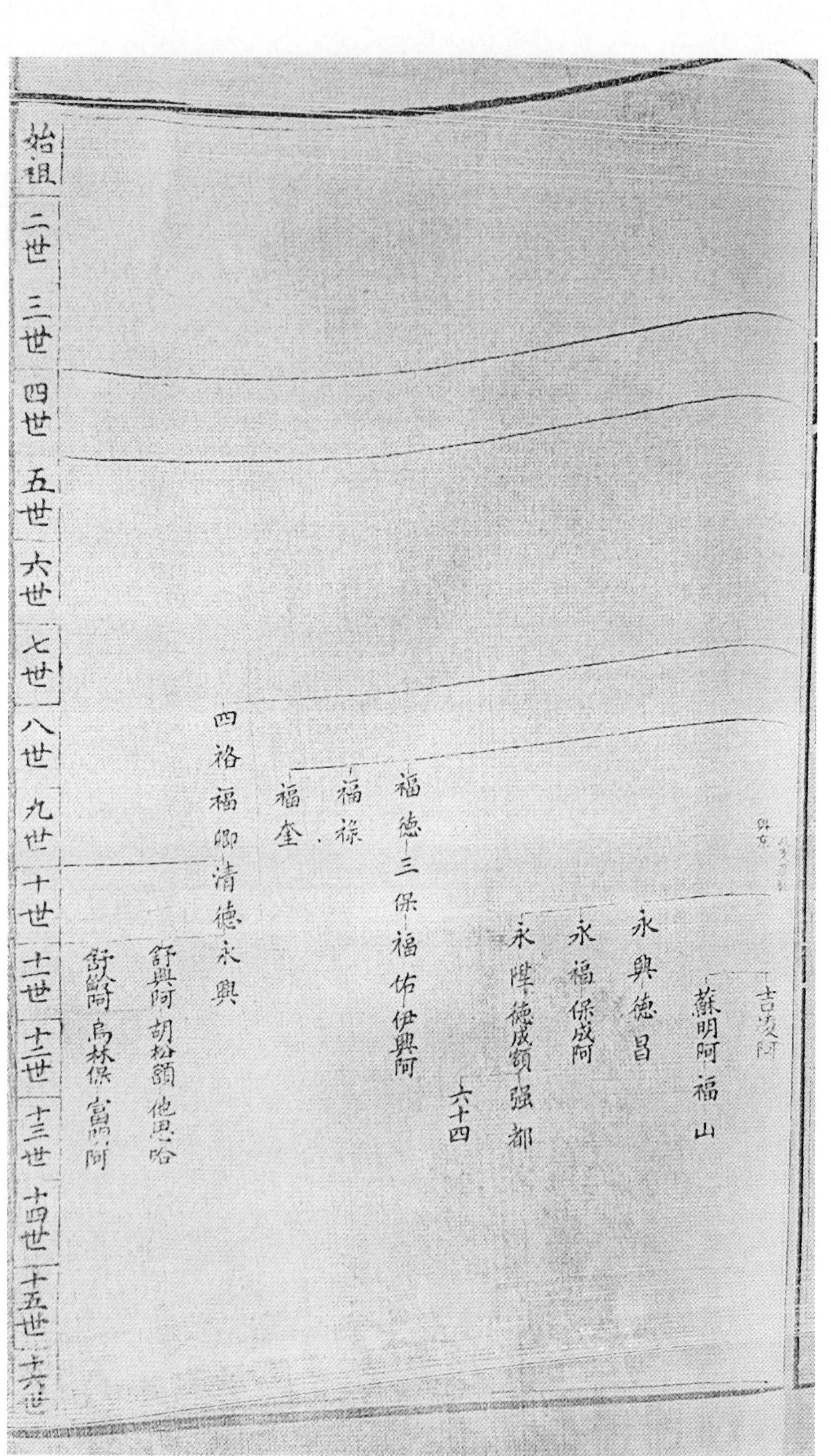

始祖 二世 三世 四世 五世 六世 七世 八世 九世 十世 十一世 十二世 十三世 十四世 十五世 十六世

吉凌阿

蘇明阿 福山

永興 德昌

永福 保成阿

永隆 德成 額寧 強都 六十四

福德 三保 福佑 伊興阿

福祿、

福奎

四裕福卿清德永興

舒興阿 胡松額 他思哈

舒歇阿 烏林保 富爾阿

始祖 二世 三世 四世 五世 六世 七世 八世 九世 十世 十一世 十二世 十三世 十四世

五岱 葉布舒 松鄂諾 無嗣

[illegible]堪 吉卜庫 無嗣

扎古 無嗣

五格額 無嗣

五松阿 佛喀奈 西爾泰 無嗣

珠爾泰 無嗣

五保 無嗣

那松阿 噶哈 凝古圖 五爾胡 五格里 無嗣

撒哈練 三台 岱格 富明阿 富清額 凝珠 長壽

達色

舒通阿 烏雲保

皇保

始祖　二世　三世　四世　五世　六世　七世　八世　九世　十世　十一世　十二世　十三世　十四世　十五世　十六世

薩令珠　無嗣

特勒伯　馬穆爾渾三丹拉都胡本成額　無嗣

塔必圈果渾　無嗣

五爾弼　無嗣

三在条修喀連阿

富俗　伐魔保

天泰保　文玉

文海

長明

長祺

長吉

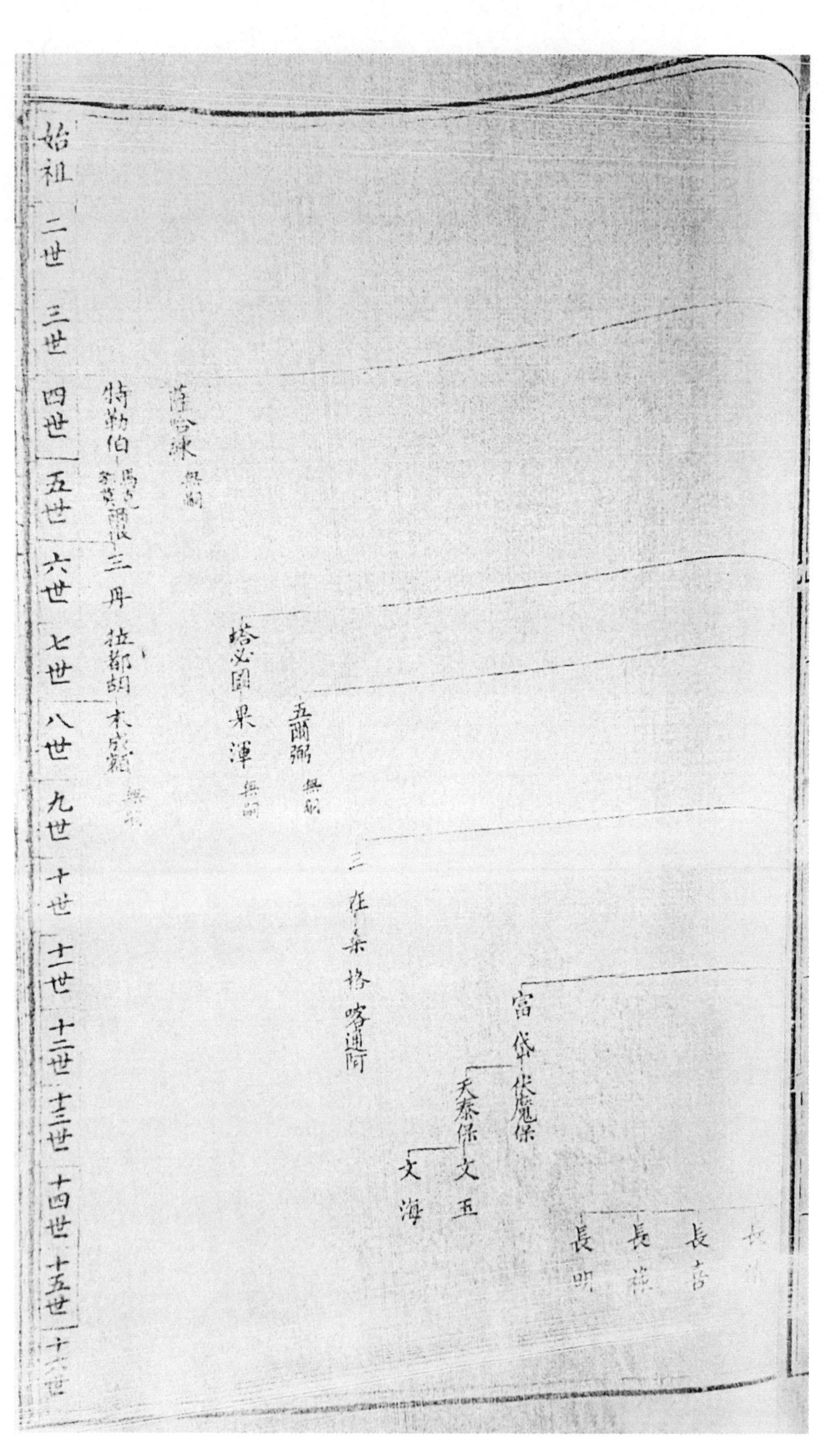

始祖 二世 三世 四世 五世 六世 七世 八世 九世 十世 十一世 十二世 十三世 十四世 十五世 十六世

木他喀 無嗣

薩碧 無嗣

索拉遜 無嗣

崔泰 無嗣

郎圖 無嗣

揚武務 無嗣

費揚古 無嗣

阿郎 衣阿 馬 — 阿古里 — 色布哲 無嗣

僧璽 布舒庫 無嗣

色沖額 窩和 無嗣

對喀 無嗣

遜扎尼 無嗣

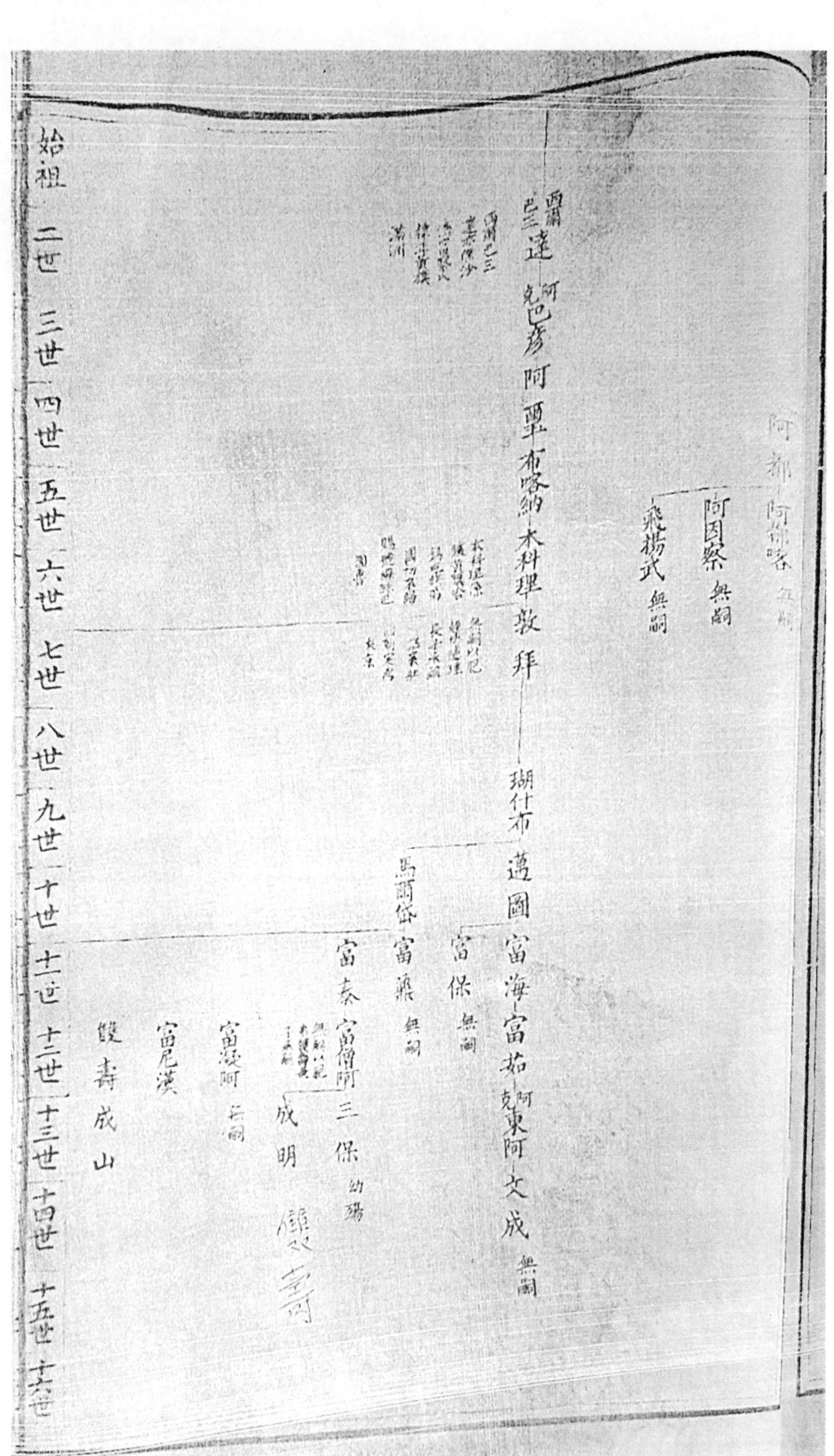

始祖 二世 三世 四世 五世 六世 七世 八世 九世 十世 十一世 十二世 十三世 十四世 十五世 十六世

濟錫哈（國朝定鼎 來京） 博德理 貝和諾 馬 臨 蘇卿阿 百 順 富爾求 多 祥

諫 保 無嗣

青 助 福補阿 多 慶

富 皂 富興額 幼殤

福生額 多 福

多 英

長 庚 無嗣

長 明 無嗣

馬爾闊 八 十 雙 鈴 恒 霽 雙恒保 無嗣

倭興額 連 慶 福保德

連 平

連 祥

佛满洲家谱精选

吉林 卷

八二

始祖｜二世｜三世｜四世｜五世｜六世｜七世｜八世｜九世｜十世｜十一世｜十二世｜十三世｜十四世｜十五世｜十六世

马尔泰 富兰 无嗣

马伸巳亥泰 年五十四 初殇

窗保贵柱

贵珠常亮

额楞泰 无嗣

书贵

书亮 恒妮

书惟泰 恒治

傅忠 初瑞

德楞额 连胜

连福

连贵

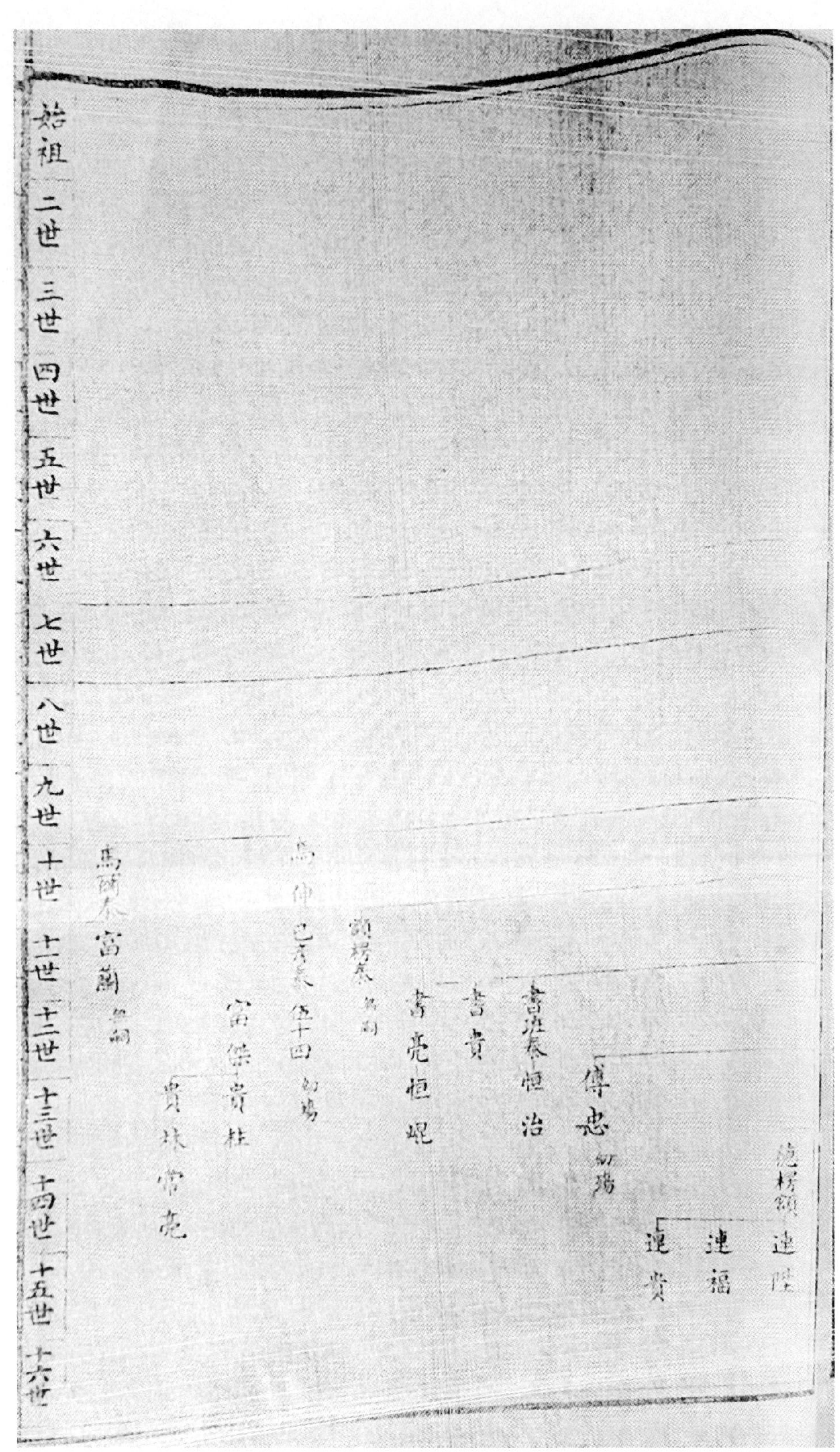

始祖 二世 三世 四世 五世 六世 七世 八世 九世 十世 十一世 十二世 十三世 十四世 十五世 十六世

西明—富豐阿—恒松—常明
恒祥
三達色 無嗣
西德 無嗣
九爾達—翁諾—諾謨爾歎—白爾泰 無嗣
五格—五福—松壽
六格—常存—富明阿
常福—富森泰—富文
阿魯武—丹 無嗣
圖林—富雲—福璞—巴蘭泰—伊成阿
巴蘭保
巴瑯安—秋立

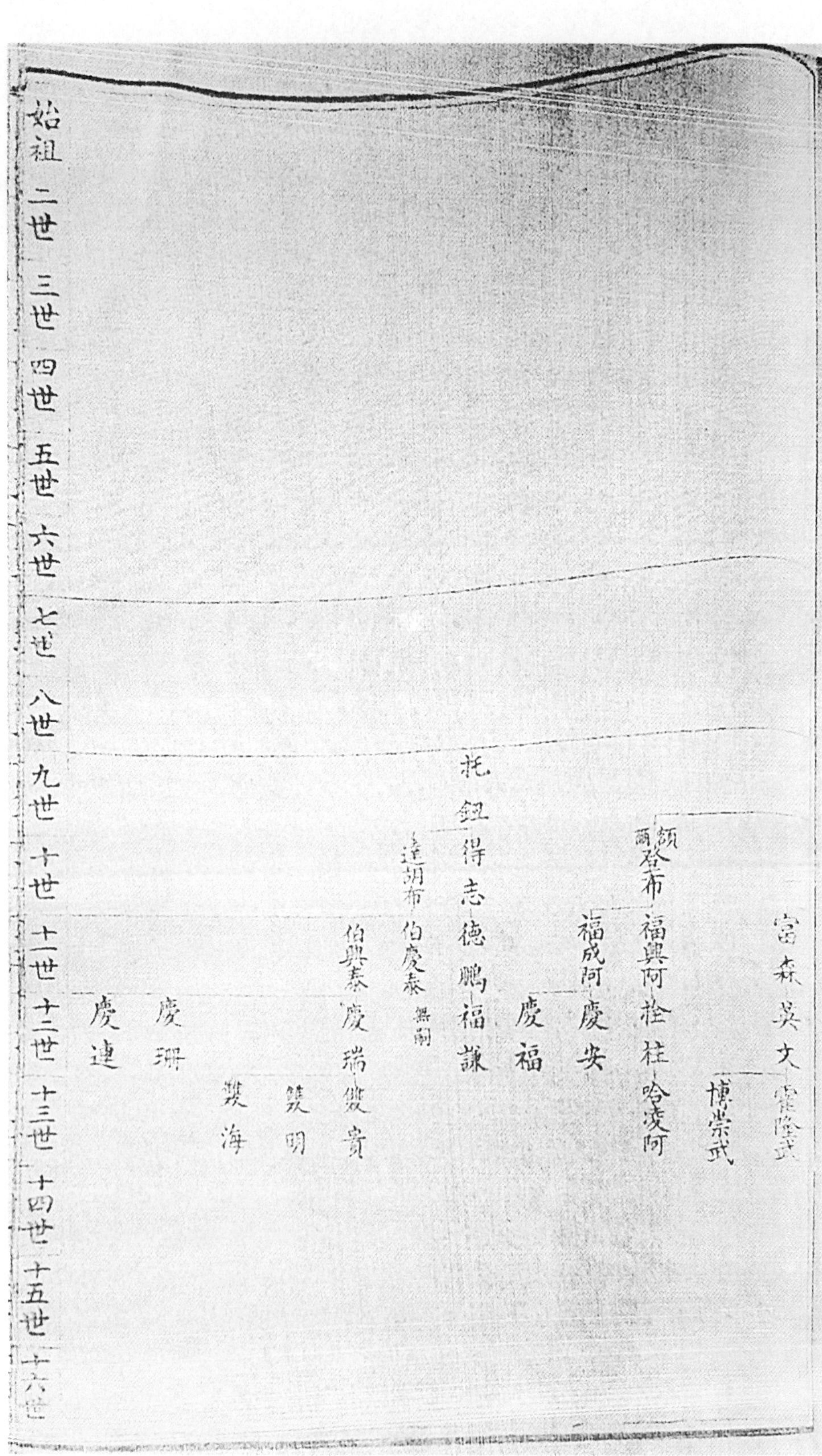

始祖 二世 三世 四世 五世 六世 七世 八世 九世 十世 十一世 十二世 十三世 十四世 十五世 十六世

富森 吳文 霍隆武
博崇武
額爾登布 福興阿 拴柱 哈凌阿
福成阿 慶安
慶福
托鈕 得志 德鵬 福謙
達朗布 伯慶泰 無嗣
伯興泰 慶瑞 雙貴
雙明
雙海
慶珊
慶連

始祖 二世 三世 四世 五世 六世 七世 八世 九世 十世 十一世 十二世 十三世 十四世 十五世 十六世

慶璘

伯靈泰

扶爾吉圖 琭琅阿 福斌 巴漢泰

巴抗阿 永順

祥順

圖欽 伊爾登 無嗣

五占 瑪里布 無嗣

扎納登布 宮和 惟明 春霖

春陞

春連

永昌 幼殤

諾論 富義 無嗣

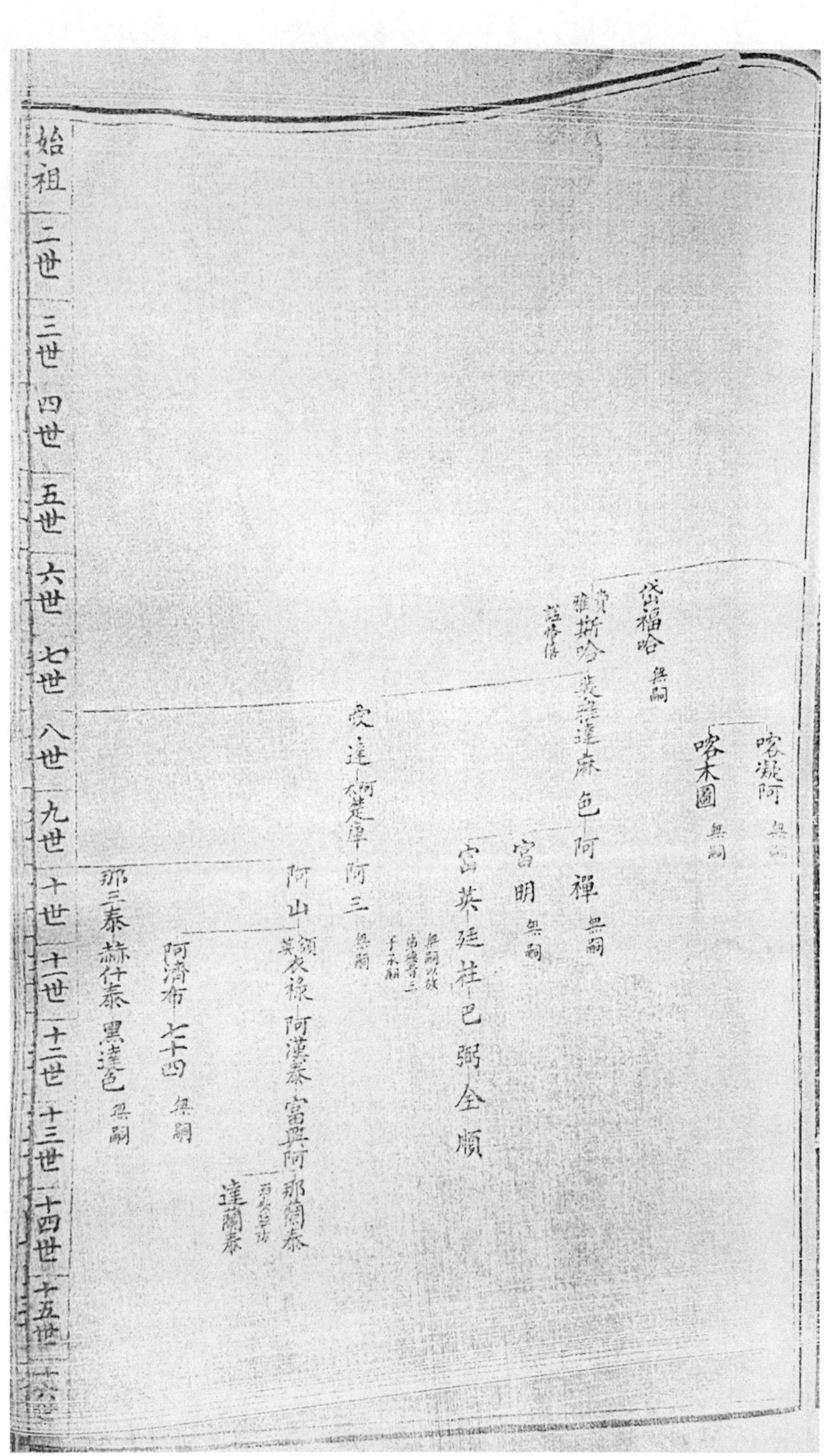
始祖
二世
三世
四世
五世
六世
七世
八世
九世
十世
十一世
十二世
十三世
十四世
十五世
十六世
喀凝阿 無嗣
喀木圖 無嗣
岱福哈 無嗣
雅斯哈
英布達麻色
阿禪 無嗣
富明 無嗣
富英
廷柱
巴弼
全順
愛達
阿建庫
阿三 無嗣
阿山
英衣祿
阿漢泰
富興阿
那蘭泰
達蘭泰
那三泰
赫什泰
黑達色 無嗣
阿濟布
七十四 無嗣

始祖 二世 三世 四世 五世 六世 七世 八世 九世 十世 十一世 十二世 十三世 十四世 十五世 十六世

拉三泰 無嗣

穆里庫 無嗣

巡布祿 五什泰 富勒和 無嗣

扎三泰 倫祿 富昌額 富賢

僧可布 幼殤

福慶 慶元

志誠 福清 常德 清泰

常祿

富成 無嗣

保住 慶保 福通阿 伏魔保 無嗣

舒爾翰 咸神保 興德 廣州駐防

圖桑阿 三青 薩炳阿 吉順 額勒格春

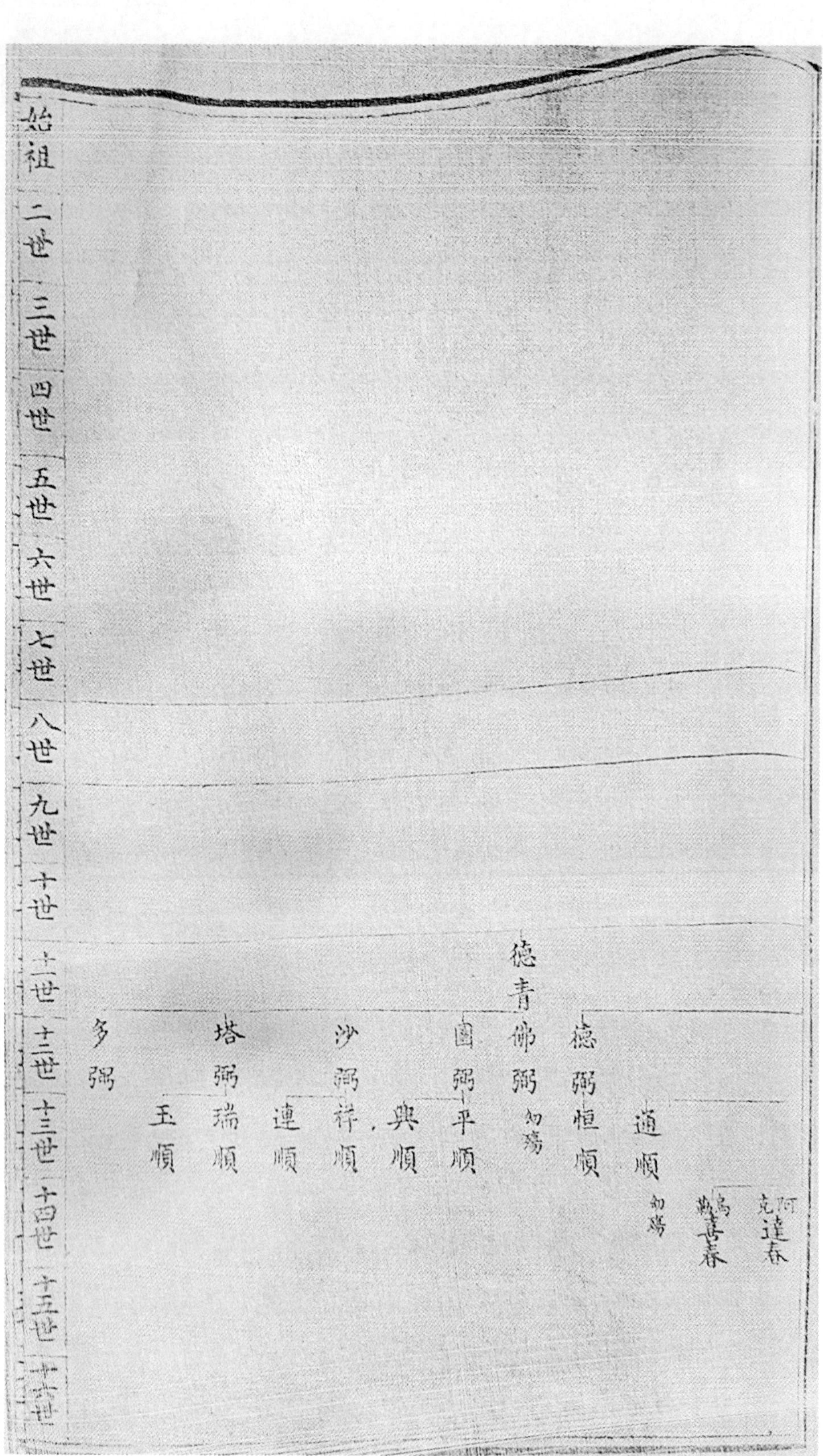
始祖
二世
三世
四世
五世
六世
七世
八世
九世
十世
十一世
十二世
十三世
十四世
十五世
十六世
德青佛弼
德弼
多弼
塔弼
沙弼
圖弼
如殤
瑞順
玉順
連順
祥順
興順
平順
恒順
通順
如殤
阿克達春
烏勒喜春

始祖 二世 三世 四世 五世 六世 七世 八世 九世 十世 十一世 十二世 十三世 十四世 十五世 十六世

常青 察弼 明順
成順
英順
雅弼
福亮 無嗣
蘇丹 蘇圖 素瑚濟 蘇爾芳阿 素隆安 蘇克東阿
瑞隆 鳳綱
鳳紀
瑞慶
蘇清安 蘇成阿
蘇章阿 素爾善 安祥阿 無嗣
傅英

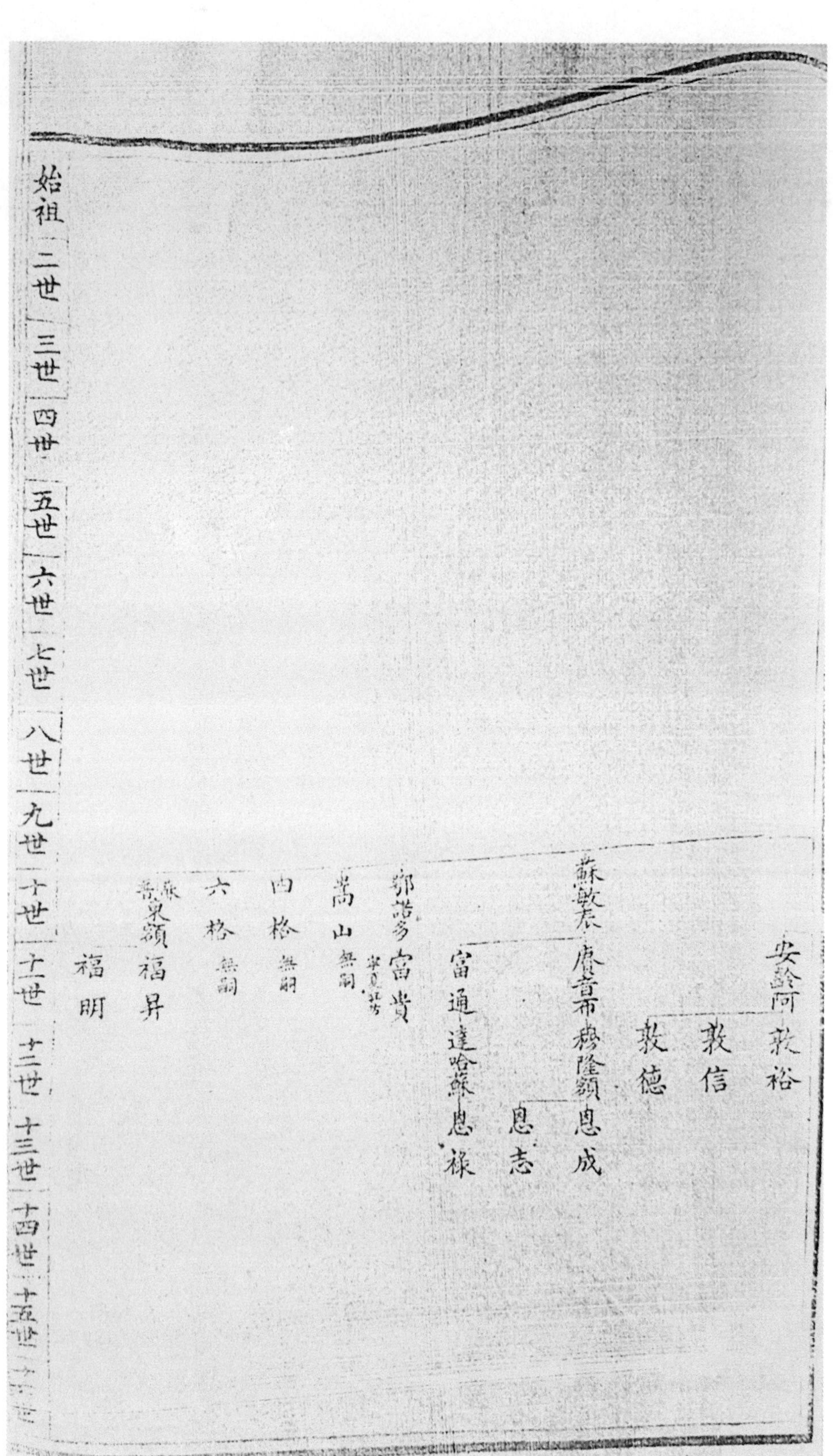
始祖
二世
三世
四世
五世
六世
七世
八世
九世
十世
十一世
十二世
十三世
十四世
十五世
十六世
安齡阿
敦裕
敦信
敦德
蘇敏泰
富通
達哈蘇
恩祿
慶音布
穆隆額
恩成
恩志
鄂諾多
富貴
嵩山 無嗣
四格 無嗣
六格 無嗣
普泉額
福昇
福明

蓋聞古者宗法公卿大夫皆世其家故其後世子孫有本有支可以聯屬而不散敦睦而不滿三代以後宗法廢矣欲求維持久遠之計則莫如譜焉蓋有譜則由本而幹幹而枝枝而葉綿綿延延以至於無窮按籍考之雖散在千百里之外猶夫一家也疎在千百世之遠猶夫一室也分在千百人之身猶夫一體也反本窮源收合族屬之道莫以尚矣故夫等而上之自吾之父溯吾之祖以至吾祖之所自出所以重本也而尊尊之道存焉推而下之自吾之子及吾之孫以至吾孫之所由分所以別支也而親親之道存焉譜之攸關豈細也哉我富察氏家譜修自乾隆四十五年迄今幾五十年矣人丁繁衍派別支分懼其日久而難徵也爰鳩族姓醵金爲需重加編輯鐫諸板牒自 盛京興京以及各省駐防詳稽而廣續之藏之 家廟傳之後裔庶宗派不至紊亂蒸嘗知所奉祀尤願後世子孫有志者嗣而修葺之斯足以用示不忘一本之意云爾

道光七年歲次丁亥孟秋朔旦鑲黄旗沙濟富察氏族衆公刊

十一世孫寶瑜[illegible]等謹修並識　十二世孫[illegible]城[illegible]謹修監刻

《京都吉林宁古塔三姓等处厢黄旗陈满洲关姓宗谱书》内容简介

该谱书现收藏在吉林省关氏族人家中。

谱书首次修纂于同治十一年（1872），次修于民国三年（1914），三修于民国十九年（1930），本书选用三修本。

镶黄旗陈满洲瓜尔佳氏是八旗满洲的巨户望族，原系长白山三音讷殷地方人。自『国初来归』，被清太祖努尔哈赤编入满洲镶黄旗第四参领下第六佐领，与富察氏两姓任轮管佐领，共历任八届。

谱书保存完好，无残破，字迹清晰。

谱书内容主要有正副族长、族长助理名单，同治壬申年（1872）隆福撰序、松恒序、托伦托呼撰序，中华民国三年（1914）李钟华、毓峰撰《宁安关氏族谱序》、蕴祥撰《重修族谱序》；民国十九年（1930）晋咸代撰《续修家谱序》、联瑞撰序、嵩濬撰《谱序》；民国三年（1914）富昌阿撰《三姓瓜勒佳氏会纂族谱序》；民国十九年（1930）关崇毅撰《三姓瓜勒佳氏续修宗谱序》，呈宁安县政府主席《关族规约申请备案文》及《关姓亲族规约》、《陈满洲瓜勒佳氏原系》及《宁古塔镶黄旗满洲讷殷瓜勒佳氏族谱图》，同治十一年（1872）徐广信撰《跋》。

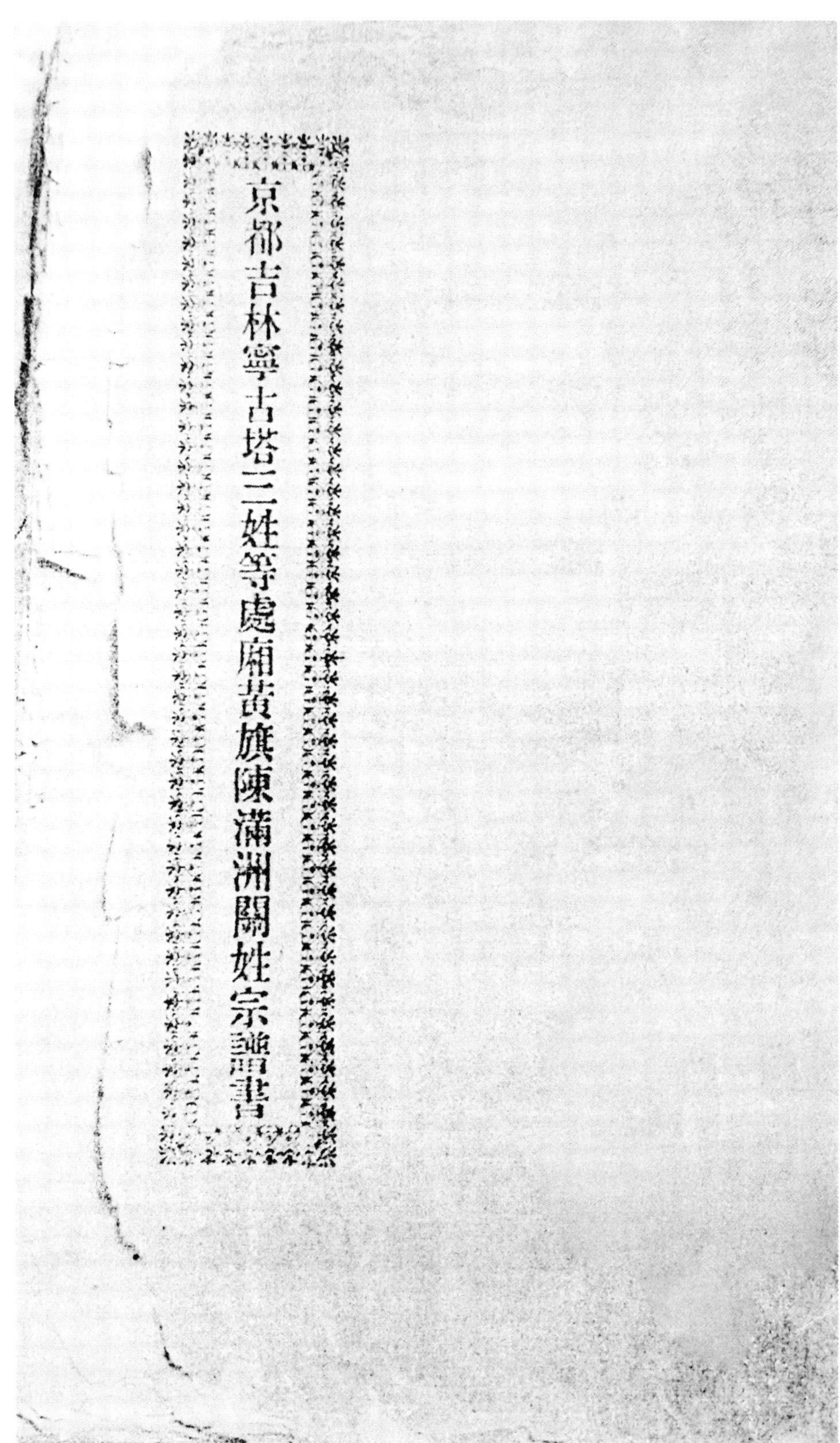

京都吉林寧古塔三姓等處廂黄旗陳滿洲關姓宗譜書

自來人生之繼續不絕猶木之有本水之有源故國有史家有乘家乘者何所以別
長幼序昭穆辨親疏也是以文系也載以譜為而考德以述行而能恩誼明畢古人
獻為參考之資勒志生平碑銘垂永芳之聿猶大如古文傳記次如野史雜說非
表揚前烈昭茲來許迺當世之人多置焉弗譜以致年愈遠而派愈多有子孫不
識高曾之為何許人者況分支衍派音問久疏或陞轉他省或遷移異地使一家親
如吳越者亦往往有之是何異也本序譜牒因而昧同源共本之義有心者久慨
然偶之會（識）中堂司掌政托公出宗譜問序於余余受而讀之以勒佳氏自納殷來歸
以後公族蕃庶編入鑲黃旗設立佐領由順治年間發赴寧古塔駐防旋有陞遷三姓
福建京師者而
海公才操識於塔城滿譜甚詳道光十七年經任琅琊公松公重修其譜迄今三十餘年
矣門第日高而生齒愈盛今托公復有事於重修是創辦其譜一帙承先志也庶乎
思也吾謂有以寬托公之志且乃古者三十年為一世今已逾矣而重修其譜世世相

得庶乎大宗小宗秩秩不紊左昭右穆森森並列祖宗神靈之炙炙然若存于其冥矣

同堂共見庶後之子孫入敬仰之意存於內不僅無崇尚虛一風相子弟之性由然

以上三代未能之詞復見於茲其有裨於盛世之化豈淺鮮哉此豈後之有乘云爾哉是

為序

同治十中十仲秋月中秋日

欽加三品銜儘先即補協領佐領右司關防管理左翼協領事務加三級紀錄五次全

福明首拜撰

序

昔蘇文忠公有言曰慈孝之心人皆有之特患無以發之耳家有宗譜所以發慈孝
之心也極百載千載以上無不知孝所當孝極百里千里以外無不知慈所當慈者
於宗譜中得之故本宗譜其事至重修宗譜其事亟宜是以時先兄那公曾率族
長富公重修宗譜錄而藏之迄今三十餘年上獲
祖宗默佑蕃衍人從茲日多後裔綿綿人稱望族更有
九重之寵眷或晉秩仍在京當差駐防外錄績重功頂戴負羽從戎濟濟有人念前輩修
譜十餘年一度重修今已三十四年憂然思矣同治壬申歲族侄德克吉祥族叔本
歷譜為修譜之舉其商於予予亟力贊成告之曰我族始祖自三音訥欽
國初之歸以後支分甚眾京都福建三姓吉林幾處駐防散處星羅棊布苦不重
修族譜自將合宗之人視同陌路也是之孫討文陵者故與眾合之吾家藏有三姓一譜
亟宜敘入于是之族兄吉綿將其吉林支系與查式稱公之歷為萬譜總裁之令

纂輯漢譜一分卽派舍任托倫托呼爲漢譜總裁暨春喜等分任採錄彙集成束

藥王廟西客廳分支別派次第纂修錄訂善本畧異前制閱十有五日而滿漢譜

系告竣從此縱橫世系脈絡分明吾宗人得之一展卷間當共識之曰若者吾某世

祖也若者吾某世伯叔也若者吾某世兄弟某世子孫曾元也記云尊祖故敬宗

敬宗故收族孝弟慈愛此時必油油以生而百載千載以上如質一日百里千里以外如

對一堂文定所謂慈孝之人皆有之者其言不益信而有徵乎謹誌其原委以垂永久

蓋深有望於後昆之振家聲而得祖德者

時

同治十一年仲秋月十三日十二世孫松恒識

初纂族譜自序

前事者後事之準也世有值一世於此明知責無可辭義不容諉往往積數十年而無所措手一旦披故老之遺編撫高曾之手澤不啻口為講而指為畫遂慨然於矩矱之未逮持循之有準而直任而不疑無他創始者難為功繼起者易為力也惟我瓜勒佳氏始自三音訥殷於

國初來歸從

龍建業

定鼎燕京編入鑲黄旗蘇勒東阿佐領下與傅察氏兩姓設為輪管佐領繼於順治年間撥赴寧古塔駐防即立族譜迨至道光丁酉先父那公同叔父松公族長富公重修而後迄於今三十餘年从茲益慶蕃衍棣華彌形韡韡使於時異勢殊之餘而不急為修敘保無以昭穆之不序支派之未清而致

先靈之恐恫乎嗚少習詩書粗知禮義每遇歲暮爇香頂禮輒展讀遺牒紙佃者

人之有天地[illegible]亦[illegible]凡[illegible]前人此以有尊祖敬宗之大义本本水源之思
[illegible]人[illegible]之[illegible]有感前人之善为谱凡为后人之善为[illegible]谱也日[illegible]道
[illegible]之[illegible]相同义非从[illegible]也非[illegible]也[illegible]为之年方余之年居少壮
[illegible]此举为之[illegible]起此举之[illegible]也而[illegible]风鸥迭警自感
[illegible]十年[illegible]今[illegible]海宇肃清矣乃即生平所欲为
[illegible]因其籍於[illegible]叔父松公而为续修之
[illegible]基一[illegible]谱 外 年[illegible]叔命予是正
[illegible]命 外 为[illegible]谱总[illegible]是
[illegible]定[illegible]而[illegible]秩秩而有序或别
[illegible]今吉[illegible]刻以[illegible]孝[illegible]谱例[illegible]规[illegible]谱[illegible]
[illegible]十[illegible]五日而[illegible]谱[illegible]余[illegible]人[illegible]十
年[illegible]志[illegible]远今[illegible]后[illegible]无远憾矣[illegible]之[illegible]

而不知今名譜之原所以命名之人悉在是所以報本者在是吾亦有在是後之人嗣而修

之是吾之厚望也亦吾之深幸也爰叙數語而為族之綫焉是為記

同治十一年八月■秋前三日十三世孫花倫札呼謹識

富察關氏族譜序

斌君與余今之鄰家時同學友也一日語及家乘遂慨然曰吾關氏宗支至今數世矣所見吾祖父尚存而今已往所見吾伯父猶在而今已卒繼尊親之代譜牒之獻一不足抱殘守闕端在藐躬繼往開來責無旁貸期免數典忘祖之譏敢違述事繼志之旨茲者重修族譜事將告蕆願以祖宗子孫奕葉之諜請君序之余應之曰有是哉君之以此役任余哉聞之史必以官爾余無官其言不足為世俗重盍求序於今之名公鉅子乎玉圖曰否否吾所以求序於君者為記事也為記實也為發明族譜之義以垂永久也非如世之攀援顯宦附會名賢者之所為也君其為我序之余不獲辭乃援筆濡墨勉從其意云夫族者聚也生相親愛死相哀痛有聚會之道焉故謂之族譜者布也書其功績錄其名字布列於牒焉故謂之譜周史官定世系辨昭穆故有世本錄黃帝以來至春秋時諸侯卿大夫名號其即族譜之權輿歟漢興司馬遷父子修史記因周譜世表

[illegible]

知姓氏之所由出其後譜牒學由斯代興至前清而大備故關氏之族譜亦斷自前清為始焉按關氏滿語為瓜爾佳譯言關也本白旗名宗為丹江望族其先世余不得而知所知者惟五圖之先祖父松公先生暨其先伯父托公先生二公服官治家皆有聞於時故所謂其鄉中之錚錚者牙籤錦軸世守其業鳥革翬飛大啟堂宇闢畜舍組商業至今猶為殷實者皆二公之餘蔭焉公餘之暇於其族譜一事尤為特別注意純五圖自存中松公之命托公之作而君則於流離顛沛中尤能璧歸於意外而重修之譜非敬宗睦族血統相傳之一貫也得乎且夫人之情於其宗族遠則疎之彌遠則益疎而至忘之至於忘則喜不慶憂不弔不慶不弔則途人也其初兄弟也兄弟其初一人之身也一人之身分而至於途人此譜之所由作也嗚呼百年鼎戶各丁今一綫綿綿東山庚續則敘其氏諸房之界畧訪稽結家傳之編沿波討源承先啟後余不雲初於譜從而紹續於前人詳其自出而非繁闕其所疑而非妄此史例也亦譜法也觀之者其尊宗之心油然而生歸厚之風亦可從此而維矣余不文

於譜牒之學夙少研究茲承玉圃囑爲序大畧以歸之

中華民國三年五月立夏前一日同學愚弟李鍾華薰沐拜撰

重修族譜序

藴祥幼年失學中歲作吏竊見先伯父托公靜軒先生遺編滿漢著作數卷庚子
兵燹皆遺俄人蹂躪踐踏無餘惟族譜一帙遇難攜逃中途被俄人搶傷右股致將族
譜失之於路中心抱愧午夜籌思無可為計閱三載癸卯六月經友人關介甫先生撿
得[illegible]雖歸而不完斷簡殘編風雨剝蝕實令人觸目傷心莫可言喻雖世系不完規
模尚在幸有前清光緒戊子年族人春怡堂先生鉄海君修成滿譜一分訥芝泉先
生會有吉林三姓衆族人滿譜一分足可考證回憶先伯父同治壬申年奉先祖松
公之命修訂漢譜費盡苦心晝夜辛勤手不停披閱三五而告成世系不紊昭穆井
然瞭如指掌歲暮之際焚香展拜歿者無憾生者知感嗚呼我先伯父之貽謀遠大
跂望後起者緜緜流長繩繩繼緒迨後服官外任終日鞅掌無暇重修光緒戊子已
逝世矣自先伯父逝世後子孫雖存無人續緒自壬申以來迄今四十餘年慶瓜瓞之
長綿喜蘭蔡之競爽世變時遷國體更新五族共和大同世界祥 雖不敏能不以

譜理為當務之急矣是以邀集同族人先兄弟公同集議以祥 為總理長族人又舉
修德琇青禾忠恩等司之又精吾君曾珂龍穎東傳君曾世龍昌升為編纂以謹
譜為標準以滿譜為考證編輯成帙世系的無訛序不紊庶乎上可副先人之志
下可啟後昆之智者矣祥 之所希望者吾族之理起者倘能永遠尊藏孝思不匱也
日理續重修不佞祥 之幸甚亦同族之幸甚焉是為之序
中華民國歲次甲寅五月立夏前一日十四世孫肇祥頓首拜撰

吾族自有初以來代遠年湮書缺有間無從追考發祥自長白訥殷部落起與清崇
氏設驛置佐領隨同前清及關東各族開闢疆土創設郡縣以迄入關代有顯達
不過多以武功起家或伏處田畝詩書之業不但敝族■妙知並重然期於敦宗睦族訪
親子弟守舊遵重禮法分長幼別內外和親族美鄰里諸謀其賦性樸素風俗敦
厚自開創之初所由來久矣自後大抵由漁獵而進於農田中經軍國武士時代
而轉入近世文化迭進迴非昔比在前清中■葉具驃武之風為之步啟後經往來
關內外與國人相習公餘之暇稍涉書■史此影響於敝族譜牒者至深且鉅滿
族在前一切語言文字不失滿人固有之風俗習慣亦自有異然祭祖列譜之風久矣
視之甚要曾用滿文滿語行之改之者當自老■公始公在前副都統銜署歷充文職
且開閣要差當是清中葉風氣大變國化雅然之會矣是時敝族修譜經郡叔二
公經營於始花公繼之於乎甚詳原本不幸後經滿漢戰役無存後經

毓岡先生收集款項今先人之志自行醵資招族人創修新譜當時與其事者有
族人文[illegible]陳瑞璉海博霖三先生業距上次修譜為期二十有餘年矣此次修
譜傳不興廢繼絕承前啟後之創舉乎今族長　副族長　各支分族長　自
動[illegible]修[illegible]醵資扭于翔鎮請傳紫恆傳海祿二先生為總纂又用聽便差役
四人歷二月修竣經兩月始拜譜上墳舊例每逢修譜必通知吉林三姓伊通各處
同族請來會譜今且踵行之惜未全到詎非遺憾將來尚擬購義地設學校立
宗祠制定規章統率族人子弟以竟訥芝泉先生存而未竟之志今雖未立即
進行然已具有梗概繼之不難矣嗚呼一祖之親因歷年久遠派別支分慶弔婚喪
不相聞問且有陌路視之者一祖之繁延竟同陌路於事傾軋[illegible]之若不知其為
一祖之孫曾者違論吾族安擬人間可哀之事將孰比之所以譜牒之修凡人類對
遠之族果臻於文明之域者罔不重之又不僅炎黃一系自矜為極執也敝族有見
[illegible]之今日不敢自發甚願以宗譜之事以自將其敬

慎之意爰述文化遞遷之迹與譜牒意義原本之所自弁諸卷端以為之紀念

云爾

中華民國十九年十月三十日

闞姓修譜處執事族人恭誌

十五世孫晋咸代撰

余小子生也不辰正值國體更新五族共和纔有今日吾族之散駐於吉林省境
者數百餘户素日不通音問者良多即至於遇於通都大邑同於陌路小子
公餘之暇偶展家乘敬讀數遍喜見先大父那松兩公創修於始先王父托
公又繼承於後然先王父在清同治末葉承先大母之喪辟踊之際吾族繕修
滿譜適此時際先王父熱腸衝動不分晝夜親手製成瓜勒佳氏漢譜一帙
溯古證今無不盡備清庚子之變幾乎遺失成為遺憾嗣後失而復得家嚴
蘊玉圃公喜不自勝民初之際經族人三五熱心者商之家嚴續修譜牒彼時極
為歡迎惟因兵燹之餘國勢變遷醵金之事不敢贊成情愿甘盡義務一年
有餘吉林訖晉歲奕周君留學省垣就近聯絡家嚴親赴依蘭往返一月
餘矣叔道哈埠刷印成帙請族長敬謹分給各户各守一帙以成斯舉今經正副
族長分族長諸君由客歲公同商議醵資續修族譜者 小子 赴吉聯屬族衆
[illegible]家就教[illegible]又麟兩君贊助尚可塵青[illegible]經閱殷卿君晤見時多

為[illegible][illegible]成法至今日遇帶文執事與後世事有無成與[illegible]為小子恭述[illegible][illegible]

不揣諸德聯珠[illegible]衷以表[illegible]誌是為之序云爾

十五世孫　新瑞拜撰

譜序

國有史所以載治亂興衰，俾後人讀之足資鑒戒；家有譜所以詳明子孫之世系譜
積而使後人知所以親其親、長其長也。家之不可無譜，猶國之不可無史也。吾書族之來
久矣，宗人之繁莫稱無兩，而譜書一事久未經修，後世子孫末由列入。吾族當族重有修
譜之議，不幸中經變故，事起倉卒，未妥，事遂寢。今歲豐收，乃復議，後行刊事要啟
興泉族大哥商承宗族從善長翁濟泉、永留學有恒均外出未返，不得已公舉
昇旦革九十大人譜繫一族之消多擎爰其任職重且大，充富濟東敬為其當此
無者精悉其事之幫助，壽劃得免，賞事者高濟實感且愧，今刻刷有期，當此以資
紀念。與其事者計為吉福文爺、晉成大叔、麟瑞三叔、春壽大哥、青峯二大爺、玉海六
爺、連成二爺、光學四叔云。

民國十九年十一月　日　十六世孫景尚濤謹撰

三姓瓜勒佳氏會纂族譜序

富昌阿襲衣職屢思趙誠之無窮以三姓我瓜勒佳氏族譜於前清光緒九年續修迄今三十肆年其間族人雖有謀修之意無如庚子兵燹後時事紛乘未遑繪叙迨於民國元年夏富昌阿經八旗諸君推舉代表進省會議旗族生計振遇寧古塔族人蘊玉圃者晤談茲值國體更新凡我族譜函宜纂修故彼此討有纂修譜書之議嗣即薏旋到姓隨商之族人均皆認可公同集議以富昌阿為總經理族人武凌阿恩陞永當喜慶等副之正在調查人丁繕錄間蘊玉圃携帶改修譜書來姓當將三姓調查我族人丁依次纂叙從此簡牒昭昭偕史編而並著雲礽濟濟聯瓜瓞而常綿推其同族後起之人屆時續修尊而藏之是爲序

中華民國歲次乙卯十月朔越八日十二世孫富昌阿頓首拜撰

三姓瓜勒佳氏續修宗譜序

嗟夫茫茫大地芸芸衆生其生也有自來其死也有所歸吾叙又愿吾皆一祖之所

裔繁殖愈廣相沿既久故其殘世子孫散處各地[illegible][illegible]往來年節人多之間

後湮沒既遠雖一支一派往往見面不相識深之恐己姓氏也不詳理矣思之令人

痛心言之使人落淚試觀佛道之所謂名忘[illegible] 根儒家所云孝敬父母與非本木

知源而已矣憶我瓜勒佳氏自我

始祖海公遠

大清太祖高皇帝龍興入關以來重康[illegible][illegible][illegible]遷移在吉林寧古塔三姓等駐

防八旗錦[illegible]始有今日者幾十餘代也惟我氏山川遙阻多不相識此誠非敬族敬宗

之道故少求 祖[illegible]於[illegible]之[illegible]所書之譜而自知[illegible][illegible][illegible]祖武

曾祖於十五歲時曾叔氏曰 先祖自[illegible]登[illegible][illegible]安族人謹[illegible][illegible]名會[illegible]一大將

迄今十餘年矣而國體屢更先嚴已故後嚴歸道山予孑後存今人為心雖有生
存無非一二而年力晚景精神有限而此十餘年中吾族後息子弟又不知若干人
敬 處此世局命途顛沛以致淪沉書吏未能壯蓬門之色雖假有效賢之舊志殊
亦無援從喚奈何幸今夏富安族來族人海傳恍先生會商謀修譜經招集同
族戚捐款事雖各人捐廉有數金錢收功果於無極始有今年今日再修之盛舉
經理既不敢稍有倦嫚簡牒成帙以期以譜永久而來日方長後事既不能意測已
過事悉應誠敬但風雲月露人事匆匆惟願同族後起諸秀應繼先賢之志勿使
湮沒於黃沙白草間耳 敬 學識淺陋無以為文謹書數行以誌其盛以紓敬誠
中華民國十九年庚午重陽後十六日十三世孫關崇毅拜撰

呈

為呈請咸查親族規約和睦族人約束族人子弟以善良風化而敦民彝伏乞

鈞府鑒核准予備案事竊查 敝族世居寧安迄今二百餘年支分本市約二百餘戶

在前清時法制度甚為嚴厲歷代各戶子弟率能遵守家法不致蕩檢踰閑自民國成

立以後家法日就廢弛[illegible]大家子弟尚知遵守家規不敢非為單寒小戶人家

[illegible]不能約束[illegible]竟作奸犯科者所在多有實不[illegible]若加以限訓

地方[illegible]甚至[illegible]輕蔑者甚至踐踏被目無尊長對族人毫無敬

[illegible]一[illegible]隨之雖與治安無大關碍究亦遺

地方風俗之[illegible]全族同年[illegible]因難且素事業咸庶乃設義田義校以

教族子[illegible]代[illegible]人誠感單也伏維

鑒[illegible]俗優爲遵為之[illegible]不遺餘力族人等仰慕風化維日

已[illegible]族規約使族人子弟不至違犯以遵累地方論護允准懇請飭

公安局知照所轄各區所遇有族人子弟蠻橫無理必須懲處者以便飭族長就近拘送究辦所擬不知當否未敢擅便理合檢同規約一紙一併備文呈請鑒督察核是否准予備案施行謹呈

寧安縣政府主席臧

附關族規約一紙

總族長關溥泉

副族長關海廉

分族長關恩榮

關清來

關玉海

關春壽

關連成

上次本族修譜係由本縣西南關蘊宅玉圃先生發起所有曾用獨立担任籌成對曾官結若干總未准各分族另撤其譜修竣之後寄安其他各支族人主取法而修治其譜牒者不一而足皆稱善本其譜有遺於吾家吾鄉者爲何如耶亦數代老人者　校公　托公精議之所致也後人安敢而不表彰之再此次於前民國十九年起人以本族譜牒由上次修治之後又間隔十餘年之久誠恐代遠年湮有所遺佚因倡議續修事未接辦遺事因欠書局書款未得取出近者　玉圃先生病重彌留之際囑託雲生與其事從簡亦得籌款取出分予各分

十四世孫蘊祥玉圃先生像

其用意更使人感謝不置雲生能承其美現已遵遺命用將六十圓由書局將書取出計壹百本擬用　玉圃先生出資之次日當各分族未去之前除寄郵之姓吉林伊通各處外親面分予各戶俾之敬守纔宅此舉族人等得書之後當結果以爲期之不能受之有愧因譜述前緒伸謝忱以不忘云爾

寧安關姓修譜處各分族執事人

吉福　恩輔
晉威　玉海
崇權　連城　公啟
永祥　富有
春壽　恩浩

大滿洲國康德元年古曆八月二十六日

中华民国十九年十一月　日

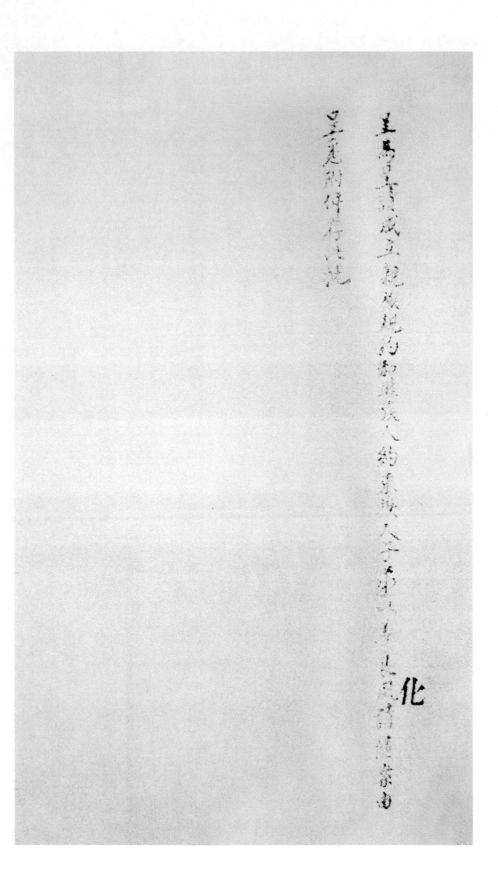

臨時親族規約

一　本規約不覺不日定名為親族規約

一　本規約以敦族連睦親族利謀族衆之幸福為宗旨

　　敦族誼

一　本族世居[illegible]二百餘年生齒日繁枝分派別應由族衆舉出族長一人或二人再由

　　各支各舉一人輔助之均係義務職

　　當選資格

一　六十歲以下二十歲以上者為合格

二　素孚衆望

三　品行端方

四　粗識文字

五　未受刑事處分者

無當選資格者

一受過刑事處分者

二有精神病者

三有廢疾者

四不識文字者

族長職權

一本族長有指集族衆指導于各個人之行為糾正有越規約者訓飭該家庭切實教育之注意生計遇有犯國家法律者應即提起公訴

睦親族

一各族長應隨時隨地勸導各族衆顧略敦睦親族之義春秋祭享置祭田設宗祠如遇祭享時各分支派代表與祭每年兩次以盡聯絡意義

一祭掃祖墓本族衆應盡之義務前代遺傳每修譜時掃墓一次仍追念前識其族衆

各個人之坟墓亦應一律按時祭享之

訓飭子弟

一　應注重家庭教育如小兒初學語時毫無知識為父母者總要隨時開導使之先知尊卑長幼禮義衛生飲食有節以完成其德行健壯其體格

一　六歲以上之兒童於族人衆多地方設立家塾或組織小學校請族人長者教授之或外請教師以免失學之虞

一　遇族人鰥寡孤獨及廢疾無依者大家宜周恤之

一　遇族人婚喪聘娶不能舉辦者大家宜酌為補助之

一　族人子弟遇有欺小犯上蠻橫無禮不聽訓諭族長得詰誡之詰戒不聽得以族長名義送官拘押或究辦之

一　本規約如有未盡事宜得召集全體族人修改之

一　本規約自呈准備案之日施行

中華民國十九年十一月

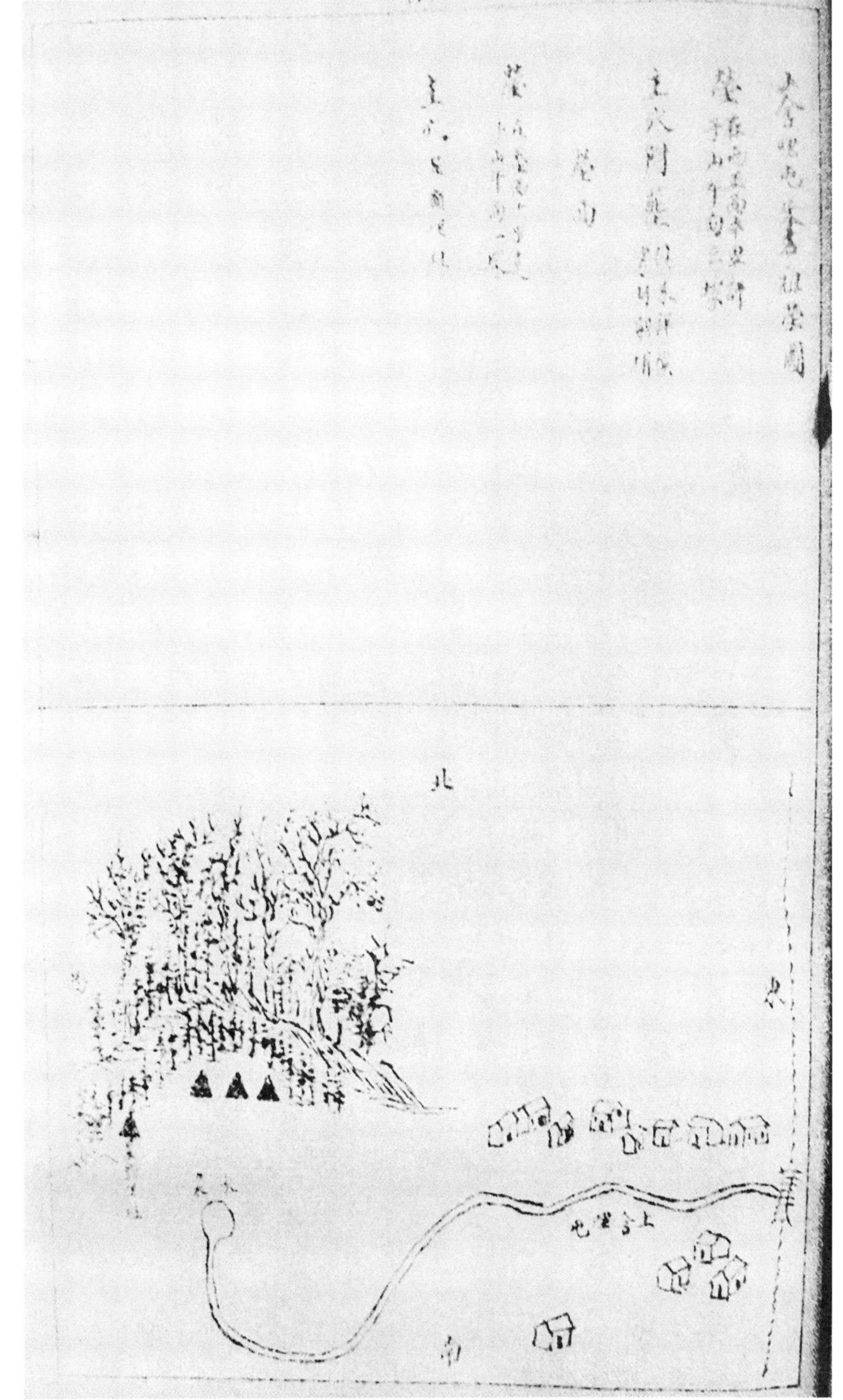

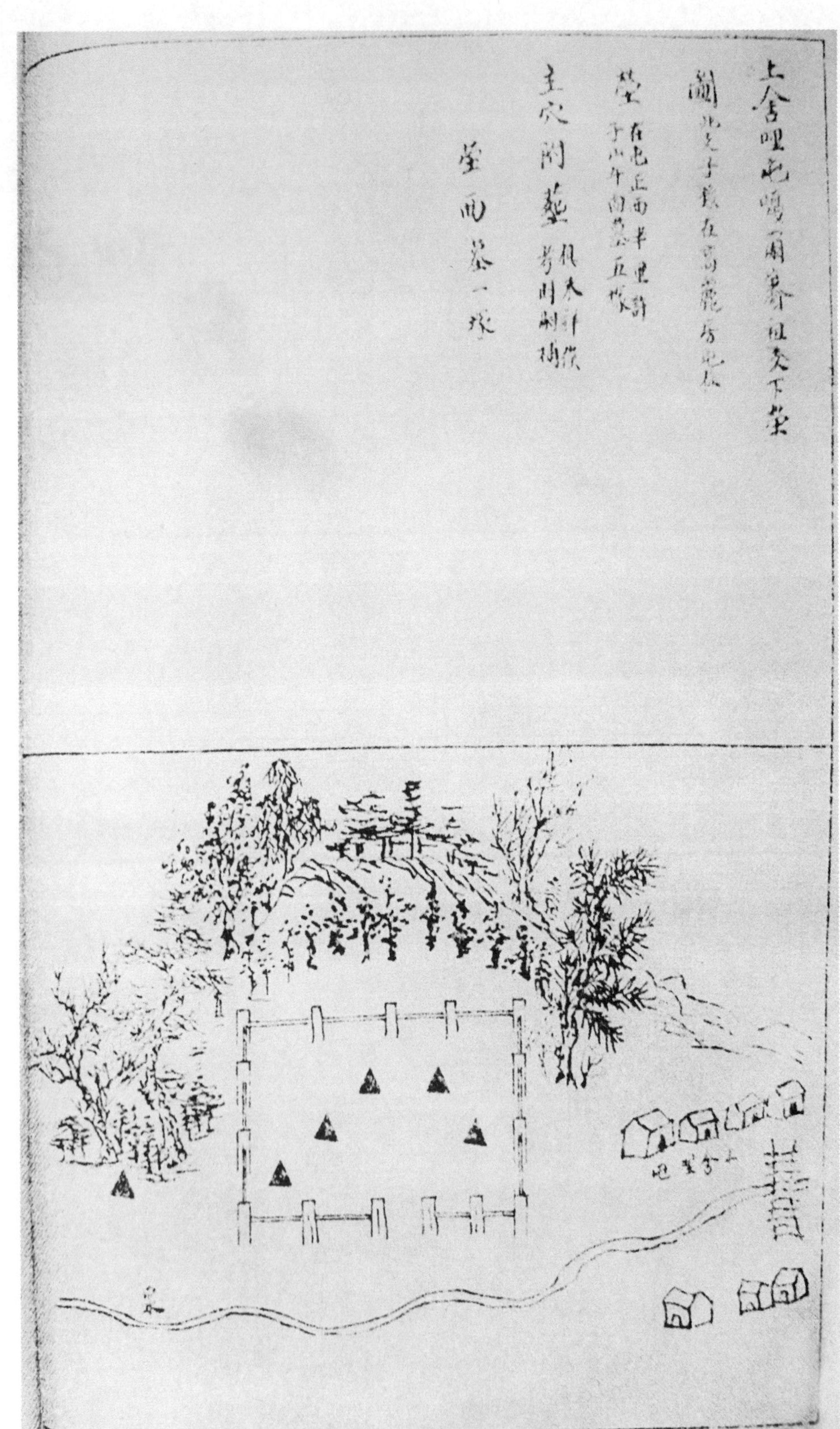
上舍哩屯噶爾賽祖父下葬
闔此子孫在高麗房屯居
塋在屯正西半里許
子山午向葬五輩
主穴闔族租太爺供
奉列祖
塋內墓一塚

蒙古霍洛屯 南代祖茔图

茔在屯南一里许子山午向共葬十冢

主穴 南代祖

附葬 左玛佛讷祖 右阿克敦祖 左之左阿尔尔图祖 右之右萨那哈祖 又左之左瑞翔祖 又左之右永福祖 又塔兰泰祖 又尚勒赫讷祖 又右窝阿祖

茔东 左德克登额祖右东泰公配那氏那穆泰富氏合左之左阿哩翰公配和叶氏合右之右前荣爱

又东 右六十九祖配傅察氏左富尔松阿公 又东泰秦公

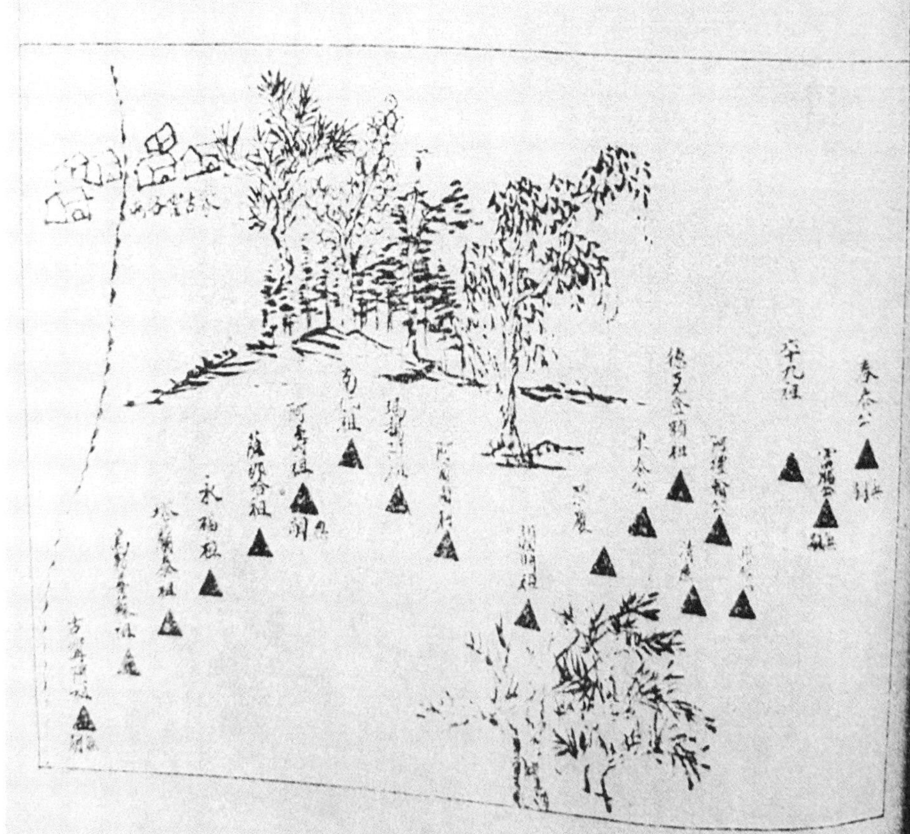

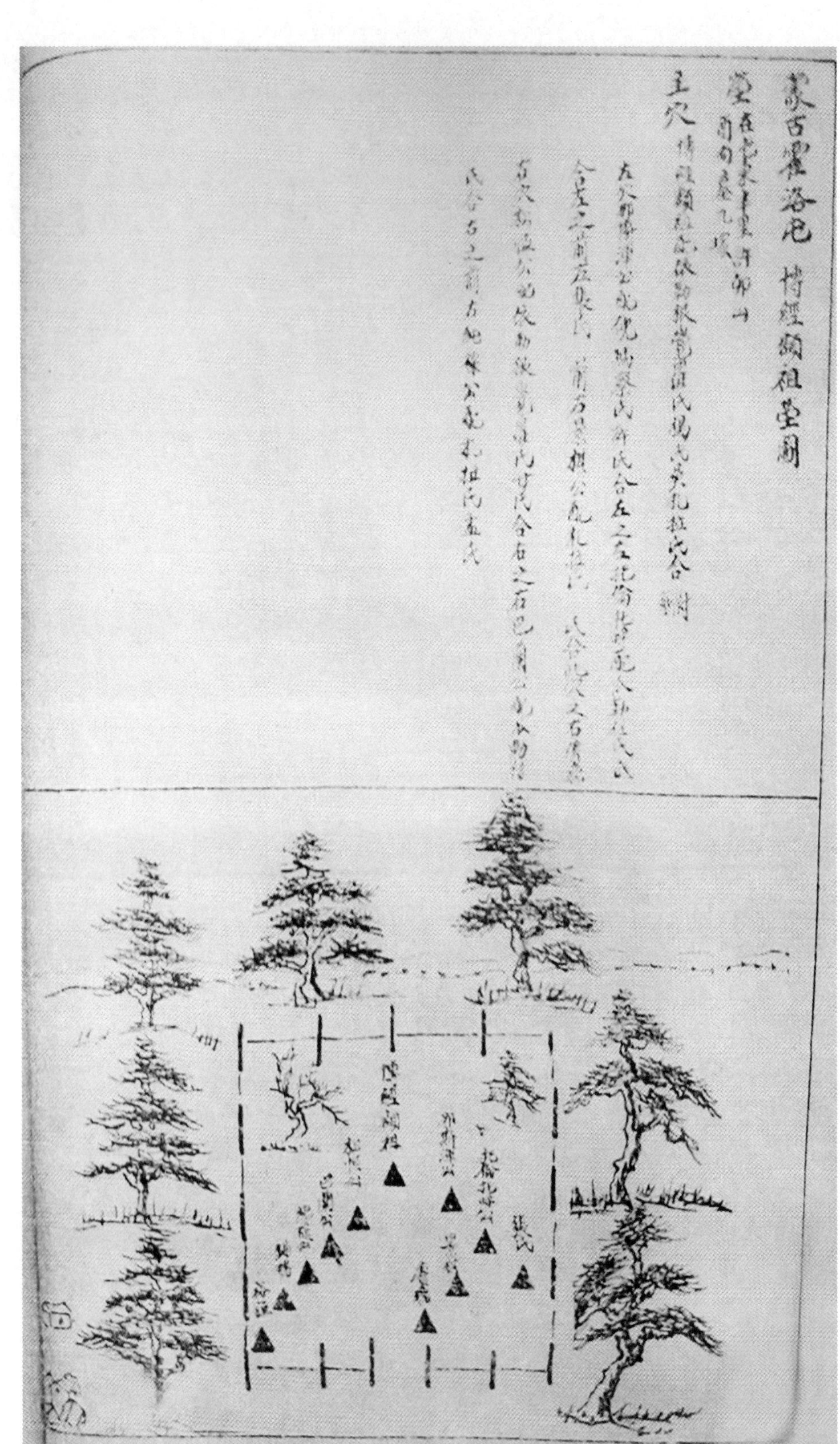

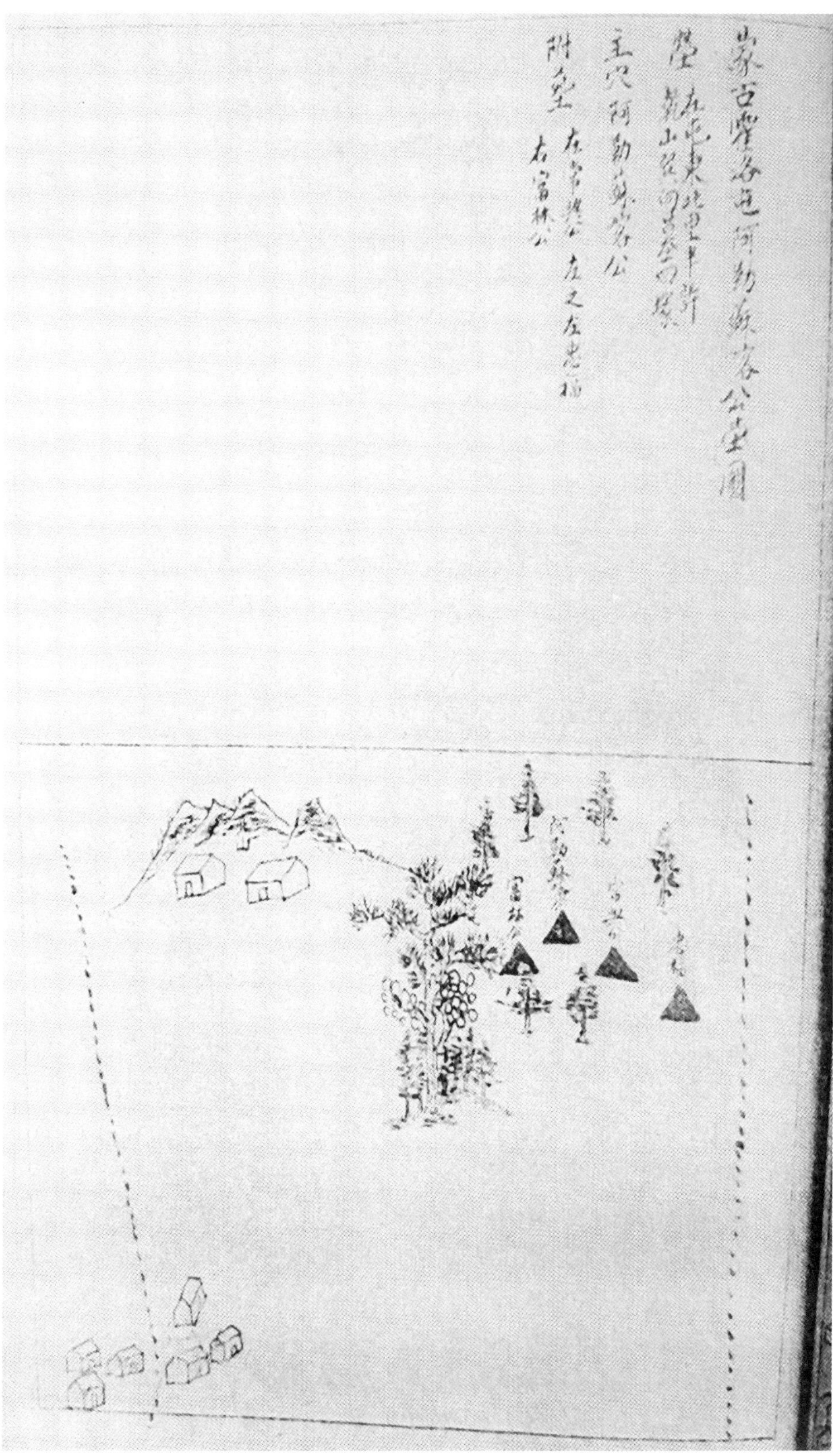

蒙古喀洛屯阿勒苏客公茔图

茔 在屯东北里半许 乾山巽向 共坐四塚

主穴阿勒苏客公

附茔 左富祥公 左之左忠福 右富林公

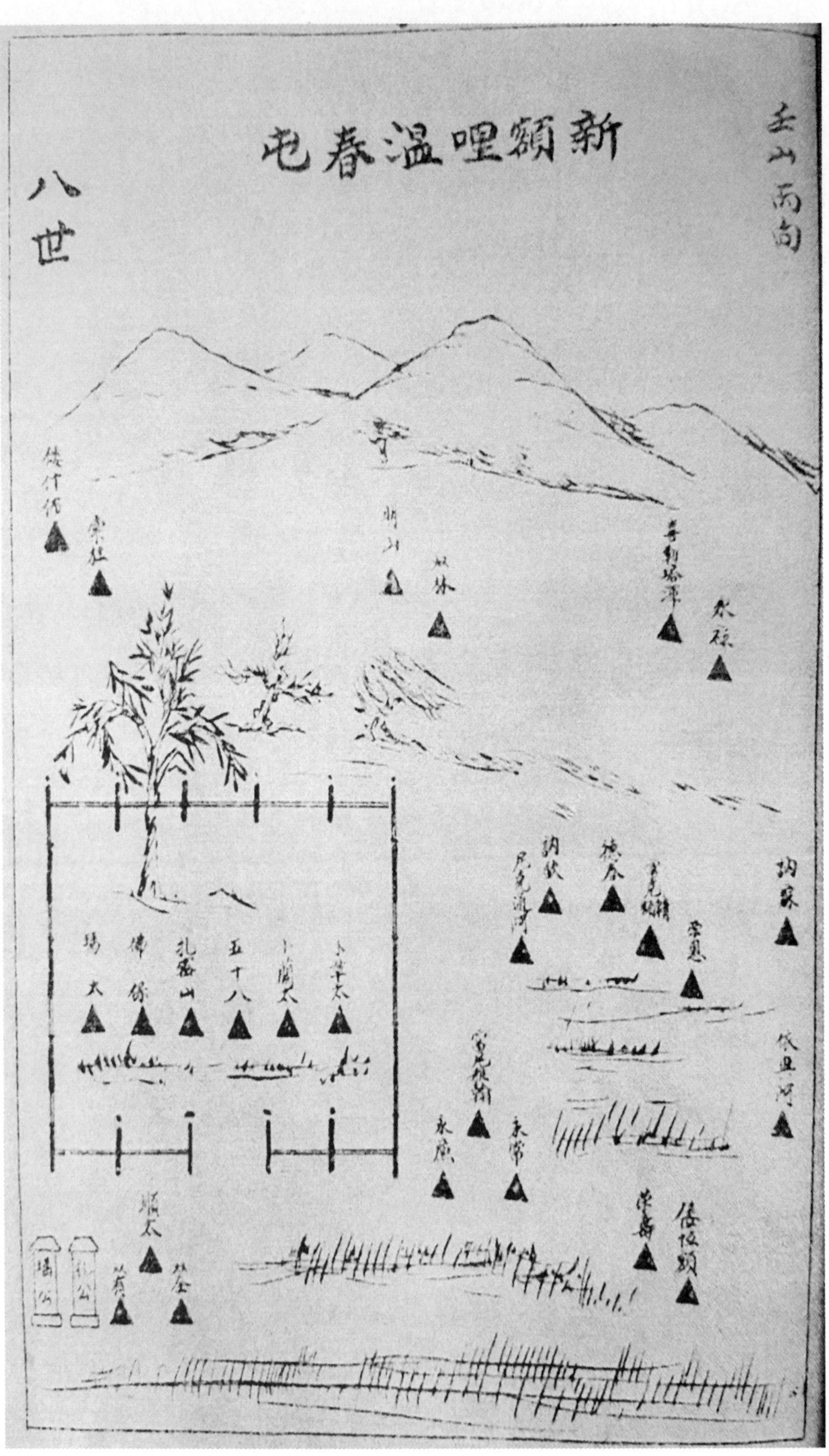
新額哩溫春屯
壬山丙向
八世
五十八
永常

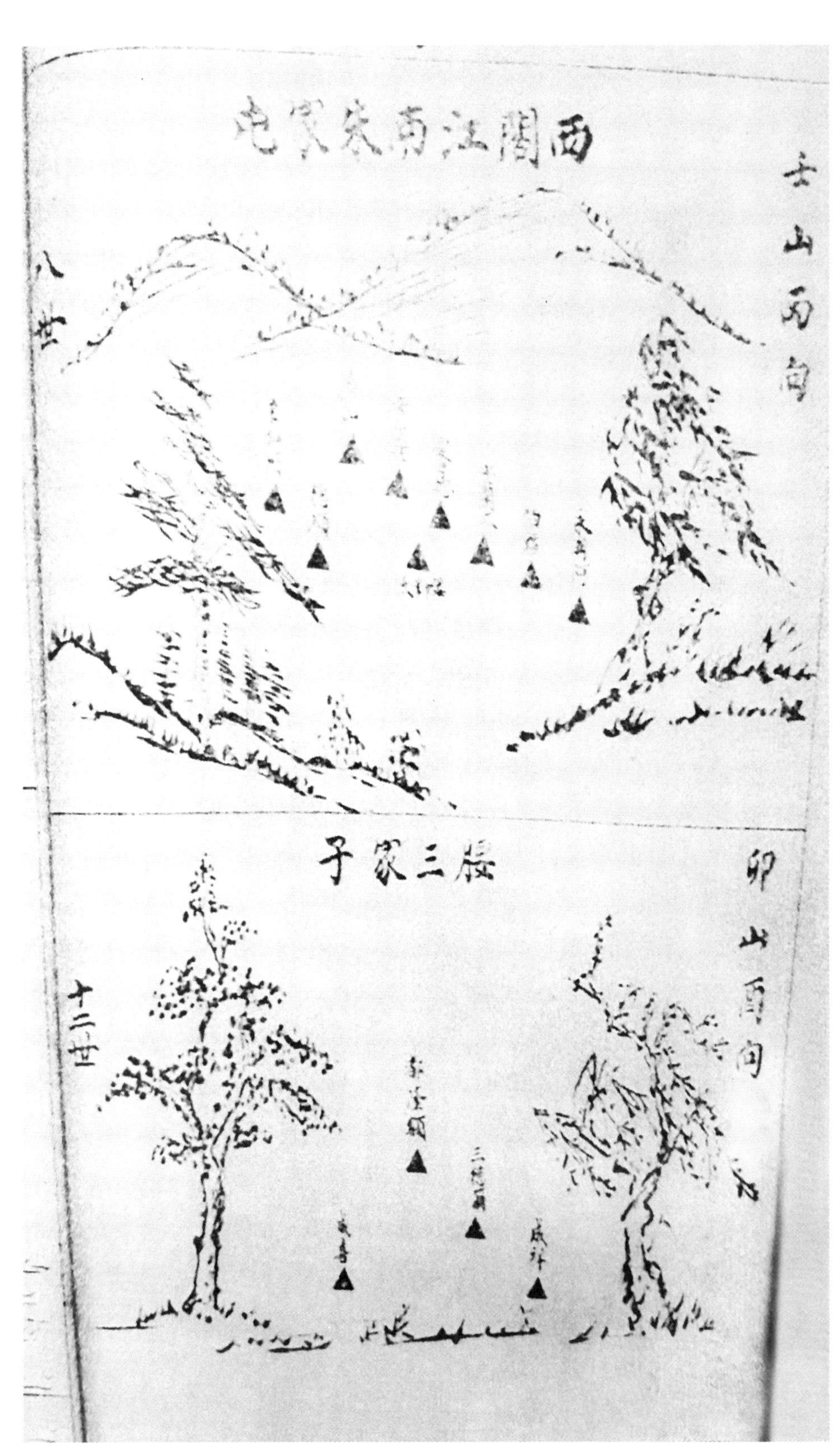
西阁江南关家屯
壬山丙向
八世
腰三家子
卯山酉向
十二世

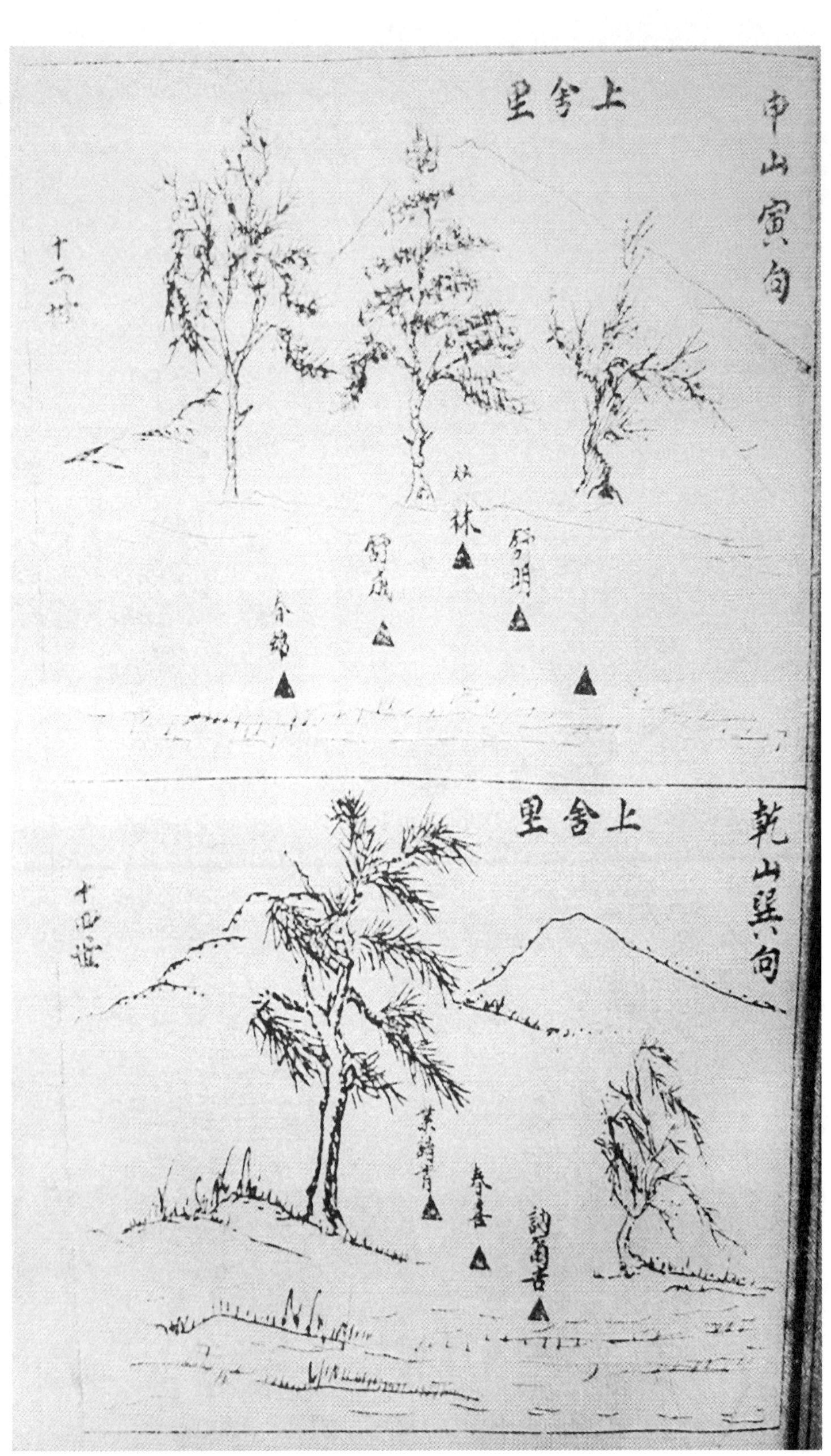
上舍里
申山寅向
十二世
林
上舍里
乾山巽向
十四世
春喜

上舍里
丁山癸向
十五世
上舍里
壬山丙向
十世
多隆武
五十四
德林
德喜
德有
德祥
成祥

上舍里
壬山丙向
十世
上舍里
亥山巳向
十三世

申山寅向
十三世
康
喜
春俊
春满
春貴
十五世
癸山丁向
清儒

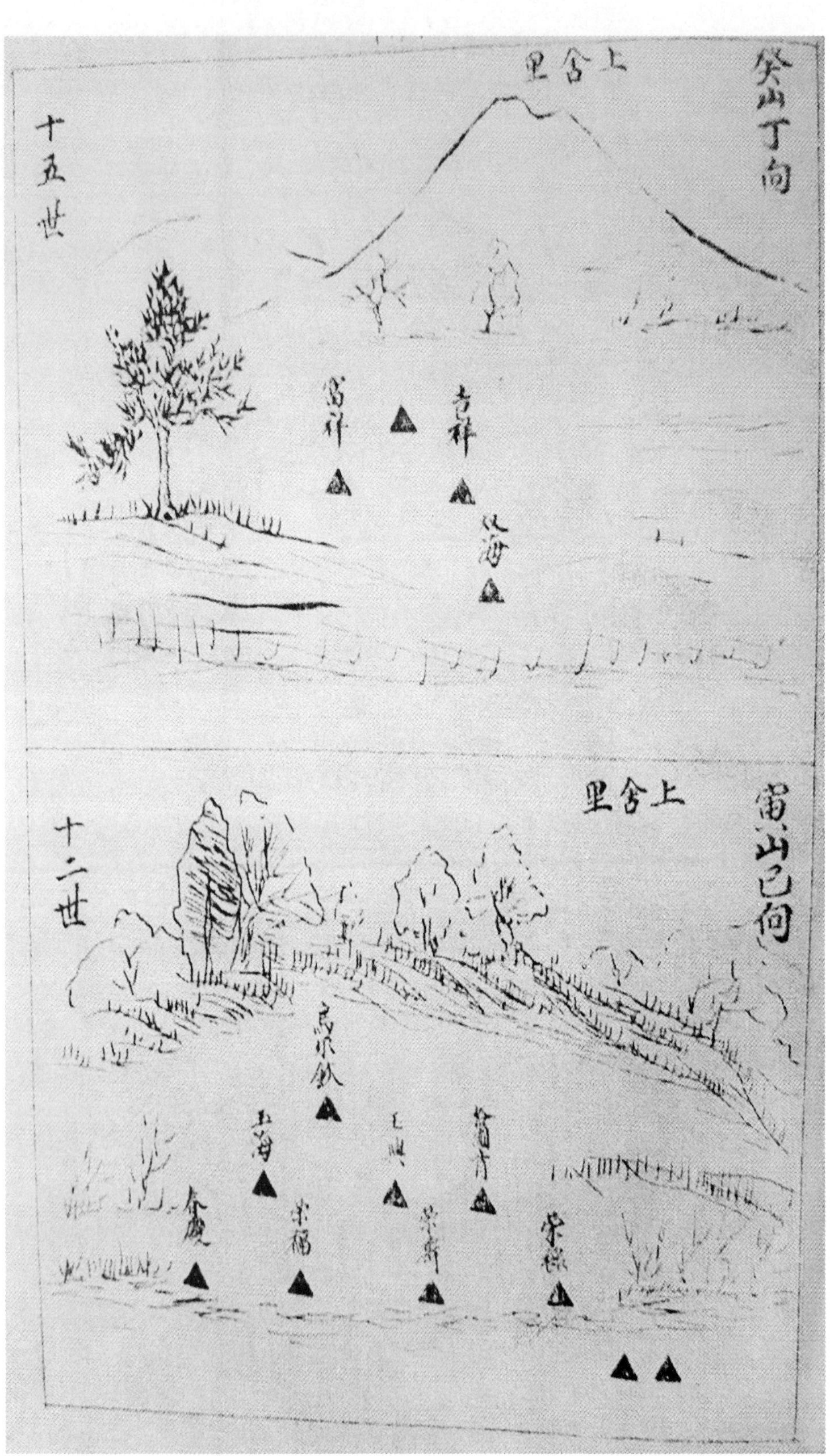
上舍里
癸山丁向
十五世
富祥
吉祥
双海
上舍里
寅山巳向
十二世
玉海
全庆
常福

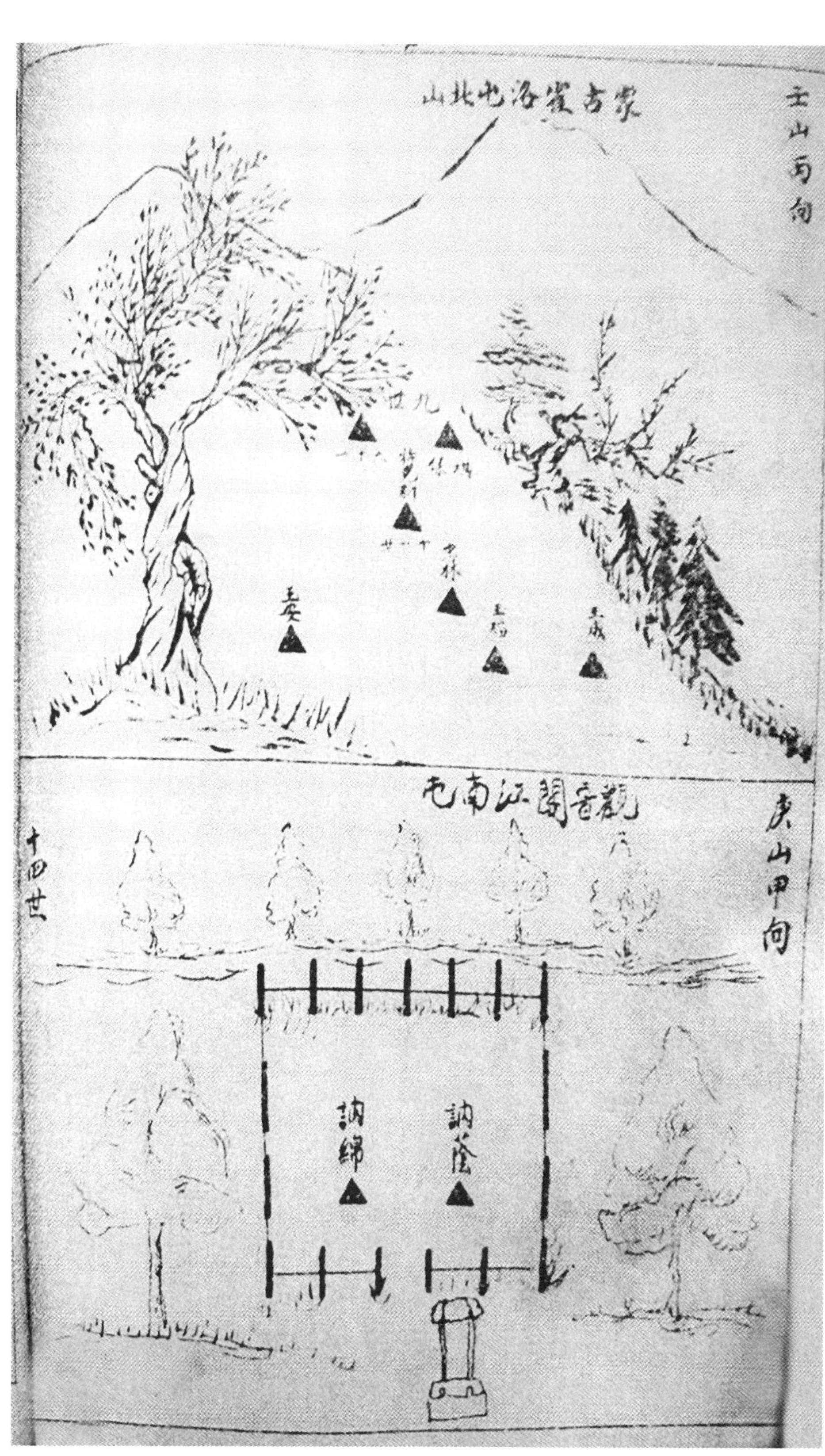
蒙古崔洛屯北山
壬山丙向
观音阁江南屯
庚山甲向
十四世
訥綿
訥蔭

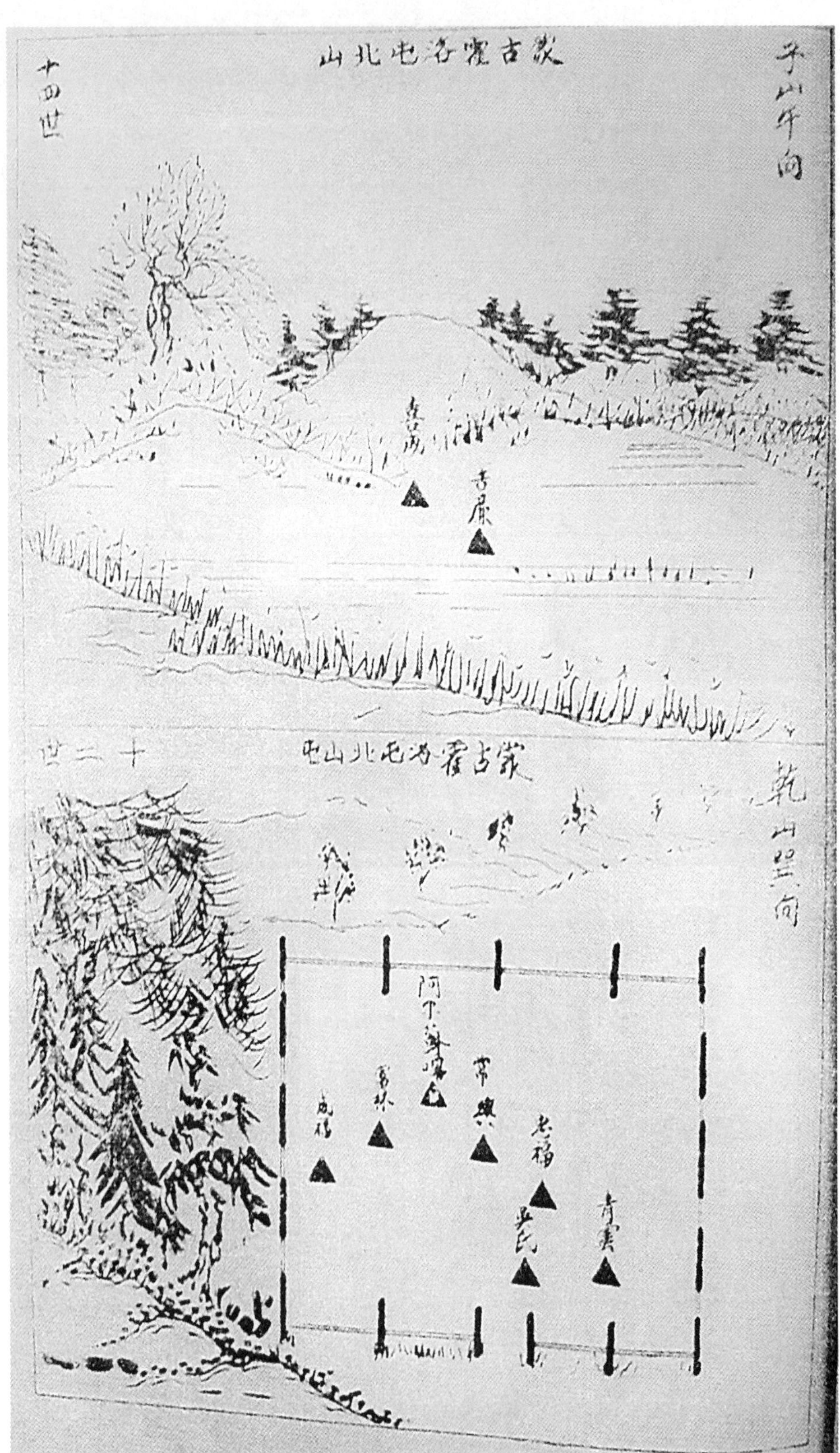
嵗古霍洛屯北山
子山午向
十四世
嵗古霍洛屯北山屯
十二世
乾山巽向

吉林卷

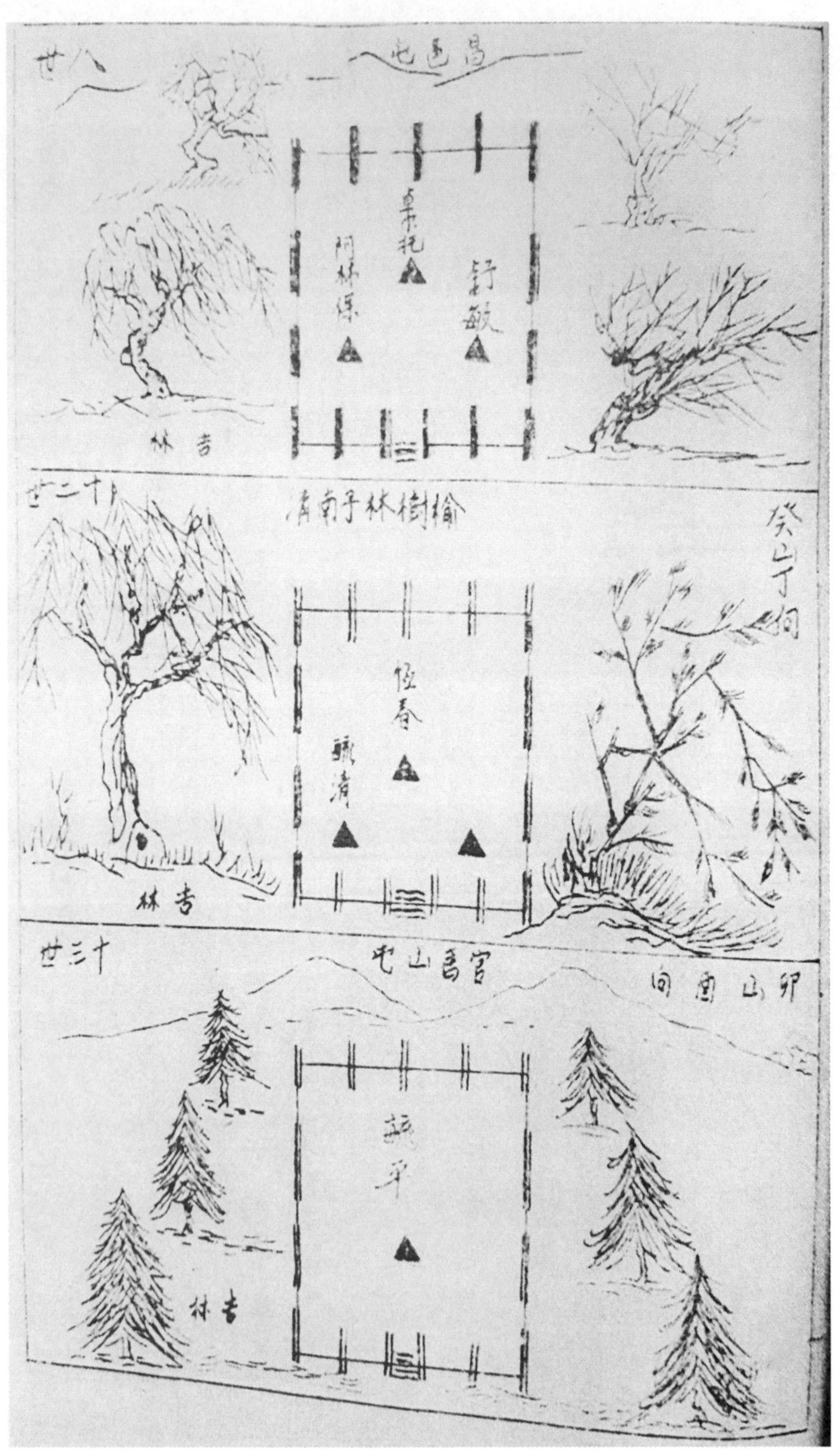
八世
昌邑屯
阜托
阿林保
舒敏
吉林
十二世
榆樹林子南清
癸山丁向
恆春
毓清
吉林
十三世
官邑山屯
卯山酉向
毓平
吉林

十二世

有西紅旗屯西馬廠

福山

福昌

十二世

高力房屯

乙山辛向

双林

明福

全明河

喜凌阿

中河

常德

奇林保

恩瑞

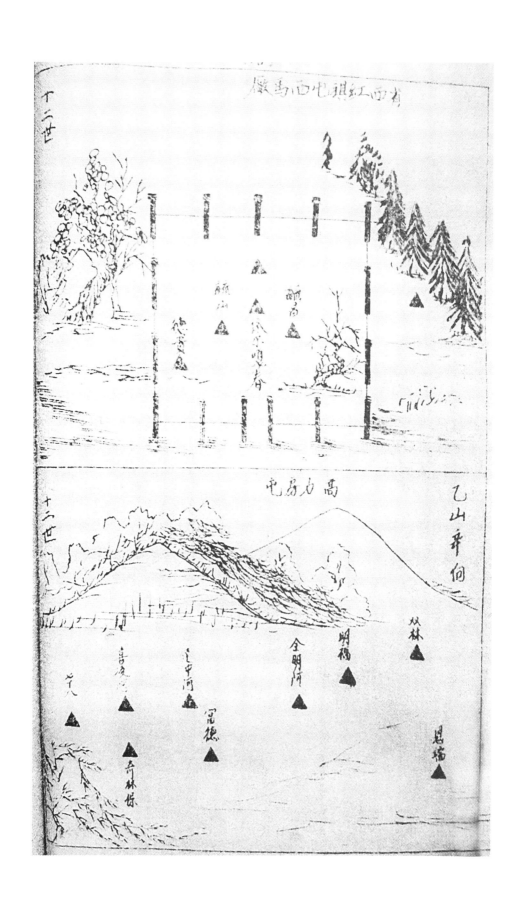

興額哩溫春屯
乾山巽向
十二世
十三世
壬山丙向

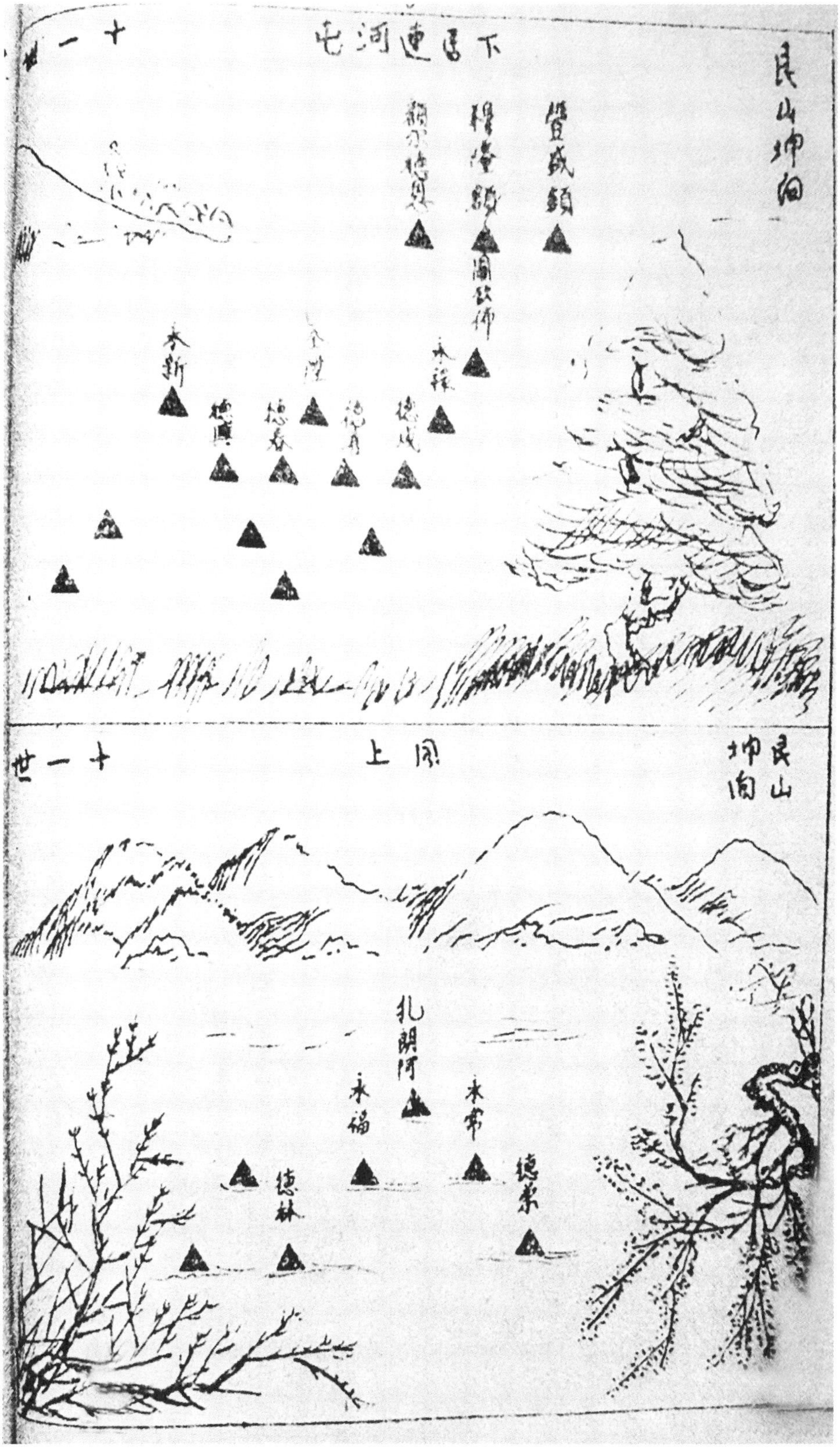

十一世

艮山坤向

登成額

穆僧額

永祿

永新

德成

十一世

同上

艮山坤向

扎朗阿

永福

永常

德林

德荣

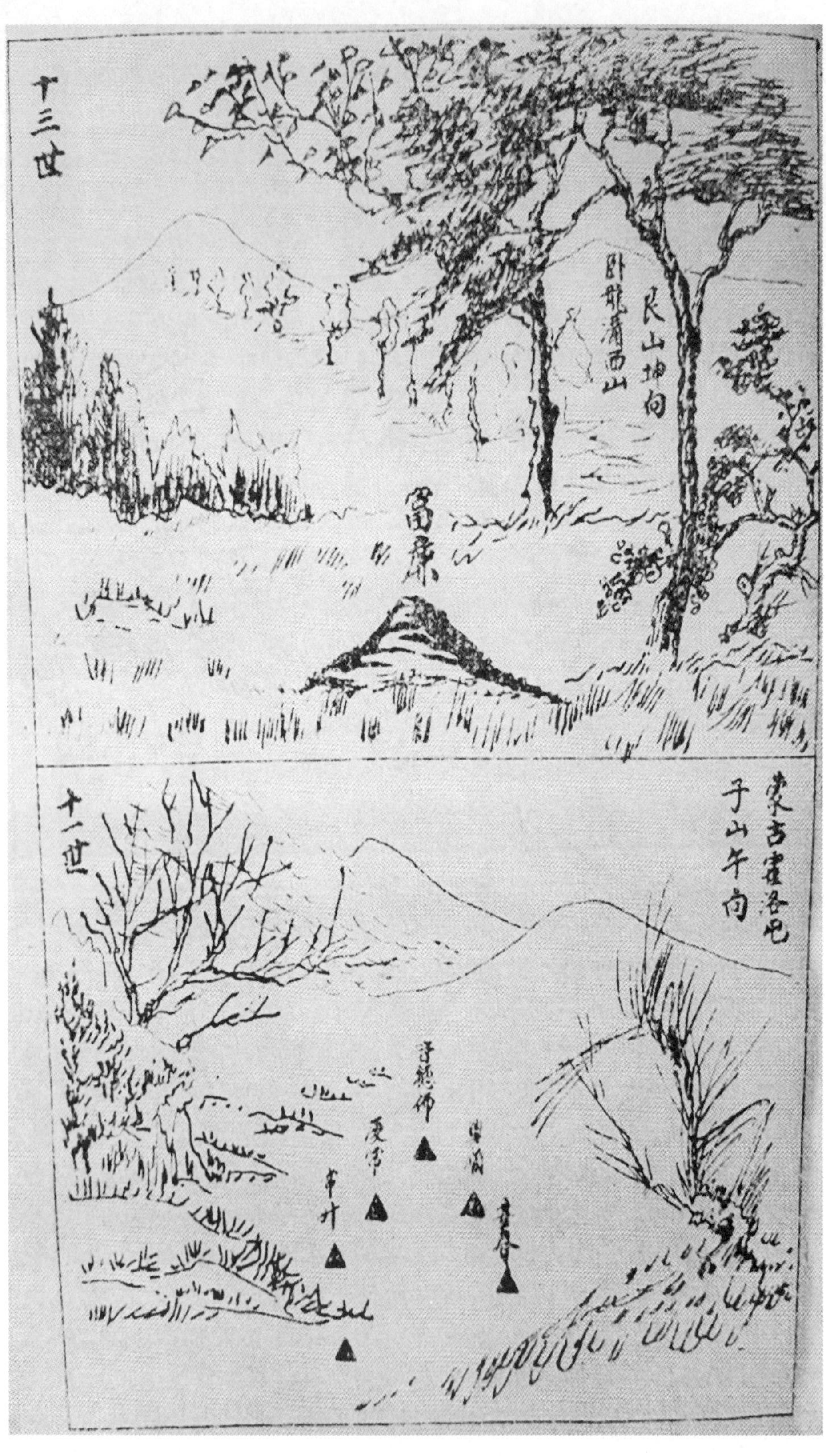
十三世
艮山坤向
卧龙清西山
富康
十一世
蒙古霍洛屯
子山午向

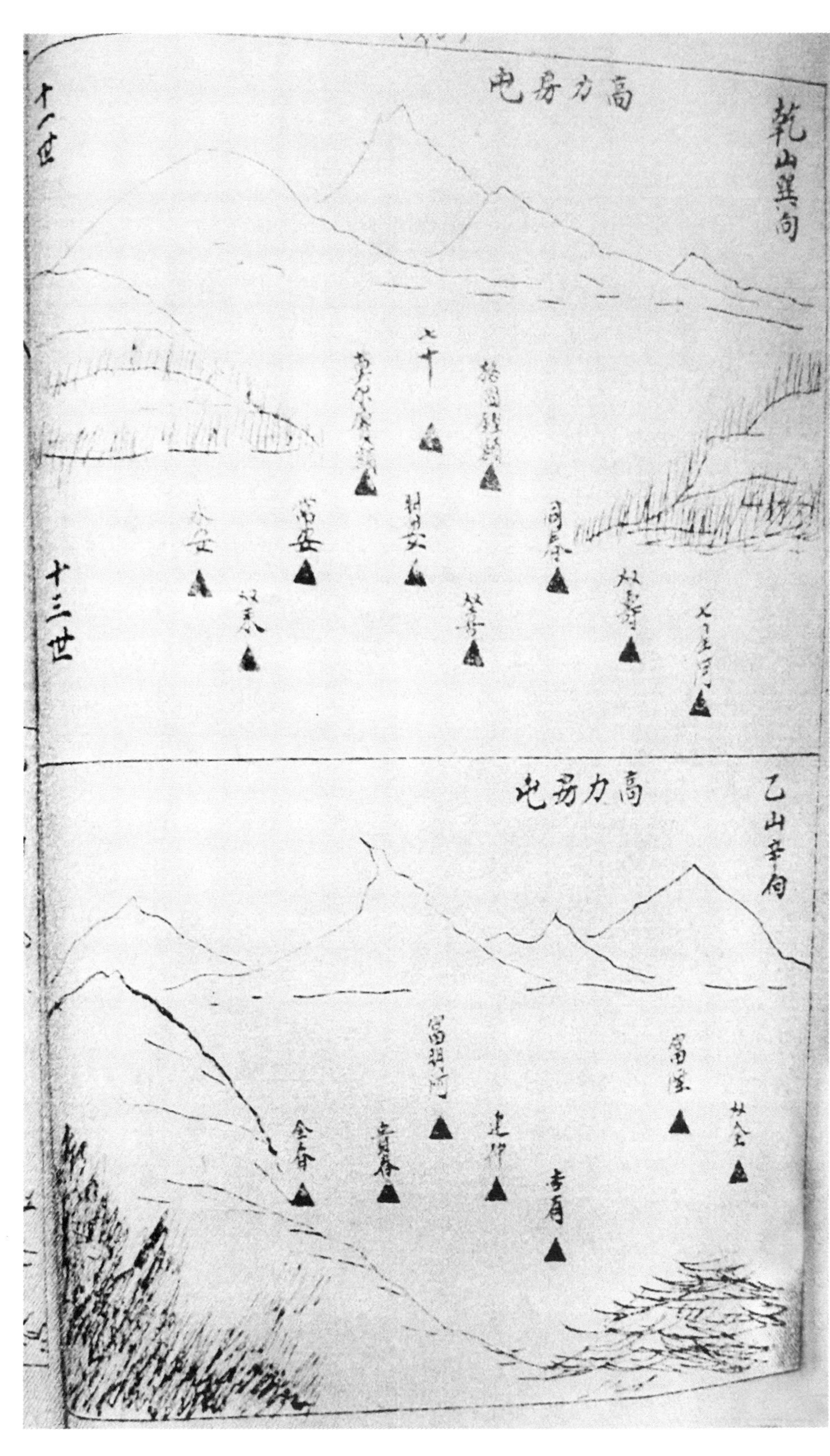
高力房屯
乾山巽向
十二世
十三世
高力房屯
乙山辛向

高力房屯
乙山辛向
十三世
永太
金德
春泰
高力房屯
乾山辛向
十三世
依凌阿
春林
十四世

十三世

坟葬于
八家子屯
东南角
乙山辛向
主穴
喜海公
十四世
喜海
坟葬于南七家子
西南主星
艮山坤向
主穴
绥源公
附葬左
常春公
绥源公
常春
榆树河子

陳滿洲瓜勒佳氏原係

長白山三音訥殷地方人自

國初歸

太祖高皇帝編入滿洲鑲黃旗第四參領屬下第六佐領此下并瓜勒佳氏與傅察氏兩姓識為額管佐領始令蘇勒棟阿管理蘇勒棟阿故以其子舒舒管理舒舒故以其弟杭愛管理杭愛故以其弟副都統哈什瑪管理哈什瑪故以其弟碩多管理碩多故以哈什瑪之子額勒吉圖管理額勒吉圖緣事革職以其兄之子純格管理純格緣事革退以其弟佛寶管理[illegible]

寧古塔鑲黃旗滿洲納殷瓜勒佳氏族譜圖

始祖

瑚沙穆　族始祖海都之兄孫有無考

海都　瓜勒佳氏世居長白山之首訥殷地方國初隨太祖皇帝招人歸旗編為佐領[illegible]六佐領[illegible]佐領瓜勒佳氏族[illegible]海都生子三長曰代達次曰杭達三曰[illegible]拉欽[illegible]曰瑚沙穆

二世

代達　海都長子生子穆連

杭達　海都次子生子蘇扎堪

三世

穆連　代達子生子薩拉那

蘇扎堪　杭達子生子三長曰都喀那次曰白虎三曰對欽

四世

薩拉那　穆連子生子二長曰洪喜次曰外喜

都喀那　蘇扎堪長子生子二長曰達崇阿次曰泰山

五世

洪喜　薩拉那長子生子塔克都

外喜　薩拉那次子生子二長曰葛塔哈次曰溫德和

達崇阿　都喀那長子生子三長曰塔佈山次曰那勒佈三曰阿隆阿[illegible]

六世

塔克都

葛塔哈

溫德和

塔佈山

那勒佈

阿隆阿

始祖			
二世			
三世			
四世			怡虎 敖扎塔次子生子三 長曰海達 次曰已喜 三曰[illegible]
五世	[illegible]	泰山 都[illegible]郎次子殁生子塔白	海達 怡虎長子殁生子三長曰庫伯哩次曰[illegible]三曰[illegible]
六世		塔白	庫伯哩 阿爾賽

奇巴此伯虎以下三支於同治十一年修譜特來詳理居其後裔無可查考仍照舊譜填入理合登明嗣於是秋孫呼赴省補缺便中携譜晋省得與全喜公會晤展觀從舊譜始知伊爲伯虎祖之支裔

三曰賚巴圖

巴喜 伯虎次子效生子二長曰文伯次曰瑪琥

阿奇巴 伯虎三子發生子三長曰愛蘇次曰阿克達哩三曰阿雅拉

賚巴圖

文伯

瑪琥

愛蘇

阿克達哩

阿雅拉

始祖

二世

依拉欽　海都三子，歿。生子果爾琨

三世

果爾琨　依拉欽子，歿。生子薩哈廉

四世

當即按支族對僅就所知敘入其不知者仍闕略之

對欽　蘇札堪三子，歿。生子叡達哩

薩哈廉　果爾琨子，歿。生子六，長曰佈色叡，次曰[illegible]

五世

叡達哩　對欽子，歿。生子二，長曰渾達哩，次曰溫達哩

佈色叡　薩哈廉子，歿。曾任[illegible]。生子二，長曰五泰，[illegible]

六世

渾達哩

溫達哩

五泰

充喀那

三曰色色敔四曰綏唐阿五曰舒巴那六曰烏巴那

額色敔 渲哈廣次子殁生子三長曰那壽次曰南柱

那壽

南柱

色色敔 渲哈廣三子殁生子業克色

業克色

綏唐阿 渲哈廣四子殁曾任宗騎承待尉生子色黑

色黑

舒巴那 渲哈廣五子殁生子寶古塔

寶古塔

烏巴那 渲哈廣六子殁生子瑚鈕

瑚鈕

世				
六世	塔克都 洪喜子殁生子三長塔白次常壽三費揚武	萬塔哈 外喜長子殁生子吉巴庫	溫德和 外喜次子殁生子倭哲	塔佈山 達棠阿長子殁生子三長瑚什呑次烏什呑三烏達海
七世	塔白 達克都子無後 常壽 達克都次子無後 費揚武 達克都三子無後	吉巴庫 萬達哈子殁生子阿那佈	倭哲 溫德和子無後	瑚什呑 塔佈山長子殁生子二長瑪勒圖次阿代 烏什呑 塔佈山次子殁當佐[illegible]無[illegible]達
八世		阿那佈 吉巴庫子殁生子安什吉		瑪勒圖 瑚什呑子無後 阿代 瑚什呑次子其後無考
九世		安什吉 阿那佈子無後		
十世				
十一世				

烏達海 荅佛山三子殁生子四長喀勒奇哈次哈勒奇荅三烏爾三四富爾山

喀勒奇哈 烏達海長子殁生子三長齊三次哈爾奇那三乜森泰

齊三 喀勒奇哈長子殁曾任驍騎校生子二長和欽保次和保柱

哈爾奇那 喀勒奇哈次子殁生二子長喜金保次常金保

乜森泰 喀勒奇哈三子殁生二子長新欽保次柏

和欽保 齊三長子殁生子三長荅爾奇拉次荅爾穆山三德乜保

和保柱 齊三次子後裔無考

喜金保 哈爾奇那長子殁生子三長富海次富澄額三富柱

常金保 哈爾奇那次子殁生子二長烏雲泰次岳蘇泰

新欽保 乜森泰長子殁生子富爾通阿

荅爾奇拉

荅爾穆山

德乜保

富海

富澄額

富柱

烏雲泰

岳蘇泰

富爾通阿

六世

七世

八世

阿勒奇哈 烏達海次子歿生子三長莫爾泰次穆哈泰三德勒泰

九世

保次柏松阿

莫爾泰 阿勒奇哈長子歿生子滿福

穆哈泰 阿勒奇哈次子歿生子二長阿勒摑阿次柏唐阿

德勒泰 阿勒奇哈三子歿生子二長愛壽次阿爾山

十世

柏松阿 包泰次子歿無後

滿福 莫爾泰子歿生子圖明阿

阿勒摑阿 穆哈泰子無後

柏唐阿 穆哈泰次子無後

愛壽 德勒泰長子歿生子二長雙喜次烏隆阿

阿爾山 德勒泰次子無後

十一世

圖明阿

雙喜

烏隆阿

此以上小支均住福建

那勒佈　是家長牟打生總管缺生子三長南代次那山三興蘭理

南代　那勒佈長子曾任佐領缺生子四長瑪揚阿次阿芳三松爾賽四噶爾賽

烏勒三　烏達海三子無後

富爾山　烏達海四子無係佐領

瑪揚阿　南代長子缺生子四長薩那哈次舒爾虎三薩拉圖四阿勒圖瑪揚阿曾經披甲

薩那哈　瑪揚阿長子缺曾放領催生子塔蘭泰

舒爾虎　瑪揚阿次子缺曾經披甲生子薩奇庫

薩拉圖　瑪揚阿三子缺生子永福

阿爾圖　瑪揚阿四子缺曾經披甲生子闕明

塔蘭泰　薩那哈子缺曾授防禦生子三長圖爾賽次欽拉三烏凌阿

薩奇庫　舒爾虎子缺曾披甲領催生子二長哈豐阿次花凌阿

永福　薩拉圖子缺曾經披甲生子六十九

闕明　阿爾圖子缺曾放領催生子三長烏勒喜蘇

圖爾賽

欽拉

烏凌阿

哈豐阿

花凌阿

六十九

烏勒喜蘇

德克登額

六世	七世	八世	九世	十世	十一世
				蘇大德克[illegible] 封 誥授昭武大人	博經額
		阿蘇 南代次子殁曾任防禦無後			
		格爾塞 南代三子殁曾任佐領生子二長欽泰次普敦	欽泰 格爾塞長子殁生子二長烏查拉次豐盛額	烏查拉 欽泰長子殁曾披甲領催生子關福	關福
				豐盛額 欽泰次子殁生子蘇隆額	蘇隆額
			普敦 格爾塞次子殁曾授領催安官生子奇沖阿	奇沖阿 普敦子殁曾授前鋒生子二長額勒青額次薩甯阿	額勒青額
					薩甯阿

那山 那拉佈次子，殁。生子拉斯泰

喀爾賽 第四代。子，殁。曾任筆帖式。生子三：長奇丹，次薩哈康，三阿蘭泰

拉斯泰 那山子，殁。曾任防禦。生子二：長祺保，次六十一

奇丹 喀爾賽長子，殁。捐監國學生。生子朱蘭泰

薩哈康 喀爾賽次子，殁。曾任三等侍衛。生子色克圖

阿蘭泰 喀爾賽三子，殁。生子三：長依常阿，次富凌阿，三巴揚阿

祺保 拉斯泰長子，殁。生子舒綸泰

朱蘭泰 奇丹子，殁。曾任委官。生子七十

色克圖 薩哈康子，殁。生子二：長達冲阿，次喜凌阿

依常阿 阿蘭泰長子，殁。曾任牧長。生子二：長音德佈，次尚安佈

富凌阿 阿蘭泰次子，殁。生子穆特佈

巴揚阿 阿蘭泰三子，殁。曾任驍騎校。生子二：長顏特恩佈，次依東佈

舒綸泰 祺保子。生子文政額

七十

達冲阿

喜凌阿

音德佈

尚安佈

穆特佈

顏特恩佈

依東佈

文政額

六世

七世

星額哩 那拉佈三子殁生子五長瑪爾塞次哈爾薩三托喜四德爾圖五來喜

八世

瑪爾塞 星額哩長子殁生子托洛

哈爾薩 星額哩次子殁曾任總管生子三成

九世

六十一 拉斯奈次子殁生子三長豐盛額次穆滄額三額爾德恩

托洛 瑪爾塞子殁生子永謙

三成 哈爾薩子殁生子二長雙定次阿爾薩拉

十世

豐盛額 六十一長子殁生子二長徹勒佈次阿克泉

穆滄額 六十一次子殁生子二長特克新次色普珍

額爾德恩 六十一三子殁生子三長塔林保次扎朗阿三圖欽保

永謙 托洛子殁生子嘎爾瑪阿次依立佈

雙定 三成長子殁生子三長伯景額次莫爾庫額三佈特杭阿

十一世

徹勒佈 阿克泉 特克新 色普珍 塔林保 扎朗阿 圖欽保 嘎爾瑪阿 依立佈 伯景額 莫爾庫額 佈特杭阿

杭喜 星爾哩三子，殁，生子英山

德爾圖 星爾哩四子，殁，四品佐領，四等侍衛，生子二，長莫爾泰，次都繃額

來喜 星爾哩五子，殁，生子四，長永海，次和伸，三尚和，四王保

英山 杭喜子，殁，生子八十

莫爾泰 德爾圖長子，殁，生子富達哩

都繃額 德爾圖次子，移住福建

永海 來喜長子，殁，生子二，長常財，次常陞

和伸 來喜次子，殁，生子喜保柱

阿爾薩拉 三成保子，殁，生子穆隆阿

八十 英山子，殁，生子訥勒廸

富達哩 莫爾泰子，殁，生子二，長色普卿額，次業普鏗額

常財 永海次子，殁，生子卜英阿

常陞 永海次子，殁，生子依爾當阿

喜保柱 和伸子，殁，生子二，長薩爾勒阿，次錫林阿

穆隆阿

訥勒廸

色普卿額

業普鏗額

卜英阿

依爾當阿

薩爾勒阿

錫林阿

(14)

六世
阿隆阿 達□泰阿三子殁 曾任驍騎校無嗣
塔白 太山子殁生子六長闔海次[illegible]

七世
闔海 塔白長子殁生子三長烏大禪 次揚都三瑚拉山

八世
烏大禪 闔海長子殁生子色延圖
揚都 闔海三子殁生子瑚新保

九世
尚寶 來喜三子殁曾任筆帖式生子海青阿
七格 西王保 來喜四子殁生子西勒當阿
色延圖 烏大禪子殁其後無考
瑚新保 揚都子殁生子三長舒勒恒額 次舒勒快保三[illegible]阿

十世
次喜春阿三石柱
海青阿 尚寶子殁生子三長色普碩額 次德佈興額[illegible]
喜勒當阿 王保子殁生子圖森佈
舒勒恒額 瑚新保長子殁生子伯坤
舒勒快保 瑚新保次子殁生子圖欽佈

十一世
石柱
色普碩額
德佈興額
圖森佈
伯坤
圖欽佈

郎拉山 闡海三子歿生子三長卜滕額次阿揚阿三巴揚阿

卜滕額 郎拉山長子歿生子滿達哩

阿揚阿 郎拉山次子歿生子長塔欽保

巴揚阿 郎拉山三子歿曾任筆帖式生子二長台精阿次台斐英阿

喀陸阿 闡海保三子歿生子圖瓦諜佈

滿德哩 卜滕額子歿生子德喜

塔欽保 阿揚阿子歿生子五長阿爾松阿次額爾登三三達爾四霍倫圖五依勒杭阿

台精阿 巴揚阿長子歿曾任衙門筆帖式生子二長諾敏次尼克春

台斐英阿 巴揚阿次子歿曾任驍騎藍翎侍衛生子三長松常次依克錦三喜林

圖瓦諜佈

德喜

阿爾松阿

額爾登

三達爾

霍倫圖

依勒杭阿

諾敏

尼克春

松常

依克錦

喜林

六世

七世
鄂托 [illegible]子[illegible]生 子三长胡尔敖次禄尔敖三玛那哈

八世
胡尔敖 鄂托长子[illegible]生 子二长吉林泰次业普冲额

九世
吉林泰 胡尔敖长子敖生 子二长常明次查尔泰
业普冲额 胡尔敖次子敖 曾任协领世袭骑都尉兼云骑尉生子三长和珅保次和腾额三穆克特佈

十世
常明 吉林泰长子 [illegible]
查兰泰 吉林泰次子 [illegible]
和珅保 业普冲额长子 [illegible]生子二长富克精额次依桑河
和腾额 业普冲额次子 [illegible]骑都尉生子三长图卿额次博勒胡郎三图敏
穆克特佈 业普冲额三子 [illegible]

十一世
德克精额
色冲额
乌冲额
穆克登额
富克精额
依桑河
图卿额
博勒胡郎
图敏
乌尔泰勒
[illegible]瑞
凌
凌

昂吉那 塔白三子殁生子一長闊昌殁七十八

祿爾欽 [illegible]次子殁曾任驍管生子二長納殷次雅蘭泰

瑪那哈 賽扎三子殁生子二長英山次依勒特恩

闊昌 昂吉那長子殁生子二長同山次瑚新保

納殷 祿爾欽長子生子三長克興額次豐盛額三五十五

雅蘭泰 祿爾欽次子

英山 瑪那哈長子生子二長丁保次巴勒達山

依勒特恩 瑪那哈次子生子闊保

同山 闊昌長子生子色克精額

瑚新保 闊昌次子生子三長果興阿次巴爾瑚代三

克興額

豐盛額

五十五

丁保 英山長子生子法凌阿

巴勒達山 英山次子

闊保 依勒特恩子生子烏凌泰

色克精額

果興阿

巴爾瑚代

法凌阿

烏凌泰

（18）

六世

七世

薩奇那 塔白四子 歿生子二 長西特庫 次喜海

三泰 塔白五子歿 生子三長 滿洲次花色 三德勝

卓白 塔白六子 歿生子三 長瑪勒沖 阿次孔泰 三登保

八世

七十八 昂古那次 子後裔無 考

西特庫 薩奇那 長子後 裔無考

喜海 薩奇那 次子後 裔無考

滿洲 三泰長子 後裔無考

花色 三泰次子 後裔無考

德勝 三泰三子 歿生子那 穆金泰

瑪勒沖阿 卓白長 子歿生 子四長 六色次 松阿哩三 蘇倫特依 四佳什保

九世

那穆金泰 歿

六色 歿

松阿哩 歿

蘇倫特依 歿

佳什保 歿

十世

妞妞

十一世

一 四住什保

扎泰 卓白次子殁生子二長金山次額勒錦

登保 卓白三子殁生子六十八

金山 殁

額勒錦 殁

六十八 殁

庫伯哩 海達長子殁曾任驍騎校生子二長博說喀次烏勒虎

博說喀 庫伯哩長子殁曾任領催生子三長觀音保次富禮山三額納佈

觀音保 博說喀長子殁曾授領催生子佛倫泰

佛倫泰 觀音保子殁生子三長阿勒敏次阿勒欽三雙喜

阿勒敏 佛倫泰長子殁生子二長和山次忠福

和山

忠福

自泰山塔白起至此止此一支均在三姓地方駐防於同治十一年八月繪譜時將該處續入人丁敘入係照依道光末年摘來之譜填寫。

(20)

六世

七世

烏勒虎 庫伯哩次子殁生子常[illegible]

八世

富禮山 伯碩翁次子殁曾任佐領生子額勒渾

額訥佈 伯碩翁三子殁生子太保

常陞 烏勒虎子殁

九世

額勒渾 富禮山子殁曾授本官生子三長七十六次烏凌阿三舒凌阿

太保 額訥佈子殁生子巴海

十世

阿欽 佛倫泰次子殁生子二長博代次凌保

雙喜 佛倫泰三子殁生子阿勒蘇拉

七十六 額勒渾長子殁生子德明

烏凌阿 額勒渾次子殁生子德柱

舒凌阿 額勒渾三子殁生子德順

巴海 殁

十一世

博代 殁

凌保 殁

阿勒蘇拉 殁

德明 殁

德柱 殁

德順 殁

121

阿[illegible]達　[illegible]所生子阿[illegible]

賽巴圖　常達三子，所生子三，長三建佈，次扎拉芬，三扎[illegible]達

阿爾[illegible]　那[illegible]子，所生子那[illegible]

三建佈　賽巴圖長子，所生子二，長薩爾伯

扎拉芬　賽巴圖次子，所生子三，長丁柱，次伯吉，三扁柱

那[illegible]　[illegible]子，所育無嗣

薩爾伯　三建佈長子，所育無嗣

麻子　三建佈次子，所育無嗣

丁柱　扎拉芬長子，所生子三，長蘇和勒，次富保，三闊全保

蘇和勒　丁柱長子，所生子二，長闊祿，次禮柱

富保　丁柱次子，所生子二，莽蘇拉，次穆克善

闊全保　丁柱三子，所生子那爾蘇拉

闊祿　歿

禮柱　歿

莽蘇拉　富保長子，所生子六德

穆克善　富保次子，歿

那爾蘇拉　歿

六德　歿

世	
六世	
七世	
八世	博吉；揚桂
九世	鄂倫泰；色勒依；雅圖阿；鄂山；鄂爾金泰；德爾顏伸；和山
十世	倭興額 殁；勝保 殁；七十五；章保 殁；常明 殁；四兒 殁；外達 殁；穆精阿 殁
十一世	塔精阿；色克通額

(22)

五十六 扎[illegible]廷次子 殁曾任佐領 生子五長雅爾泰次喀勒炳阿三德特和訥四德音保五勒勒金保

[illegible] 扎次子 生子 阿凌阿

雅爾泰 五十六長子殁曾任佐領 無後

喀勒炳阿 五十六次子殁 生子三 長兆德 次哈凌阿 三三小兒

德特和訥 五十六三子 殁曾 披領 催生 子福德

阿凌阿 [illegible] 伊子殁 生子二 長闊和 次巴延佈

兆德 殁

哈凌阿 殁

三小兒 殁

揚德

闊和 殁

巴延佈 殁

(24)

六世

文伯 巳喜長子 歿 生子説色

瑪琥 巳喜次子 無後

愛蘇 巳喜三 長子 無後

七世

説色 文伯子 歿 生子二 長六三 次武雅圖 碩色曾生 傾

八世

六三 説色長子 後嗣無考

武雅圖 説色次子 後嗣無考

九世

德音保 五十四子 長彰德 生子二 次常德

額勒金保 五十六 五子 歿 生子額勒奇

十世

彰德 德音保長子 歿 生子富世河

常德 德音保次子 歿 生子明海

額勒奇 額勒金保子 歿 生子銀珠

十一世

富世河 歿

明海 歿

銀珠 歿

[illegible]子孔生子三長瑤闊諾次倭闊諾三吉闊諾

瑤闊諾 [illegible]孜生子二長色爾棍次英保

倭闊諾 阿克達里次子孜生子二長阿爾蘇次塔達保

[illegible]子二長達三保次富林保

英保 瑤闊諾次子孜生子二長吉林保次薩哈保

阿爾蘇 倭闊諾長子孜生子蒙古

塔達保 倭闊諾次子孜生子一二

達三保 [illegible]

富林保 色爾棍次子孜 喬森壽

吉林保 英保長子孜生子二長富爾渾保次康森保

薩哈保 英保次子孜生子二長阿揚阿次永德

蒙古 阿爾蘇子孜生子瑪金保

乙爾虎 塔達保長子孜生子四長

[illegible]子三長圖欽保次富隆阿三初一爾保

富爾渾保 吉林保[illegible]子孜生子托克托保

康森保 吉林保次子孜

阿揚阿 孜

永德 孜

瑪金保 蒙古子孜生子四長常欽保次滿達兒三蘇隆額四英德

阿林泰 乙爾虎長子孜生子富

圖欽保 孜

富隆阿 孜

初一爾保 孜

托克托保

常欽保 孜

滿達兒

蘇隆額

英德

富珠淩阿 孜

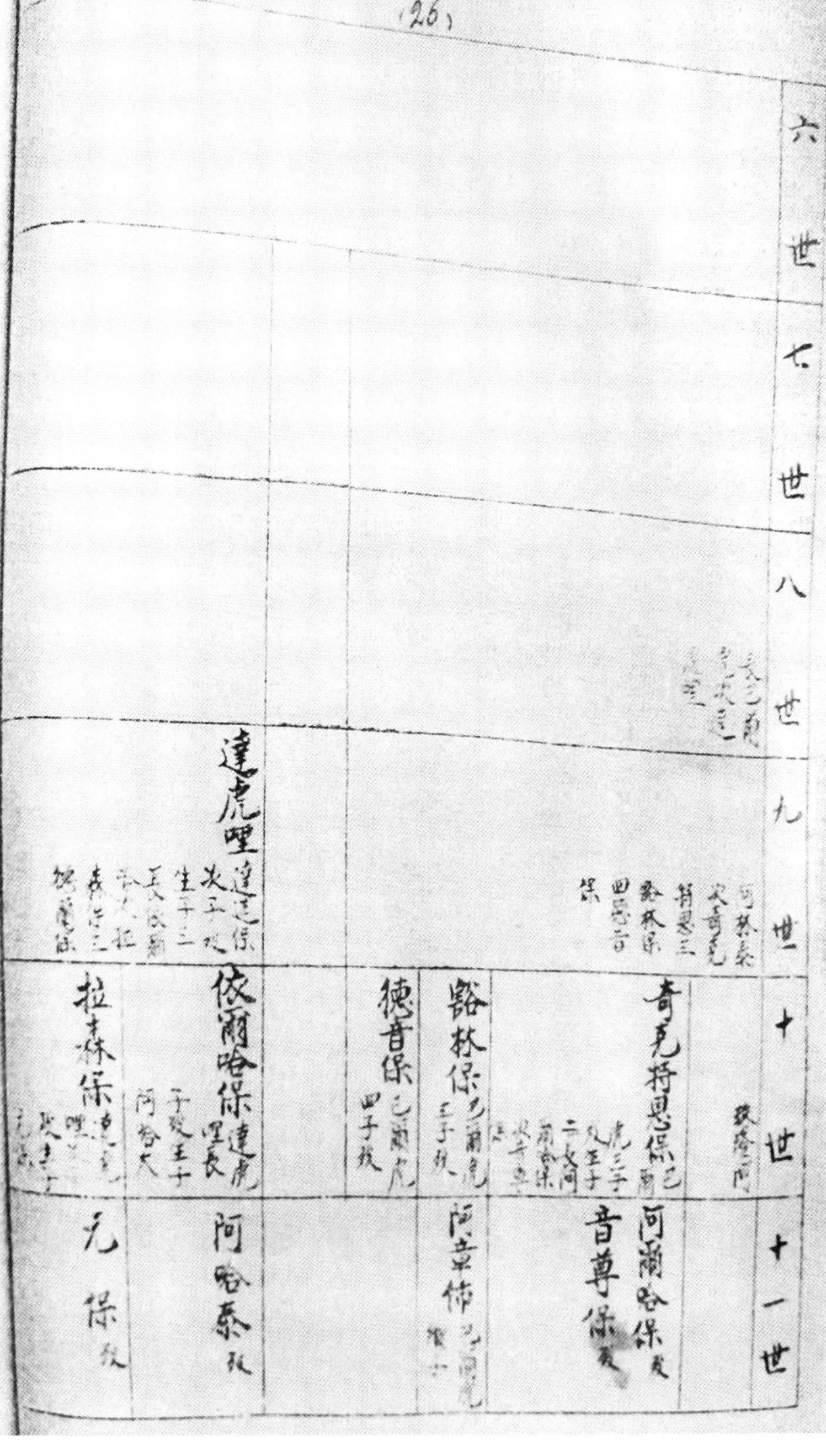

(26)

六世 七世 八世 九世 十世 十一世

達虎哩

依爾哈保

拉林保

阿哈泰

元保

奇克特恩保

音尊保

阿爾哈保

鎔林保

阿章佈

德音保

索爾訖 係□達里三十六生子二長揚金泰次子□龍

揚金泰 索爾訖長子既生子三長常保次揚保三朱運保

常保 揚金泰長子既生子二長烏雲保次富山保

揚保 揚金泰次子生子三長富爾丹保次佞克精保三克克□

[illegible]

烏雲保 常保長子既生子一瑪理保

富山保 常保次子生子四長頴珍保次河爾保三依欽保四薩成保

富爾丹保 揚保長子既生子一占保

佞克精保 揚保□子□生子二□□□□

瑪理保 无

頴珍保 无

河爾保 无

依欽保 无

薩成保 无

占保 无

格保

格佳 无

(20)

六世

七世

八世

孟德 索渾諾次子歿曾任頭等侍衛生子四長富英保次莫爾精保三依拉保四依西佈

九世

朱渾保 穆金泰三子歿生子阿克占保

富英保 孟德長子歿曾任驍騎校任京生子雙泰

莫爾精保 孟德次子歿生子雙平

依拉保 孟德三子歿生子雙慶

依西佈 孟德四子歿生子雙祥

十世

色克精額 [illegible]保三子歿

阿克占保 歿

雙泰 富英保子歿生子奇朗阿奇淦阿

雙平 莫爾精保子歿生子三長查隆阿次舒明阿三穆滕阿

雙慶 依拉保子歿生子景安

雙祥 依西佈子歿

十一世

奇朗阿 歿

奇淦阿 歿

查隆阿

舒明阿

穆滕阿

景安

五泰 [illegible] 子二 长德楞额 次[illegible] 穆克登[illegible]

德楞额 [illegible] 长子 [illegible] 生子四 长玛泰 次玛山 三[illegible] 四[illegible]

玛泰 [illegible] 长子 [illegible] 生子三 长佛保 次扎容山 三五十八

佛保 玛泰长子 [illegible] 生子二 长安吉保 次庆吉苏

扎容山 玛泰次子 披甲 生子三 长卜章泰 次卜兰泰 三和音保

五十八 玛泰三子 披甲 生子二 长巴延佛 次巴里佛

安吉保 [illegible]

庆吉苏 佛保次子 披甲 生子二 长克什佛 次七十六

卜章泰 扎容山长子 披甲 生子明禄

卜兰泰 扎容山次子 披甲 曾任领催 生子四 长讷钦 次讷苏 三德春 四依兴河

和音保 扎容山三子 披甲 曾任防御 生子阑普通武

巴延佛 五十八长子 披甲 生子依勒吞

阿林[illegible]

克什佛 披甲

七十六 披甲

明禄 披甲

讷钦 披甲

讷苏 披甲

德春 披甲

依兴河 披甲

阑普通武 披甲

依勒吞

六世

七世

八世

瑪山 瑚[illegible]灣察次子，歿，曾任防禦，生子音德佈

薩三泰 瑚[illegible]灣察三子，歿，曾任站官，生子二，長彰海，次蘇那海

嗎那達 瑚[illegible]灣察[illegible]子，歿[illegible]

九世

音德佈 瑪山子，歿，生子二，長愛日德，次來松河

彰海 薩三泰長子，歿，曾任防禦，生子僧保

蘇那海 薩三泰次子，歿，生子寧古塔

全德 嗎那達子，歿，生子三[illegible]

十世

巴克坦佈 [illegible]次[illegible]

愛日德 音德佈長子，歿，生子二，長沙蘭泰，次淩新太

來松河 音德佈次子，歿，生子德順

僧保 彰海子，歿，生子烏雲保

寧古塔 蘇那海子，生子三，長關新保，次德克金保

克蒙額 全德長子

十一世

沙蘭泰 歿

淩新泰 歿

德順 歿

烏雲保 歿

關新保

德克金保

濶普索賽 三泰次子 殁曾任章京 [illegible]生子 二長愛興 阿次卓爾 托

愛興阿 濶普索賽長子 殁曾任 站官生 子二長 喜三泰 次納爾 泰

卓爾托 濶普索賽次子 殁曾任 協領生 子四長 虎吉延 次舒敏 三阿林 保四泰 欽

喜三泰 愛興阿長子 殁 曾任驍 騎校生 子富順

納爾泰 愛興阿次子 殁 後[illegible]無 考

虎吉延 卓爾托長子 殁 生子富 全額

舒敏 卓爾托次子 殁曾任 七品小京 官生子和 興額

阿林保 卓爾托三子 殁曾任 [illegible]生子 特興阿

富順

富全額 虎吉延之子 殁生子二 長色[illegible] 次色普 清額

和興額 舒敏之子 殁生子 永安任 領

特興阿 阿林保之子 殁曾任[illegible] [illegible] 六十九

[illegible]

色[illegible]清額 富全額長子 殁

色普清額 [illegible]

永安 殁

六十九 殁

烏勒森保 殁

（32）

六世

瓦喀那　佛色奇次子殁　生子四　长温佛哈次昆佛禮三孔倭洛四[illegible]

七世

温佛哈　瓦喀那长子殁　[illegible]

昆佛禮　瓦喀那次子殁　生子三　长瑪克喜次八哥三八十

孔倭洛　瓦喀那三子殁　生子二　长常在次當格

八世

阿奇那　温佛哈长子殁後裔無考

莫呼　温佛哈次子殁後裔無考

五庫　温佛哈三子殁後裔無考

瑪克喜　昆佛禮长子無[illegible]

八哥　昆佛禮次子無後殁

八十　昆佛禮三子無後殁

常在　孔倭洛长子[illegible]

當格　孔倭洛次子[illegible]

九世

奈欽　卓爾托四子[illegible]

十世

十一世

[illegible]

那壽 那[illegible]奇長子殁生子雅圖

雅圖 那壽長子生子五長鄂滿次朱滿三僧保四那三保五阿欽保

鄂滿 雅圖長子殁生子二長阿爾泰次洛欽

朱滿 雅圖次子殁生子三長薩三保次六保三亮保

僧保 雅圖三子殁生子二長五倫保次阿揚阿

鄂爾泰 鄂滿長子殁無後

洛欽 鄂滿次子殁生子烏勒蕙保

薩三保 朱滿長子無後殁

六保 朱滿次子殁生子二長恩特和莫次額凌額

亮保 朱滿三子殁無後

五倫保 僧保長子殁生子富明德

阿揚阿 僧保次子殁無后

烏勒蕙保 洛欽子殁生子珠隆阿

恩特和莫 六保長子殁生子舒勒党阿

額凌額 六保次子殁生子谿青阿

富明德 五倫保子殁生子烏常阿

珠隆阿 殁

舒勒党阿 殁

谿青阿 殁

烏常阿 殁

（19）

六世

七世

八世

郎三保 推豐四子 殁生子松河納

阿欽保 推園五子 殁生子二 長豐盛額 次哲盛額

九世

松河納 殁 後裔無考

豐盛額 阿欽保長子 殁 生子四 長倭克錦納 次建奇 三四達爾 四德爾

哲盛額 阿欽保次子 殁 生子納清額 次色佛青額 三葉佛青額

十世

倭克錦納 豐盛額長子 殁 生子關亮

建奇 殁 後裔無考

四達爾 殁 後裔無考

德爾 殁 後裔無考

納清額 哲盛額長子 殁 生子二 長八十一 次奇成河

色佛青額 哲盛額次子 殁 後裔無考

葉佛青額 哲盛額三子 殁 生子巴哩太

十一世

關亮

八十一 殁

奇成河 殁

巴哩泰

色黑 業克多子殁當佐領生子依特訥	業克多 色克欽子殁生子二長石達次三圖	[illegible] 次子殁生子阿斯卷		
依特訥 色黑子殁生子四長根保次窮勒德黑保三當保四[illegible]	三圖 業克色次子殁後無考	石達 業克色長子殁後無考	阿斯卷 [illegible]殁後無考	
當保 依特訥四子[illegible]	窮勒德恩保 依特訥次子殁後無考	依根保 依特訥長子殁生子二長吉勒當阿次塔林保		
凌保 當保長子殁生子二長台明阿次台木阿	塔林保 依根保次子殁生子依占保	吉勒當阿 依根保長子殁生子二長德克德恩保次色普卿額		
台木阿 殁後無考	台明阿 殁後無考	依占保 塔林保子殁生子烏勒滾保	色普卿額 均殁後無考	德克德恩保
		烏勒滾保 殁		

六世

七世

八世

蘇欽保 依特訥四子殁生子二長明保柱次依當阿

九世

瑪揚阿 富保次子殁嵩其賞益納生子立柱

達明阿 富保三子殁後裔無考

武隆阿 富保四子殁生子三長烏能呢次常新保三穆克德恩保

明海 富保五子殁後無考

明保柱 蘇欽保長子殁生子四長哈普青阿次庫蒙阿三庫克精阿四蘇通阿

十世

立柱 瑪揚阿子殁生子全保

烏能呢 武隆阿長子殁生子八一

常新保 武隆阿次子殁生子二長富色佈次富色保

穆克德恩保 武隆阿三子殁後無考

哈普青阿

庫蒙阿

庫克精阿

蘇通阿

十一世

全保 殁

八一 殁

富色佈 殁

富色保 殁

此四枝後裔無考

（57）

甯古塔 舒巴那子殁生子二長花色次桑呢

瑚鈕 烏巴那子殁生子松鄂托

花色 甯古塔長子殁眥任驍騎校生子二長揚啟次阿克金保

桑呢 甯古塔次子殁生子喜三保

松鄂托 瑚鈕子殁後裔無考

揚啟 花色長子殁生子四長五十三次烏金太三內林四和林

阿克金保 花色次子殁後裔無考

喜三保 桑呢子殁生子愛喜勒泰

伏當阿 [illegible]子殁後裔無考

五十三 揚啟長子殁生子托克新

烏金泰 揚啟次子殁後裔無考

內林 揚啟三子殁後裔無考

和林 揚啟四子殁生子德登額

愛喜勒泰 喜三保子殁後裔無考

托克新 五十三子殁生子三長洪光次春德三春山

德登額 和林子殁生子成保

洪爾 春德 春山

成保

(38)

十一世

塔爾哈拉

塔爾哈丹

保色保

均和敏保子後 俱無考

富海

富澂

富鈺

均系小保子後 俱無考

烏雲泰

岳蘇泰

均富保子後 俱無考

富爾通阿

系敏保子後無考

圖明阿

系倒保子後無考

雙喜

烏隆阿

均系[illegible]保子後無考

十二世

十三世

十四世

十五世

十六世

(134)

此一支均住蒙古霍洛屯

曾任披甲八品鹿監生生子二長穆陽次花尚河

曾任披甲生子二長富明德次大德葬於蒙古霍洛屯南半里許申山窩西主穴

富明德 生子常青葬先塋

大德 穆滕額次子披甲娶于氏生子四長鐵林次鐵海三鐵山四鐵恭

常青 曾任披甲六品頂戴生子四長和春次英春三變春四喜春

鐵林 大德長子披甲曾授領催獎賞五品花翎娶錢氏生子順喜

鐵海 大德次子披甲曾經披甲左司委筆帖式娶于氏生子連喜

和春 常青長子

英春 常青次子

變春 常青三子披甲曾披甲

喜春 常青四子歿

順喜 鐵林十世嫡披甲六品頂戴生於同治四年二月二十六日吉時娶承勤佳氏生子三長永陞次永魁三永凱

連喜 鐵海子披甲生於同治七年五月初五日吉時歿於

永陞 永魁 永凱

永成 永亮

（90）

十一世

欽拉　塔爾大次子曾經披甲無考

十二世

花尚阿　爾爾泰次子曾經披甲後窩無考

十三世

十四世

鐵山　大德三子娶和葉氏生子貴喜

鐵泰　大德四子娶依爾根覺羅氏生子承喜

十五世

月　日廩年三十七歲娶陶氏披甲傅氏生子二長永戊次永亮

貴喜　鐵山子農業生於同治十二年六月十三日娶孟氏生子三長永祿次永林三永山

承喜　鐵泰子農業生於光緒三年九月十七日吉時娶伊氏生子五長永祥次永和三永泉四永春五永福

以上均住蒙古霍洛屯

十六世

永山　永林　永祿

永祥　永和　永泉　永春　永福

[illegible]

哈豐阿 蒼肯庫長子故曾披領催生子二長舒隆阿次德福

此一支住泰寧

舒隆阿 哈豐阿長子故曾經披甲生子二長依三保次巴延保

依三保 舒隆阿長子故生子二長瑚圖哩次富壽

巴延保 舒隆阿次子故曾經披甲生子全壽

瑚圖哩 依三保長子殁生子八十五

富壽 依三保次子故生子德祥

全壽 巴延保子故生子吉昌

八十五 故

德祥 富壽子殁生子二長富春次富來

吉昌

富春

富來

十一世

十二世

德福 哈豐阿次子 曾任領催委 官生子三長 慶林次春和 三常林葬於 窩古塔西北 二里許山向 [illegible]

十三世

慶林 德福長子 [illegible]當任驍 春筆帖式 後轉筆吉 塔台站筆 帖式享年 五十歲葬 於先塋左 生子二長 舒呼次永 興

春和 德福次子現 曾任驍騎校 享壽五十三 歲葬先塋右 次生子二長 慶音次[illegible] [illegible]

十四世

蘇呼 慶林長子 現曾任驍 甲[illegible] [illegible] 光緒甲午 四十歲亡 後

永興 慶林次子 娶扎拉李 氏生子榮 魁

慶音 春和長子現 曾任[illegible]參 [illegible] 氏娶扎克 達氏生子 瑞祥

十五世

榮魁 永興子現 [illegible] 二年[illegible] 十八日卯時 娶趙氏 [illegible] [illegible]生子 鍾祺

瑞祥 現生子鍾 祿

十六世

鍾麒

鍾祿

[illegible]根 春和次子曾經披甲由[illegible]娶佟氏出征在軍營病故歷年二十歲生子瑞祥

瑞祥 [illegible]根長子曾經披甲五品軍功娶和業氏生子鍾崴

鍾[illegible]

常林 德福三子曾經披甲出征在軍營病故娶胡氏繼托闊洛氏生子二長永陞次永壽歷年四十歲葬先塋之穴

永陞 常林長子曾任驍騎校出征一次娶盧氏生子瑞連

瑞連 永陞子曾經披甲娶傅[illegible]氏生子鍾信

鍾信

永壽 常林次子披甲[illegible]長[illegible]氏繼

文輔 永壽子[illegible]

鍾勳 [illegible]

十一世		花凌阿 薩奇庫次子曾因年至八十以上奉
十二世		多隆武 花凌阿長子生子二長五十四次六十七
十三世		五十四 多隆武長子生子四長富祿次德喜三德林四德育
十四世	徐氏生子文輔	富祿 五十四長子生子二長吉祥次德祥
十五世	充財務處文牘及分卡卡長商會司事保衛附圖文牘娶扎拉李氏生子鍾熙	吉祥 富祿長子曾經披甲娶伊氏生子雙海
十六世		雙海 吉祥子生子文亮

[illegible]總八品頂戴享寿八十歲生子三長多隆武次孝順阿三色克精額

德祥 富[illegible]長子生於咸豐九年四月十九日吉時娶穆氏生子双全

双全

德喜 五十四次子曾經披甲生子富祥

富祥 德喜子生於道光三十年三月十六日吉時娶杜氏生子叟和

叟和

德林 五十四三子曾經披甲生子成祥

成祥 德林子生於咸豐七年三月十七日吉時娶吴氏生子

叟[illegible]

叟成

叟祿

（46）

十一世

十二世

十三世

十四世

德育 五十四子 生子四長乾祥次慶祥三鳳祥四喜祥

十五世

三長双壽 [illegible]次成三 成祿

乾祥 德育長子 生子双貴

慶祥 德育次子 披甲七品頂戴生於同治十二年五月二十三日吉時 妻尹氏 生子二長双保次双山

鳳祥 德育三子生於光緒十年五月十五日吉時 妻尹氏 生子三長双福次双陞三双瑞

喜祥 德育四子披甲七品頂

十六世

双貴

双保

双山

双福

双陞

双瑞

……生於光緒十七年正月初九日吉時

六十七以下俟於續譜記

六十七　多隆武　子生十三　長那丹珠　次永喜　三永來

那丹珠　六十七長子曾經授四獎賞六品藍翎出征陣亡未准議卹生子玉祥

玉祥　那丹珠子生於同治四年吉時娶閻氏生子双福

雙福

永喜　六十七次子生子慶祥

慶祥

永來　六十七三子生於咸豐二年十一月初二日吉時娶吳氏生子凌祥

凌祥　永來子生於光緒三年四月二十三日吉時娶陶氏生子二長双慶次双臣

雙慶

雙臣

保良

壽喜

德克精額

雲

十一世

成泰以下往上餘世毛

十二世

色克精額 充凌阿三子 生子二 長成泰 次成德

十三世

成泰 色克精額長子 生子永智

成德 色克精額次子 生子永順

十四世

永智 成泰子 生於道光二十六年十二月十五日吉時 妻[illegible]氏 生子一 榮光

永順 成德子 披甲 七品頂戴 生於同治六年十月十七日吉時 妻孟氏 生子四 長榮祥 次榮春 三榮魁 四榮海

十五世

榮光 永智子 生於光緒十四年七月初七日吉時 妻陶氏 生子双魁

榮祥 永順長子 生於光緒十七年十月二十七日吉時

榮春 永順次子 生於光緒二十四年二月十七日吉時

榮魁 永順三子 生於光緒二十六年二月初八日吉時

[illegible] 永順四子 生於光緒[illegible]年[illegible]月[illegible]日吉時

十六世

双魁

六十九　木福之子曾經披甲兵及驍騎校什庫生子富順

此下均住本街

富順　六十九子曾經披甲挑充左司委撥什庫在軍營立功後病故尚未奉准襲職娶依爾根覺羅氏無嗣

烏勒吉蘇　閒明長子生子二長和普坤次春泰

和普坤　烏勒吉蘇長子無嗣

春泰　烏勒吉蘇次子曾經披甲出征喀什噶爾兵一次無後

（38）

十一世

德克登額 闌明次子 生子東泰

十二世

東泰 德克登額子 生子阿禮翰

十三世

阿禮翰 東泰子曾充披甲妻肇佳氏生子五長恩祿次清康三榮慶四吉福五恩祥道光十九年十一月初一日吉時卒於光緒四年十二月十二日 時享壽四十歲娶和紫氏

十四世

恩祿 阿禮翰長子號冠卿又名福前曾在靖邊左路充當差官披甲五品頂戴現差東京鎮西等小學堂司事生於同治四年九月初一日吉時娶傅察氏生子四長國瑞次毓瑞三全瑞四文瑞

十五世

國瑞 恩祿長子號慶山生於光緒八年二月三十日吉時前當披甲妻瓜勒佳氏生子鍾林

毓瑞 恩祿次子號松圃曾充東京鎮高等小學堂司事肄業安東勸學所會計地方自治研究所東京鎮分卡[illegible]吉林自治專門學堂生於光緒十四年六月初八日吉時娶[illegible]氏生子桂林

全瑞 恩祿三子號富閣現在達華[illegible]肄業生於光緒二十年九月初八日吉時生

十六世

鍾林 國瑞子生於民國九年二月十八日吉時現在第五國民學校肄業

桂林 毓瑞子生於民國十三年五月初八日吉時現在第五國民小學校肄業

桂寅

清庶 阿僅錫次子生於同治六年十二月二十九日吉時繼子鈺瑞

榮慶 阿僅錫三子披甲七品頂戴生於同治八年三月十五日吉時卒於光緒二十年八月妻伏勒氏生子恆瑞

阿僅錫四子字祥五領催五品軍功[illegible]

文瑞 [illegible]四子生於光緒二十七年八月十四日吉時子桂元

鈺瑞 繼二子為清庶之孫 英保

恆瑞 榮慶子生於光緒二十四年十一月十五日娶[illegible]氏[illegible]保衛隊長生子二長松森次松銘

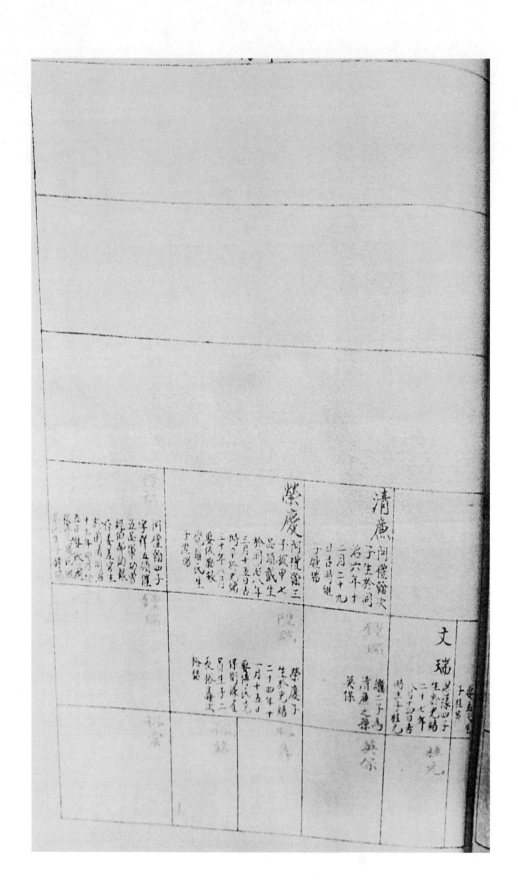

十一世

博經額　闡明三子　曾經授甲　諾闡明　武鄉村生　於乾隆三　十四年十一　月二十二日　吉時娶依　爾根覺羅　氏繼楊氏　[illegible]

十二世

那斯渾　博經額長　子字隆瑞　曾任正白旗　公中佐領兼　理寧古塔　副都統印　務三次奉　軍憲撤委　前赴春海　防一次著

十三世

托倫托呼　那斯　渾子　字秉彝　號靜軒　由平南營　官曾任拉　林正藍旗　公中佐領　與賞藍翎　出征滿界

十四世

純祿　托倫托呼　長子號在　中議郎七　品頂戴娶　托拉哩氏　繼梅車勤　氏生子錫　瑞生於咸　豐十一年　正月二十七

阿禮翰五　子號振卿　生於光緒　五年十一月　二十七日吉　時係充陸　軍第一師炮　兵第一團一　營一連司務　長第四營騎　兵步兵二團　五連三排排　長保衛團　騎兵六正隊　長第三隊　正隊長授　甲六品頂戴　娶依勒根覺羅　氏繼高氏　生子常瑞

十五世

錫瑞　純祿子號　冀階由藍　生世襲前　清五品藍　翎八品筆　帖式調轉　沙蘭站充　民國武安　大隊長生　[illegible]

常瑞　魁祥子　生於民　國七年　七月十　二日巳　時生

十六世

裕謙

53

[illegible]
道光二十二年十二月初四日丑時享壽八十三歲合葬城北蒙古霍羅屯東里許卯山酉向主穴

理藩院額外主事[illegible]
賞戴藍翎
欽派王大臣覆射仲步箭四枝得賞緞一疋荷包一對銀錁二錠
誥封昭武都尉
娶嫡室尼瑪察氏副室許氏
誥封恭人生子托倫托呼生於乾隆五十六年十月初七日吉時終於同治元年六月二十七日[illegible]時享壽七十一歲葬[illegible]

[illegible]
誥授昭武都尉晉封武義都尉嫡室[illegible]氏副室扎拉哩氏
誥封淑人生子二長純祿次景祺生於道光十四年十二月初八日吉時終於光緒十四年六月初十日卯時享壽五十五歲葬於先塋左穴之左扎拉哩氏生於道光二十四年十二月十八日酉時享壽八十一歲於民國十三年四月二十一日[illegible]

景祺 托倫托呼次子號星海由監生[illegible]倉八品筆帖式賞五品藍翎[illegible]功任內務[illegible]於光緒二十九年十一月二十日生於同治八年八月十九日吉時享年三十五歲葬於先塋左穴之右尊托拉哩氏繼伊拉哩氏生子二長廣瑞次永瑞

[illegible]歲葬於先塋右穴之右

廣瑞 景祺長子號雷[illegible]年監生[illegible]藍翎府經歷銜[illegible]兩等小學堂教員生於光緒十一年正月二十一日吉時娶吳扎氏卒於宣統元年十一月二十五日享年二十五歲葬於先塋東之右穴生子祿權

[illegible]

景祺次子[illegible]吉林省立[illegible]中學[illegible]

十一世

十二世

松恒 德[illegible]額次子字隆常曾任正白旗公中佐領及鑲黃[illegible]營[illegible]總[illegible]印務一次署理寧春協領二次出山海關防協軍差二次誥封昭武都尉生於嘉慶二十年十一月二十七日吉時終於光緒同治十三年五月十九日申時壽年五十八歲葬於先塋右[illegible]妻[illegible]氏副室王氏誥封恭人生子巴彥

十三世

正月二十三日吉時卒於先塋右穴之左

巴彥 松恆子曾總投中出征江南河南等處兵一次誥授武翼都尉生於道光二十二年六月初九日吉時卒於同治六年四月二十四日亥時壽年二十六歲葬祖塋右之右穴妻瓜爾佳氏殁於民國一年三月十二日誥封恭人生子蘊祥

十四世

蘊祥 巴彥子號玉圃監生原任翰苑八品筆帖式原任鑲黃旗公中佐領[illegible]當[illegible]記名協領署理左翼協領曾充吉林諮議局議員[illegible]諮議議會議長參事會參事員各一次生於同治五年正月初六日吉時妻瓜爾佳氏生子二長聯瑞次桐瑞

十五世

年四月二十七日亥時卒妻[illegible]氏生子松厚

聯瑞 蘊祥長子字雲生北京都文大學堂畢業十六年隨從征吉道參謀團赴日本參觀一次曾充一區一校校長及模範校長東省常會會長生於光緒二十六年十二月十六日吉時妻[illegible]氏生子裕衡

桐瑞 蘊祥次子字炳生吉林省第一中學畢業北平民國大學預科畢業現在日本東京

十六世

裕衡

裕度

裕[illegible]

(155)

世代	一	二	三	四
1	以下住上蘇隆屯 訥格[illegible] [illegible]子生子多克通額	蘇隆額 豐盛額子 生子慶壽	額勒青額 奇冲額子 生子祥泰	薩甯阿 奇冲額子 生子三 長關林保 次永泰 三雙林
2	多克通額 [illegible]子生子舍勒恩保	慶壽 蘇隆額子生子連陞	祥泰 額勒青額子生子八十一	關林布 薩甯阿長子生子業普肯
3	舍勒恩保 多克通額子生子春明	連陞 慶壽子生於道光二十九年三月二十二日吉時妻關氏生子春貴	八十一 祥泰子生子常永	業普肯 關林布子生於光緒三十年 月 日吉時妻扎拉哩氏生子春喜
4	春明 [illegible]子生於光緒七年十一月二十九日吉時妻趙氏生子常陞	春貴 連陞子生於光緒十九年十二月初八日吉時妻生子常太	常永 八十一子生子恩康	春喜 業普肯子 披甲六品頂戴藍翎 式生於道光二十八年五月初九日吉時妻關氏生子訥爾吉
5	常陞 春明子年十六歲二月初六日吉時 [illegible]	常太 春貴子年十五歲十月十六日吉時	恩康 常永子生於光緒元年七月初七日吉時妻柳氏生子成保	訥爾吉 春喜子生於光緒三年九月十二日吉時妻趙氏生子成英
6			成保	成英

十一世

十二世

永泰 薩爾阿次子，妻傅察氏，生子二，長喜昌，次連喜。享年五十歲，葬於上爵理屯北半里許十山午向祖塋右之四穴。

十三世

喜昌 永太長子，披甲，妻華佟氏，生於道光三年九月十八日吉時，娶舒穆祿氏，生子三，長春常，次春瑞，三春玉。

十四世

春常 喜昌長子，生於道光十八年九月初九日吉時，娶尹氏，生子二，長清儒，次清永。

春瑞 喜昌次子，披甲，妻童佳氏，生於咸豐三年九月十七日吉時，娶趙氏，生子二，長清連，次清和。

十五世

清儒 春常長子，生於同治六年二月初五日吉時，娶關氏，生子成慶。

清永 春常次子，披甲七品頂戴，生於同治九年正月十五日吉時，娶吳氏，[illegible]吳氏，生子成瑞。

清連 春瑞長子，披甲七品頂戴，生於同治十二年九月初一日吉時，娶趙氏，生子成虎。

十六世

成慶

成瑞

成虎

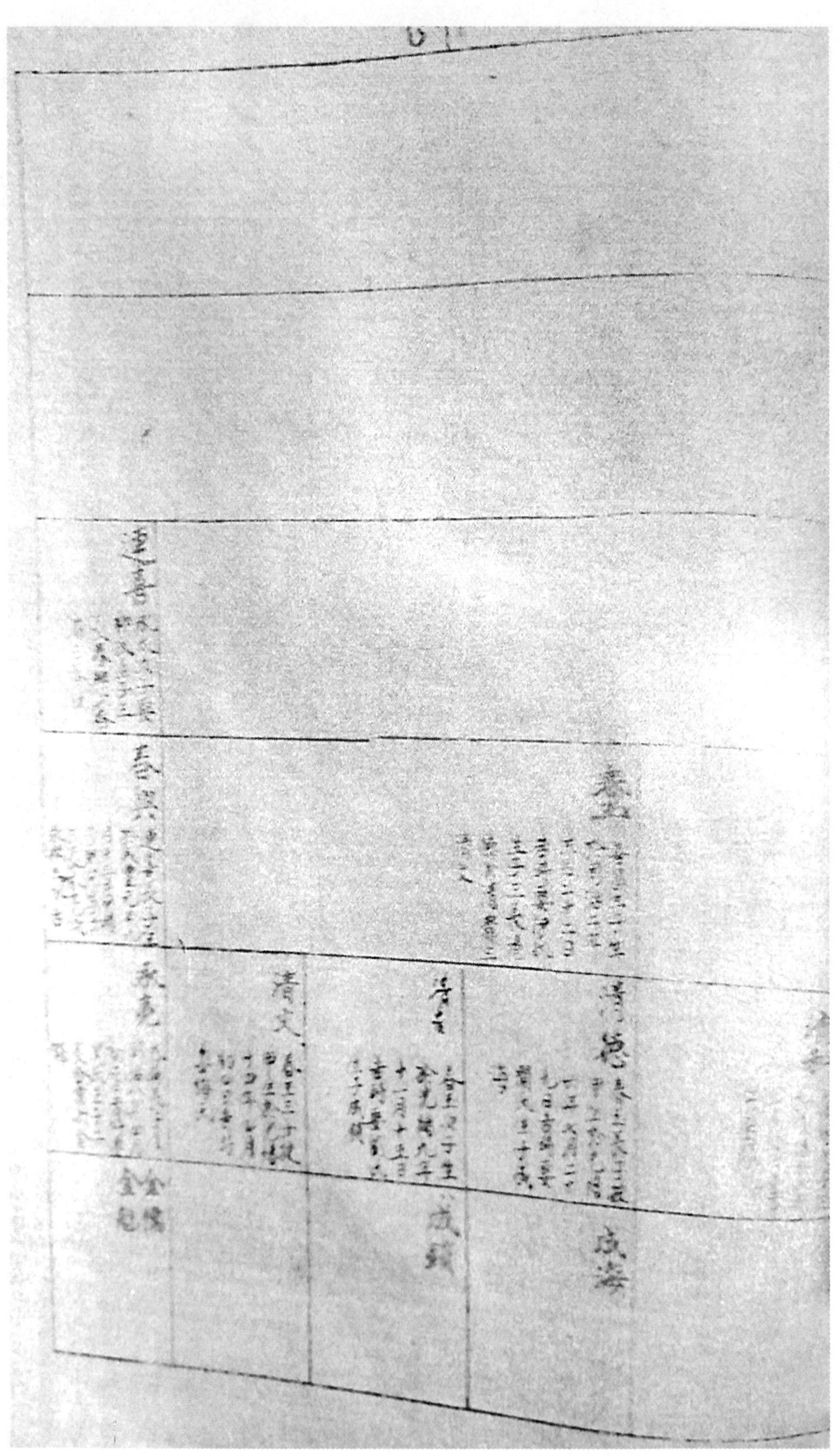

十一世

十二世

十三世

十四世

春滿 玉吉次子生於咸豐三年三月初十日 娶吉斯哈尹氏 生子永全

春恒 運吉三子生於咸豐六年十月初十日 娶吉斯哈[illegible]氏 生子四 長永[illegible] 次永[illegible] 三永[illegible] 四永[illegible]

十五世

永祥 春[illegible]長子 [illegible] 生子金山

永吉 春[illegible]子 生於光緒十六年十一月二十[illegible] [illegible] 生子金鵬

永全 春滿子 生於同治十[illegible]年十一月二十[illegible] 娶吉斯哈[illegible]氏 生子金庫

永魁 春恒長子 [illegible] 生子三 長金順 次金隆 三金海

十六世

金山

金鵬

金庫

金順 金隆 金海

雙林 薩霖阿三子既娶瓜爾佳氏繼和葉氏生子二長舒明次舒成

舒明 雙林長子既娶和葉氏生子春霖

舒成 雙林次子生於道光二十七年七月二十日吉時娶和葉氏生子二春綿

春霖 舒明子曾經祝甲生於光緒五年八月二十八日吉時娶徐氏繼娶□氏生子連貴

春綿 舒成子曾經祝甲七品頂戴生於□年□月□日吉時娶□氏生子連凱

永福 春□次子生於光緒二十二年二月二十二日吉時娶花氏

永祿 春恒二子生於光緒二十四年十月十九日吉時

永壽 春恒四子生於光緒三十二年十二月二十三日吉時

連貴 春霖子生於光緒三十年十月十六日吉時

連凱 春綿子生於光緒三十五年七月二十五日吉時

金貴

世				
十一世	七十來爾太子 殁曾經披甲生子二長格圖鋥額次莫爾賡額 此下均住烏力房			
十二世	格圖鋥額 七十長子 殁妻瓜勒佳氏生子同春	莫爾賡額 七十次子 殁妻瓜勒佳氏繼娶吉林氏生子三長明安次常安三永安		
十三世	同春 格圖鋥額子 殁妻瓜勒佳氏生子双壽	明安 莫爾賡額長子 殁妻瓜勒佳氏生子雙喜 披甲	常安 莫爾賡額次子 殁曾經披甲出征江南揚州等處兵一次因打仗出力家記賞藍翎 [illegible] 妻傅察氏	永安 莫爾賡額三子 殁妻烏蘇氏生子双來
十四世	雙壽 同春子 殁妻武氏生子七星阿	雙喜 明安子 妻傅察氏生子貴山		雙來 永安子 生於同治九年十月十六日吉時 妻孟氏生子貴海
十五世	七星阿 雙壽子 殁	貴山 双喜子 生於光緒二十五年十月十五日吉時生 子双錄		貴海 雙來子 生於民國元年正月初三日寅時
十六世		雙錄		

61

一敖生 二三十[illegible] 七十八[illegible] 杏林保 三門福

杏林保 [illegible]次子 生子[illegible] 依凌河

依凌河 杏林保子 敖生子 春林

春林 依凌河子 [illegible] 二長[illegible] 次[illegible]

傅多啟 春林次子 [illegible]

春財 春山 春富

雙[illegible]

雙吉 雙林 雙慶 雙興 雙[illegible]

十一世	十二世	十三世	十四世	十五世	十六世
				[illegible] [illegible]	雙有 雙喜 雙保
				金陞 [illegible]	雙成 雙山
	明福 [illegible]	富明阿 [illegible] 吉時妻扎拉里氏生子四長常祿次運仲三育春四運 [illegible]	常祿 [illegible]		
			運仲 [illegible]	吉育 [illegible]	雙[illegible]

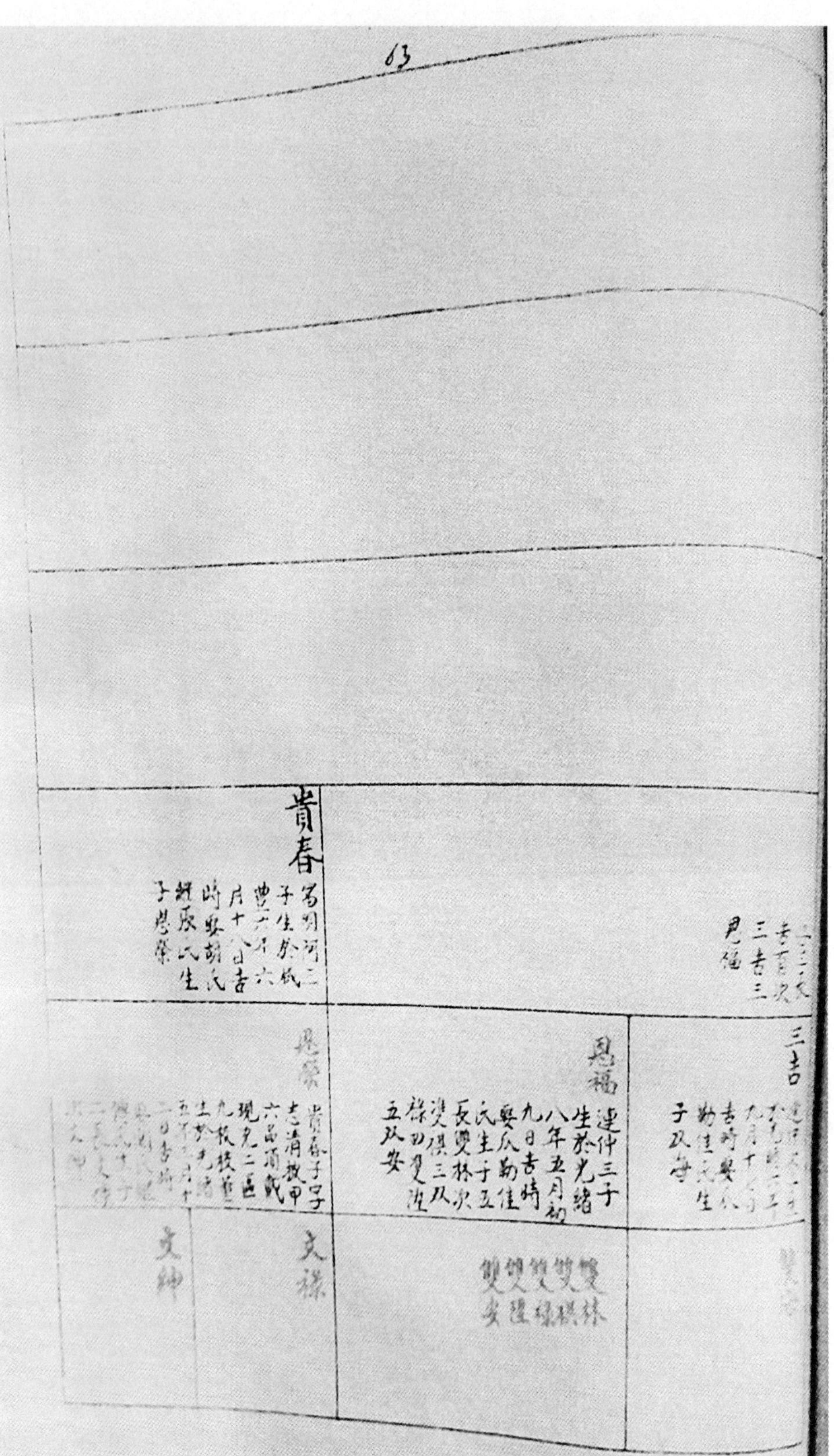

63

貴春
富明阿二子生於咸豐六年六月十八日吉時娶胡氏繼原氏生子恩榮

恩福
連仲三子生於光緒八年五月初九日吉時娶瓜勒佳氏生子五長雙林次雙祺三雙祿四雙理五雙安

三吉

恩榮
貴春子字志清教中六品頂戴現充二區九旗校尉生於光緒五年五月十二日吉時

文祿

文紳

雙林
雙祺
雙祿
雙理
雙安

世			
十一世			
十二世			
十三世		全明阿 明福次子生於道光五年 月 日吉時娶傅寧氏生子双林	富陞 明福三子曾經披甲七品頂戴出征江南揚州等處兵一次生於道光八年正月初八日吉時娶劉氏生子双全
十四世	全春 富明阿四子生於同治元年 月 日吉時娶唐氏継三鹿兄之子継恩貴	雙林 全明阿子生於道光二十六年 月 日吉時娶趙氏継聚氏生子恩瑞	雙全 富陞子生於同治二年九月二十二日吉時娶吳氏継傅氏生子四長色勤次常利三常祥四常吉
十五世	恩貴 全春子生於光緒十年六月二十八日吉時娶吳氏生子二長文學次文海	恩瑞 双林子生於光緒二十八年正月二十二日吉時娶徐氏継子双慶	色勤 双全長子生於光緒十二年四月初三日吉時娶瓜爾佳氏生子三長双貴次双恩三双忠
十六世	文學 文海	双慶	双貴 双恩 双忠

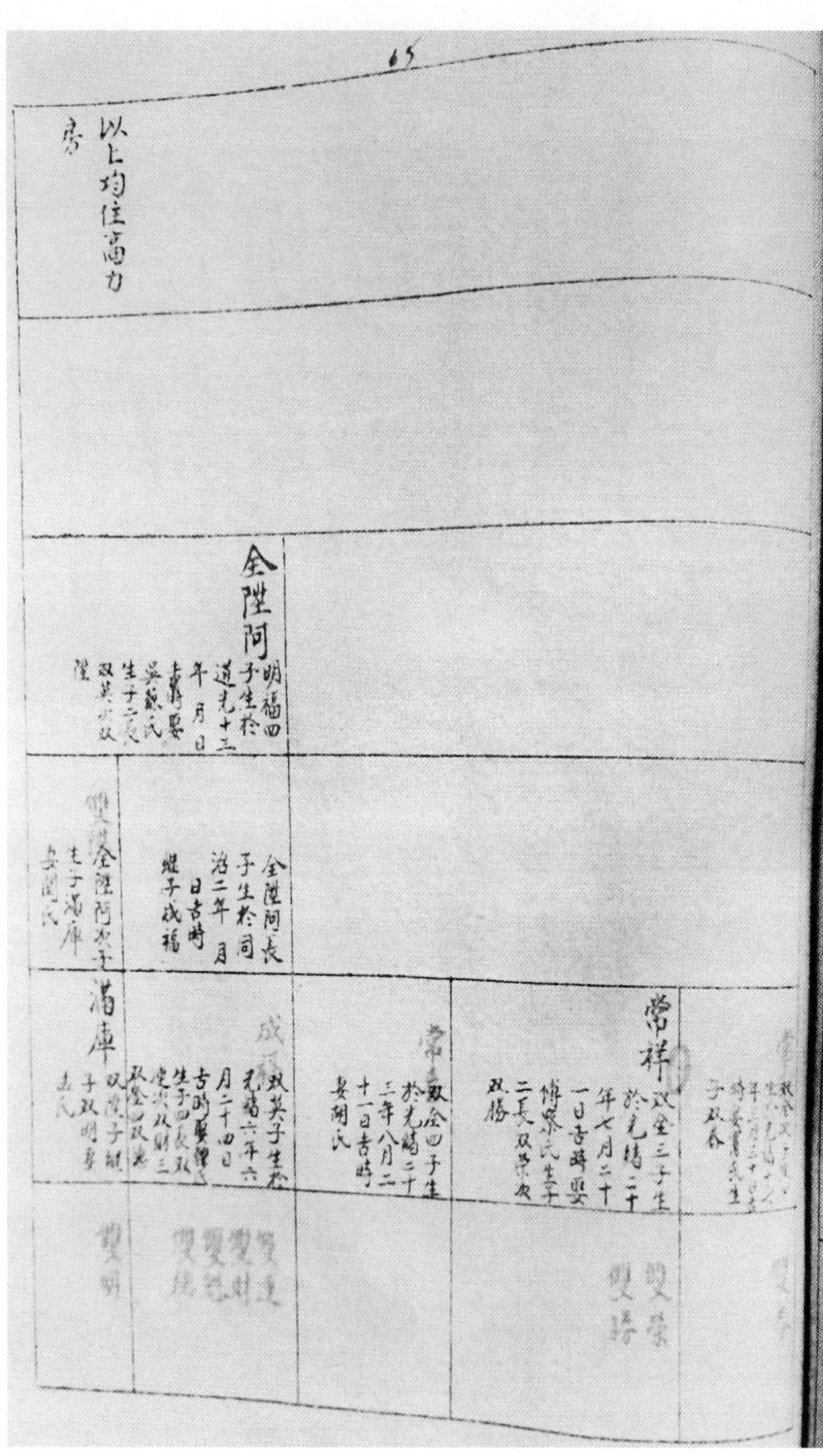

65

以上均住福力
房

全陞阿 明福四
子生於 吳藏氏
道光十三 生子二長
年月日 双英次
吉時 双陞

全陞阿長
子生於同
治二年
月日吉時
繼子戰福

双英金陞阿次子 成禄
毛子福庫 双英子生於
安闊氏 光緒六年六
　　　　 月二十四日
　　　　 吉時娶
　　　　 生子四長
　　　　 雙连次双...

毛子福庫
子双明
娶氏

双明 双禄 双財 双連

常祥 改全三子生
於光緒二十
年七月二十
一日吉時娶
博察氏生子
二長雙荣次
雙勝

常泰 改全四子生
於光緒二十
三年八月二
十一日吉時
娶闊氏

雙荣 雙勝

常...
生於...
娶...氏
生子双春

双春

十一世

音德布

伏常阿長子曾任佐領娶佟佳氏繼郭氏生子四長阿爾蘇喀次幽爾二猴隆四慶常享壽六十三歲葬於蒙古霍洛屯西北二里山前次子山午向主穴

此一支住本街

十二世

阿爾蘇喀

音德布長子曾任必爾罕塔拉沙魔站總領蒙古台站筆帖式生於乾隆十六年十一月十八日吉時娶蘇穆魯氏繼郝氏生子三長常興次富林卒於同治八年六月三十日辰時享壽八十八歲葬於本屯下霍洛屯東北一里半許乾山巽向主穴

十三世

常興

阿爾蘇喀長子曾受領催委官生於嘉慶十二年五月初十日吉時娶傅察氏生子二長成安次忠福卒於道光二十八年三月十一日吉時葬於先塋右穴

十四世

成安

常興長子曾受藍翎委官生於道光九年十月十七日吉時娶和業氏生子二長淩雲次清海出征南江決西兵一次

十五世

淩雲

成安長子生於咸豐八年十月二十八日吉時生子松泉

清海

成安次子字晏瀛前清鑲黃旗領催六品軍功妻筆帖式改民國充選舉調查官任監察員第一高等小學校會計庶務員生於同治九年四月二十五日吉時娶吳蘇哩氏生子三長松[illegible]次[illegible]三[illegible]

十六世

松泉

松[illegible]

松[illegible]

忠福 富山次子披甲道光二十一年十二月初六日吉時娶扎拉里氏生子青雲卒於同治八年正月初十日寅時歷年二十九歲葬於祖塋左之左穴

青雲 忠福之子披甲咸豐十一年六月十七日吉時前清五品軍功驍騎委官娶吳氏生子溥泉

富林 阿爾蘇嗄次子曾受披甲委官生於嘉慶十四年八月二十三日吉時娶楊氏生子成祿卒於咸豐二年四月十四日午時歷年四十四歲葬於先塋右穴

成祿 富林子曾任沙蘭站筆帖式生於道光十一年九月二十五日吉時娶王氏生子清滿

清滿 成祿之子充鑲黃旗披甲光緒七年三月十三日吉時生娶胡氏生子二長溥氏次溥生

十一世

此一支散住塔克通古東京城

十二世

興順 音德佈次子娶舒穆嚕氏生子二長穆克登額次常陞

十三世

穆克登額 興順長子曾任乞翁寧嗒氏生於嘉慶十八年六月二十七日吉時娶和葉氏生子二長春凌次雙魁卒於同治五年五月初二日吉時享壽六十一歲葬於大家吉崔屯後西子山午向主穴

十四世

春凌 穆克登額長子生於道光二十九年二月二十三日吉時曾披甲賞六品頂戴娶蘇穆魯氏生子二長貴康次永康

雙魁 穆克登額次子曾充領催五品頂戴在靖邊左路左營委哨官

十五世

貴康 春凌長子披甲同治五年九月初九日吉時生子二長富山次金山

永康 春凌次子披甲同治八年十一月二十八日吉時生子二長金山次德山

保康 雙魁之子吉林將軍賞給五品功牌雲騎尉銜勝營左哨哨官寧古塔領

十六世

富山

金山

德山

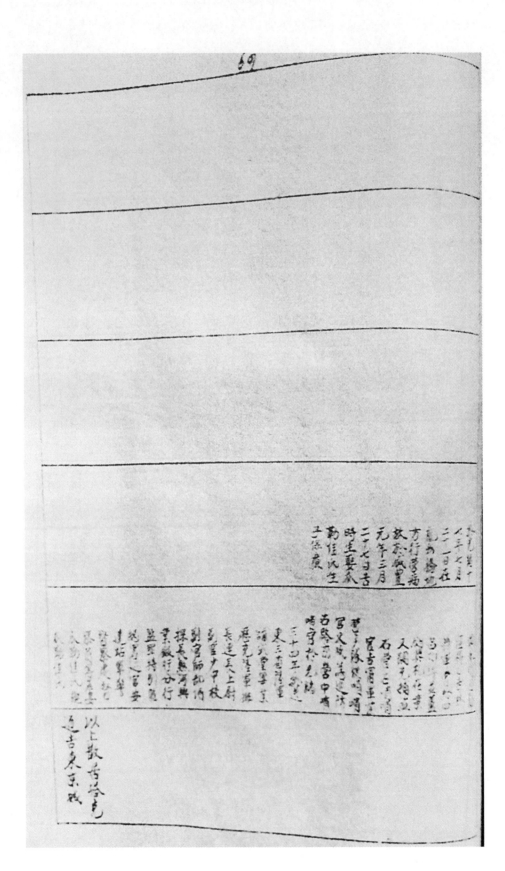

70

十一世	
十二世	
十三世	常陞 嫡順次子，娶氏勒佳氏，生子二，長喜春，次喜成
十四世	喜春 常陞長子，娶舒穆祿氏，生子一，[illegible]康
十四世	喜成 常陞次子，生子三，長吉康，次[illegible]康，三祥康
十五世	[illegible]康 喜春長子[illegible]，娶關氏，生一子嵩林
十五世	吉康 喜成長子[illegible]，生於同治十三年十一月初八日吉時，娶[illegible]氏，生子[illegible]瑞
十五世	[illegible]康 喜成四子[illegible]，歲甲生於光緒二年十二月初三日吉時，娶劉氏，生子[illegible]
十五世	祥康 喜成三子，生於光緒二十年九月八日吉時
十六世	

71

此一小支
住本街

强謙 吉德布三子曾經披甲生于乾隆五十三年十月初三日吉時妻舒穆白氏生子常春卒於道光二十六年三月十一日申時享壽五十八歲葬於八家子屯西南半里艮山坤向主穴

慶常 吉德布四子曾披甲領催出征哈什噶爾兵二次獎賞藍翎無後

常春 强謙之子生於嘉慶十九年正月初六日吉時妻瓜勒佳氏白氏生子喜林卒於同治七年閏四月初一日未時享壽五十五歲葬於先塋左穴

喜林 常春之子曾經披甲五品頂戴妻瓜勒佳氏於庚子兵燹殉難生子海康

喜林之子生於同治九年九月初十日吉時披甲五品頂戴現任長嶺縣政府助理員妻關氏生子忠普

以上住本街

十一世	十二世	十三世	十四世	十五世	十六世
尚安布 [illegible] 此支现住[illegible]屯	富常 尚安布子 富卷 [illegible]	德克吉科 富常子[illegible] [illegible]	恩肯 德克吉科子[illegible] 恩科 [illegible]	清亮 恩肯子 生于光绪十四年正月二十日吉时 妻[illegible]氏 [illegible] 恩科子 [illegible]	玉福 双福 玉庆

穆特佈 阿富凌子 曾任驍騎校勅封武畧騎都尉妻　氏勅封安人生子二長烏爾欽次永慶

此支住也河薩爾虎屯

烏爾欽 穆特佈長子披甲娶和業氏生子三長玉興次玉海三格圖肯

玉興 烏爾欽長子披甲出征江南等處在軍營立功後病故娶郭氏生子二長榮壽次榮福

玉海 烏爾欽次子披甲娶李氏生子春慶

榮壽 玉興長子生子扎朗阿

榮福 玉興次子生子四長金祥次成祥三富祥四禎祥

春慶 玉海子娶沈氏生子文祿

榮壽子生於　年　月　日吉時娶雷氏生子二長明坤次明倫

榮福長子

成祥 榮福次子生於　年　月　日吉時娶孫氏生子明俊

榮福三子

榮福四子娶尧氏生子二長明春二明亮

春慶子號憲章披甲伯都吉新軍聯事官

世			
十一世			
十二世			
十三世	務圖肯 名爾欽三子披甲出征江南等處在皇營與戚打仗陣亡尚未奉部議卹娶八勤佳氏生子榮祿		
十四世	榮祿 務圖肯子生於咸豐三年十二月十三日吉時披甲充當印務處領催娶徐氏生子三長扎拉芬次富肯三双肯		
十五世	[illegible] 五品軍功加付經歷銜生於同治八年九月二十三日吉時娶陶氏繼何氏生子五長明順次明禮三明義四明修五明誠	扎拉芬 榮祿長子披甲光緒三年五月初四日吉時娶關氏生子三長明煜次明利過繼二胞弟富肯名下為嗣三明興過繼三胞弟双肯名下為嗣	富肯 榮祿次子號子餘前清披甲五品軍功於民國五年充任[illegible]稽查八年又充[illegible]
十六世	明修 明誠	明煜	明利

永慶
穆特佈次子領催生子二長玉常次全德

玉常
永慶長子曾任部委筆帖式出征揚州江南等處打仗出力賞給五品頂戴在和縣地方陣亡長祁議郎賞戴雲騎尉世襲以官職改襲雲騎世襲罔替傳家氏生子三長吉福次吉陞三吉祿

吉福
玉常長子

吉陞
玉常次子曾襲雲騎尉生於道光二十四年正月初八日吉時

吉祿
玉常三子娶　氏無嗣以堂侄連喜承祧

連喜
吉祿子係承祧

德方
吉陞三子克陞系中吉德陞單上士生於光緒十八年五月十五日吉時繼長兄扎拉芬三子明興為嗣

吉陞長子扎拉芬生於光緒十二年三月初二日吉時娶穆氏繼長兄扎拉芬二子明利為嗣

明興

此以上兩小支住本街

十一世

額特恩布 特己之長子 生子二長慶福次慶春 [illegible]

十二世

慶福 額特恩布長子 生子一富勒渾

慶春 額特恩布次子 生子二 長常祿 次常壽

十三世

金德 承慶次子 生子三長吉壽次吉倫三吉玉

富勒渾 慶福之子 生子春多渾

常祿 慶春長子 生子三長春恆次春亮三春陞

十四世

吉壽 金德長子 故

吉倫 金德次子 生子晉喜

吉玉 金德三子 生子双喜

春多渾 富勒渾之子 披甲 出征一次無嗣

春恆 常祿長子 生子清壽

春亮 常祿次子 披甲委[illegible]官

春陞 常祿三子 生子清文

十五世

晉喜 吉倫之子 娶關氏 生子二 長忠修 次富修

双喜 吉玉之子 娶陳氏 生子二 長慶修 次崇修

清壽 春恆之子 原係披甲 七品頂戴 生於同治九年九月十四日吉時 娶吳氏 生子恩慶

清文 春陞之子 生於光緒十一年十二月初二日吉時 娶關氏 生子二 長保慶 次吉慶

十六世

忠修 富修

慶修 崇修

恩慶

保慶 吉慶

水成 頗爾恳佈三子殁生子三長常和次常壽三常明

常壽 永成次子殁生子春財

常和 永成長子殁生子二長春山次春興

春財 常壽子同□戌甲生於咸豐八年十月十六日吉時

春山 常和長子花翎藍翎驍騎校出征江南伊犁等處打仗出力賞給五品花翎娶圖氏生子克興額

春興 常和次子生於咸豐元年四月初八日吉時娶卜氏生子二長清會次清山

克興額 春山子生於同治元年三月二十二日吉時生子四長德慶次吉慶三貴慶四成慶

清會 春興長子生於光緒二十三年正月二十三日吉時

清山 春興次子生於光緒二十八年五月初十日吉時

德慶

吉慶

貴慶

成慶

十一世				伊徵佈 巴揚阿次子殁曾經披甲生子伯祿 此支住下賒里屯
十二世			永順 蘇特恩佈四子殁生子常福	伯祿 伊徵佈子殁生子三長明泰次順泰三興泰
十三世	常喜 永成次子殁曾經披甲出征江南等處兵一次解退食半餉生子春海	常明 永成三子殁生子春祥	常福 永順子殁生子春興	明泰 伯祿長子殁生子二長常山次常永
十四世	春海 常喜子殁披甲六品頂戴生子清和	春祥 常明子殁	春興 常福子殁生子清祿	常山 明泰長子殁生於咸豐三年七月初五日吉時娶吳氏生子清恆
十五世	清和 春海子生於光緒三年六月二十三日吉時娶呂氏生子三長連慶次喜慶三吉慶		清祿 春興子生於同治十二年正月十六日吉時娶吳氏生子永慶	[illegible] 常山子生於光緒十年十二月二十九日吉時娶吳氏
十六世	連慶 喜慶 吉慶		永慶 以上均住上賒哩屯	

79

文政額 舒綸泰子，殁，生子法豐額

法豐額 文政額子，殁，生子永明額

順泰 伯祿次子，生子二，長吉亮，次永來

興泰 伯祿三子，殁，曾經披甲解退，生子永喜

永明額 法豐額子，殁，生子二，長和成，次和順

常永 ……殁，咸豐八年五月二十日吉時

吉亮 順泰長子，殁，生於咸豐九年八月十七日吉時，娶□氏，生子清成

永來 順泰次子，殁，生於同治元年九月初七日吉時，娶□氏，生子二，長清福，次清瑞

永喜 興泰子，生於同治九年八月二十日吉時

和成 永明額長子，殁，生子長山

和順 永明額次子，生子二，長海山，次德山

清成 吉亮子，生於光緒十四年十月二十日吉時，娶趙氏，生子景禎

清福 永來長子，生於光緒二十一年六月初二日吉時，娶楊氏，生子景章

清瑞 永來次子，生於光緒二十六年八月初四日吉時，娶宋氏，生子二，長景祥，次景惠

長山 和成子

海山 和順長子

德山 和順次子

景禎

景章

景祥

景惠

以上住下蘇哩屯

寄居姓三家溝屯

十一世

徽勒佈 曾任防禦 殁 生子二 長忠春 次永新 因長子忠春陣 殁任內 誥封武德騎尉妻 誥贈宜人

此一支住下瑪連河也

十二世

忠春 徽勒佈長子殁曾任防禦出征江南等處立功後在軍營為故 尚未盛部 議郎 娶氏繼折移 郡會氏生子隆山 誥封武德騎尉妻 誥封宜人

永新 徽勒佈次子殁曾經披甲委官娶羅氏生子德興

十三世

隆山 忠春子 殁

德興 永新子生於咸豐二年十月初十日吉時娶羅氏生子常慶

十四世

常慶 德興子生於光緒元年六月十四日吉時娶郭氏生子二 長志連 次志樹

十五世

志連 常慶長子生於光緒十五年六月初十日吉時

志樹 常慶次子生於光緒二十八年二月初二日吉時

十六世

阿克敦（原名[illegible]）[illegible]子 生子永安

衍克新 [illegible]

永安 阿克敦子 現曾經故 由出征江南等處兵一次 生子德敏

忠林 [illegible]克新長子 [illegible]

德敏 永安子 生於道光二十五年十一月二十日吉時 生子常福

玉成 忠林長子 現曾經故 由出征江南在軍營立功 後病故 尚未奉[illegible] 娶[illegible]氏 生子訥蔭

常福 德敏子 生於[illegible]十三年七月初三日吉時 生子双文

訥蔭 玉成子 號芝泉 現曾由京都上虞備用[illegible] 河出征伊犁兵一次 歷充稽查吉字各軍管帶統領 署理寧古塔副都統 歷任伯都訥副都統 賞戴花翎 頭品二等[illegible] 鎮守[illegible]將軍 生於咸豐三年八月十六日吉時 娶[illegible]氏 光緒三十三年五月[illegible]

双文 常福子 生於光緒二十[illegible]年四月十九日吉時 [illegible]氏生子二 長喜林 次喜山

[illegible] 訥蔭子 號漢卿 現充甲[illegible] 雲騎尉[illegible] 在陸軍[illegible] 兵二十三[illegible] 充[illegible]生於前清光緒二十年四月十九日吉時 娶[illegible]氏

喜林

喜山

以上均在下[illegible]遷河[illegible]

十一世

十二世

十三世

玉福 忠林次子 歿曾經披甲出征江南盛京跟登等處兵二次打仗出力 恭賞六品頂戴藍翎娶托潮海氏無嗣矢志守[illegible]

十四世

十八日在任病故享年五十五歲葬於西崴河南新塋坤山艮向主穴娶嫡室楊氏 誥封夫人側室孟氏無嗣以堂侄崇權兼祧

訥綿 玉福繼子 歿曾襲雲騎尉世職生於同治十一年十二月三十日吉時卒於前清光緒二十年八月初十日吉時享年二十三歲

十五世

崇權 訥綿子生年歲業詳前

十六世

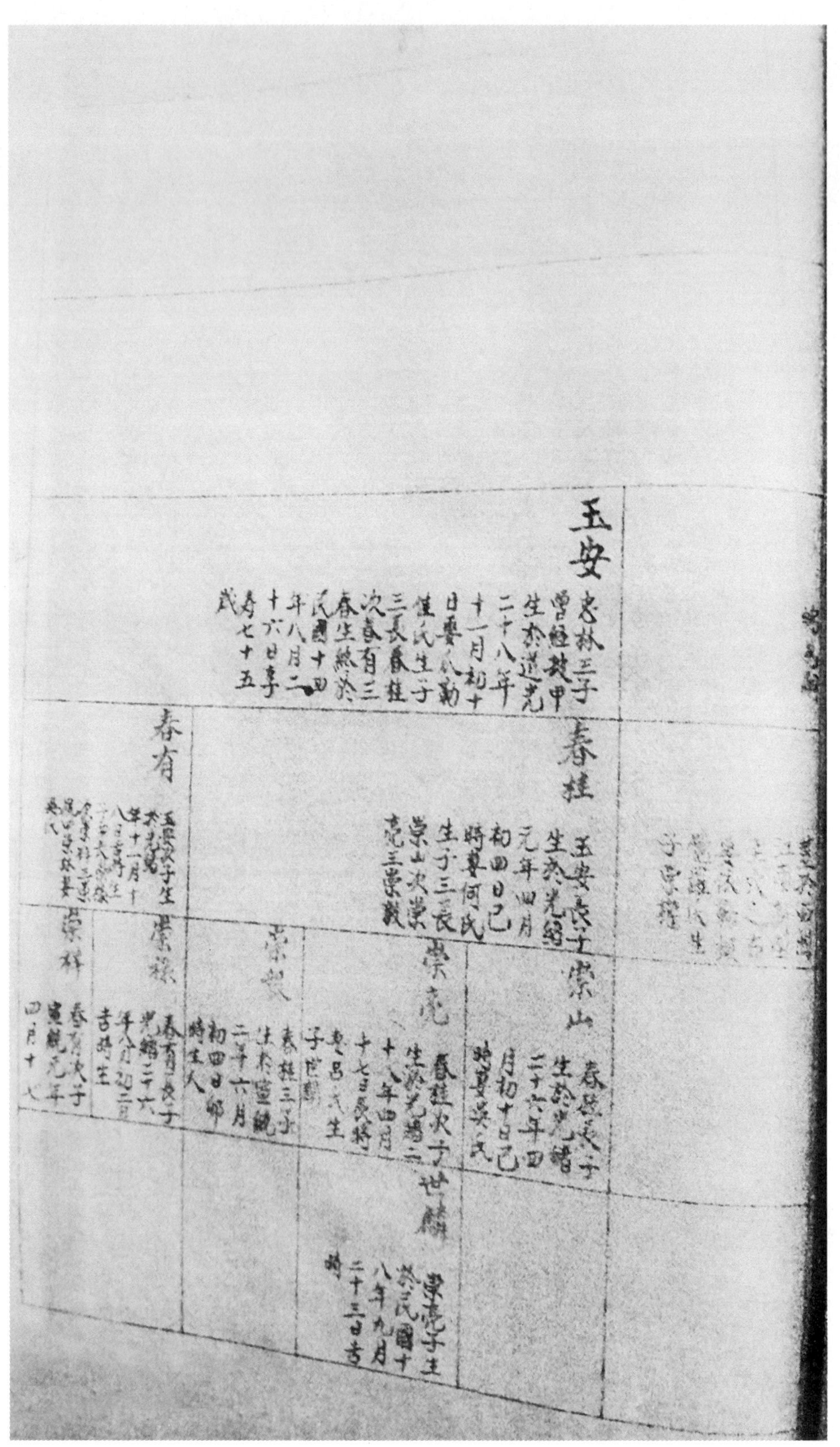

玉安
忠林三子，曾经披甲，生於道光二十八年十一月初十日，娶氏勒佳氏，生子三：長春桂，次春有，三春生。終於民國十四年八月二十六日，享壽七十五歲。

春桂
玉安長子，生於光緒元年四月初四日巳時，娶何氏，生子三：長崇山，次崇亮，三崇[illegible]。

春有
玉安次子，生於光緒八年十一月十八日[illegible]

崇山
春桂長子，生於光緒二十六年四月初十日巳時，娶吳氏。

崇亮
春桂次子，生於光緒二十八年四月十七日辰時，娶呂氏，生子世麟。

崇[illegible]
春桂三子，生於宣統二年六月初四日卯時生人。

崇祿
春有長子，光緒二十六年八月初三日吉時生。

崇祥
春有次子，宣統元年四月十七

世麟
崇亮子，生於民國十八年九月二十三日吉時。

十一世

十二世

永壽 將充新次子領催頒妻官妾傅察氏生子三長富勒和次富爾遜三富康

十三世

富勒和 永寿長子披甲七品頂戴生子春綿

富爾遜 永寿次子披甲出征[illegible]

十四世

春綿 富勒和之子

春生 五安三子生於光緒四年十一月二十七日吉時妻趙氏生子宗衍

十五世

日吉時生子

宗凰 春有三子民國五年三月十九日吉時生子

宗霖 春有四子民國九年十二月十六日子時生子

宗衍 春生子宣統三年二月十九日辰時妻祖氏

十六日

以上住蒙古豐洛屯

富康 永寿三子 现甲生于同治 年 月 日吉时 娶 氏 生子春庆

泰庆 富康子 现甲生于光绪 年 月 日吉时 继子双财

春庆 富康次子 生于光绪 年十二月三十日吉时 娶 氏

色普珍 穆隆阿次子 现曾经披甲出征喀什噶尔兵一次 后食半饷 无嗣

塔林保 图物经额长子 现生子全陞

全陞 塔林保子 现生子二 长德春 次德喜

德春 全陞长子 现生于 年三月二十日吉时 生子常柱

常柱 德春子 生于 年二月初八日吉时 生子双来

双来 常柱子 于民国三年二月初六日吉时生

十一世

札朗阿 □□德次子 致生子三 長永福 次永祿 三永□

十二世

永福 札朗阿長子 致曾任致甲長 妻董他氏 生子德林

十三世

德喜 全陞次子 致生子二 長常海 次常陞

德林 永福子 致生於咸豐元年四月二十日吉時 生子玉祥

十四世

常海 德喜長子 生於 年七月初七日吉時 生子雙貴

常陞 德海次子 生於 年五月十一日吉時 生子三 長雙亮 次雙吉 三雙遠 妻吳氏

玉祥 德林子 生於光緒三十一年十一月初五日吉時 娶□氏

十五世

雙貴 常海子 生於 年八月初十日吉時 娶 氏

雙亮 常陞次子 生於 年四月三日吉時 娶 氏

雙吉 常陞次子 生於 年二月初六日吉時

雙遠 常陞三子 生於民國十三年三月十四日吉時

十六世

81

德成 ……十二月二十七日吉時生子玉厚

玉厚 德成子……

永常 札朗阿三子現生子二長德榮次德周

國欽布 富勒赫三子 無子

永和 國欽布子

德榮 永常長子生於同治四年四月二十四日吉時生子玉祥

德周 永常次子生於同治七年四月初四日吉時生子玉麟

玉祥 德榮子生年歲未詳前妻徐氏

玉麟 德周子生於光緒二十六年六月十五日吉時妻劉氏

以上均住下馬蓮河屯

十一世

暁勒炳阿 永謙子玖生子二長托克托佈次敘省佈

十二世

托克托佈 暁勒炳阿子玖生子五禮佈烏凌阿

十三世

五禮佈 托克托佈長子玖生子三長慶陞次慶貴三慶福

十四世

慶陞 五禮佈長子生子一扎昆陞

慶貴 五禮佈次子生子二長德財次德連

慶福 五禮佈三子生於同治四年 月 日吉時生子四長德魁次德林三德昌四德明

十五世

扎昆陞 慶陞子生子三長祥福次祥祿三祥禎

德財

德連

德魁 慶福長子生於光緒十八年 月 日吉時

德林 慶福次子生於光緒二十一年 月 日吉時

十六世

祥福

祥祿

祥禎

81

烏凌阿
托克托佈次子
生子二
長慶祥
次慶瑞

慶祥
烏凌阿長子生於光緒二年　月　日
吉時生
子四長德柱
次德有
三德魁
四德全

德昌
慶穆三子
生於光緒二十六年　月　日
吉時

德明
慶穆四子
生於光緒三十四年　月　日
吉時

德柱
慶祥長子
生於光緒二十八年　月
日吉時

德有
慶祥次子
生於光緒三十三年
月　日吉時

德魁
慶祥三子
生於宣統三年　月
日吉時

德全
慶祥四子

六保　英德次子，殁，生子倭理佈

穆特佈　富貴次子，生子二，長富思阿，次富明阿

倭理佈　六保子，殁，生子二，長富陞阿，次富英阿

富富阿　西拉佈次子

富冲阿　西拉佈三子

富思阿　穆特佈長子，生於光緒元年　月　日吉時，生子祥貴

富明阿　穆特佈次子

富陞阿　倭理佈長子，殁，曾戴六品頂戴，領催委筆帖式，生子祥麟

富英阿　倭理佈次子，生子三，長祥魁，次祥海，三祥連

喜貴

祥貴

祥麟

祥魁

祥海

祥連

十一世

伯景額 慶文長子

莫爾庚額 慶文次子

卜特托阿(?) 慶文三子

穆(?)隆阿 慶文四(?)子

勒爾登(?) 慶文五子 生子二 長英德 [illegible]

[illegible]

十二世

依立佈 蒙克勒阿(?)次子 生子 五德

以上四支均在北京 否住本屯地面甚(?)多 [illegible]

英德 勒爾登長子 生子三 長富貴 次六德 三富春(?)

十三世

五德 依立佈子

富貴 英德長子 生子二 長西拉佈 次穆精(?)佈

十四世

慶瑞 高(?)慶阿次子

西拉佈 富貴長子 生子三 長薩炳阿 次富(?)[illegible] 三富中(?)[illegible]

十五世

薩炳阿 西拉佈長子 生子 [illegible]

十六世

以上均住官(?)草(?)田(?)子

十一世

色普鄂額 富達哩長子失詳里居後裔無考

安普綏額 富達哩次子失詳里居後裔無考

卜英阿 常材子故生子[illegible]

十二世

德楞 卜英阿子故生子二人德普青阿次[illegible]

十三世

富泰 英德次子故生子依哩佈

德普青阿 德楞長子[illegible]

十四世

依哩佈 富泰子故生子二長富隆阿次富凌阿

洪喜 德普青阿子生子[illegible]

十五世

富隆阿 即文亮依哩佈長子生於光緒八年 月 日吉時

富凌阿 即文明依哩佈次子生於光緒十八年 月 日吉時生子祥齡

[illegible]福 洪喜之子[illegible]

十六世

祥齡

依爾當阿　常陞子殁　生子　金福

金福　依爾當阿子殁　生子　富德

富德　金福子殁　生子二　長連喜　次連慶

依林保　德祿次子殁　生子　永昌

連喜　富德長子　生於同治七年　月　日吉時　生子三　長富明阿　次富英阿　三富林阿

連慶　富德次子　生子二　長富清阿　次富珍阿　生於光緒元年

永昌　依林保子　曾經披甲　七品頂戴　出征江南　等處地方

富明阿　連喜長子　生於光緒二十一年

富英阿　連喜次子　生於光緒三十六年

富林阿　連喜三子　生於宣統元年

富清阿　連慶長子　生於光緒三十一年　生子德[illegible]

[illegible]

世					
十一世		薩勒炳阿 喜保柱長子 殁 生子德保	鄂同阿 喜保柱次子 殁 生子德凌頞	石柱 喜保柱三子 殁 生子德庆	
十二世		德保 薩勒炳阿子 殁 曾經披甲	德凌頞 鄂同阿子 殁 生子滿福	德庆 石柱子 殁 生子吞多	
十三世			滿福 德凌頞子 殁 生一子隆陞	吞多 德庆子 殁 生二子 長隆常 次隆魁	
十四世			隆陞 滿福子 生於咸豐八年 月 日吉時生 子永喜	隆常 吞多子 生於同治九年 月 日吉時生 子金富	隆魁 吞多次子 曾充披甲 卒於吉甯 單妻次生 子金貴
十五世	富X阿 連成次子 生於宣統三年		永喜 隆陞子 生於光緒二十一年 月 日吉時 生子三 長頭成 次鎖柱 三金鎖	金富 隆常子 生於光緒二十六年 妻 氏 生子金鎖	金貴 隆魁子 生於光緒三十一年 妻 氏 生子玉鎖
十六世			鎖成 鎖柱 金鎖	金鎖	玉鎖

[illegible] 什佈次 明安

德普興額 海青阿次子歿生子二長阿凌阿次阿隆阿

明安 色普興額次子歿生子阿林

歿生子 常福

阿凌阿 德普興額長子歿生子二長常青次常泰

阿隆阿 德普興額次子歿生子常德

常福 德保什佈子歿生子同[illegible]

阿林 明安子生子二長德財次德保

常青 阿凌阿長子歿生子二長同瑞次同德

常泰 阿凌阿次子歿生子二長同福次同貴

常德 阿隆阿子披甲七品頂戴生子三長同壽次同喜三同有

同[illegible] 常福子

德財 阿林長子生於光緒二十一年

德保 阿林次子生於光緒二十四年

同瑞 常青長子

同德 常青次子生於光緒十一年

同福 常太長子生子榮珍

同貴 常太次子生子榮祥

同壽 常德長子生子二長玉成次玉昌

榮珍 同福子生於光緒二十四年

榮祥 同貴子生於宣統三年

玉成 同壽長子生於光緒二十九年妻張氏守節

玉昌 同壽次子生於宣統元年

圖森佈　妻高氏所生子德海

以下係泰山祖塔白祖支裔俱在三姓地方駐防

德海　圖森佈子　生子三　長貴福　次來福　三英福

貴福　德海長子　生長子隆喜　次子隆泰

來福　德海次子

英福　德海三子　娶　氏生子隆海

同喜　常德次子　生於光緒五年娶唐氏　生子玉祥

同有　常德三子　生於光緒八年娶傅氏生長子玉財次子玉良三子玉環

隆喜　貴福長子　娶姚氏生長子富青阿次子永山出繼

隆泰　貴福次子　繼胞兄次子永山為嗣

隆海　英福子生於光緒二十八年

玉祥　同喜子生於光緒三十三年　娶傅氏生子双燕

玉財　同有長子生於光緒三十四年娶付氏生子双鸽

玉良　同有次子　生於宣統二年娶沪氏

玉環　同有三子生於民國十七年

富青阿　隆喜子娶　氏生子惠頻

永山　係隆泰之繼子

双燕

双鸽

惠頻

伯珅 [illegible]子[illegible]生子[illegible]

圖欽佈 舒穆[illegible]子[illegible] 曾任驍騎[illegible] [illegible]生子 永蘇

圖渾護佈 [illegible]子 [illegible]生子二 [illegible]

永[illegible] 伯珅二子[illegible]生子二 長法克精阿 次倭克精阿

永蘇 圖欽佈子[illegible]生子三 長[illegible]克精阿 次[illegible]阿 三次[illegible]克精阿

富壽 圖渾護佈長子[illegible]生子二 長慶春 次全喜

天壽 圖渾護佈次子 生子[illegible]阿克精阿

法克精阿 [illegible]

倭克精阿 [illegible]

[illegible]克精阿 永蘇長子 生子[illegible] 海壽

[illegible] 永蘇次子[illegible]

[illegible] 永蘇[illegible]子[illegible]

慶春 富壽長子[illegible]生子三 長德海 次德[illegible] 三德[illegible]

全喜 富壽次子[illegible] 子德山

阿克精阿 [illegible]

佛[illegible] [illegible]

達[illegible] [illegible]

德楞額 [illegible]

海壽

海林

德海

德[illegible]

德[illegible]

德山

[illegible]

十一世	十二世	十三世	十四世	十五世	十六世
德喜 满德哩子 殁 生子四 长富冲阿 次富英阿 三富昌阿 四富考阿	富冲阿 德喜长子 殁 六品军功				
	富英阿 德喜次子 殁 领催委官				
	德喜三子 世袭云骑尉 生子东志	富昌阿子 监生 中学毕业 生子武魁			
	德喜四子 世袭云骑尉 生子东福				
阿尔松阿 塔钦保长子 殁 生子武当阿	武当阿 阿尔松阿子 殁 生子二 长贵福 次贵林	武当阿长子 曾充披甲 生子祥海	祥海 殁		
		武当阿次子 生子五 长吉顺 次吉升 三吉贵 四吉瑞 五吉祥			
额尔登 塔钦保次子 生子明安	明安 殁 无嗣				
三达尔 塔钦保三子 生子凌安	三达尔子 披甲 生子贵庆	凌安子 现充披甲			
丰伦图 塔钦保四子 殁 生子成安	丰伦图子 曾充披甲 六品军功 殁 无嗣				

依克錦	松常	尼克吞	
魁祥	魁凌	魁英	富倫
富和	富海		

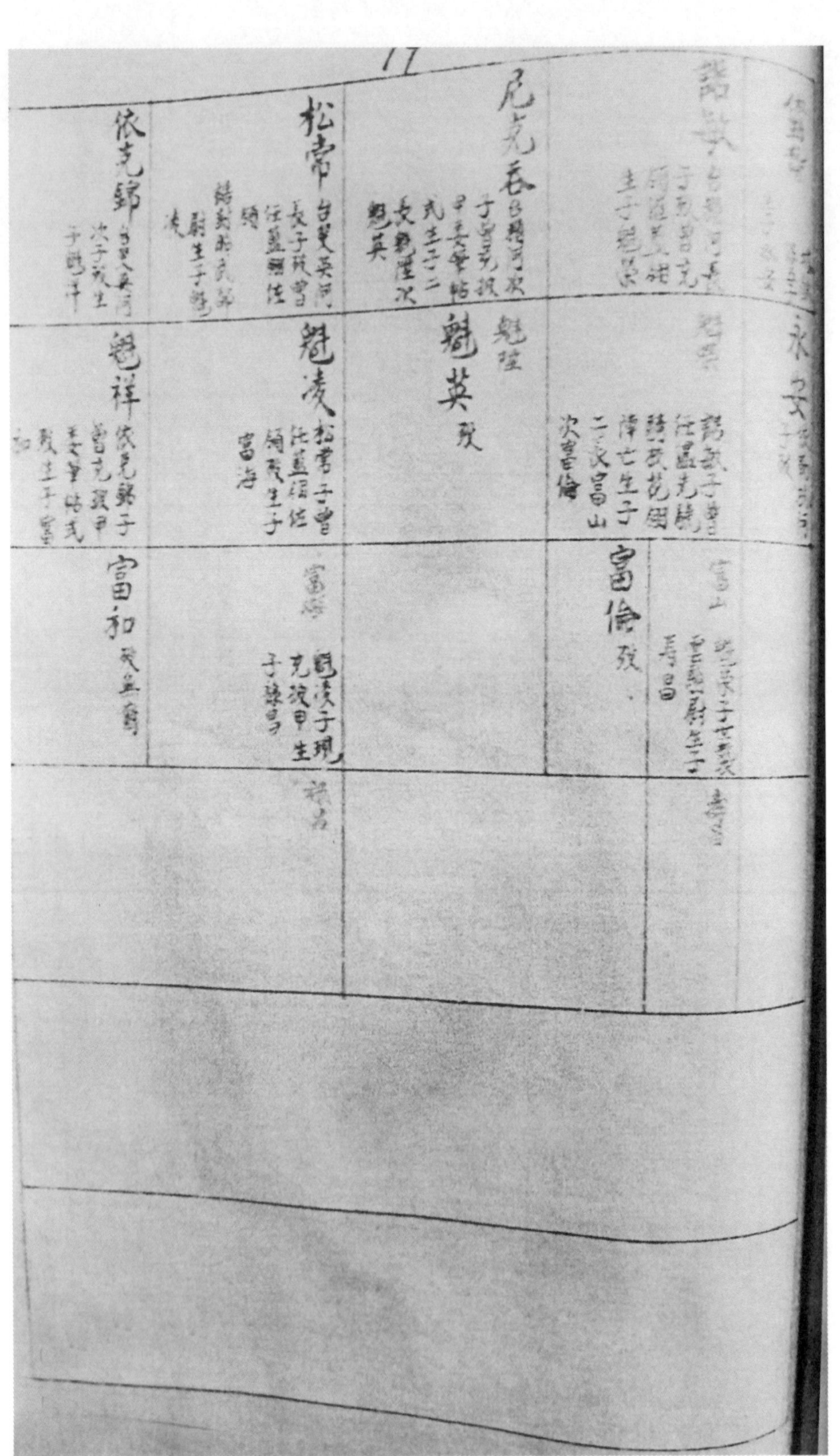

世					
十一世	喜林 台斐英阿三子殁曾充領催委章京殁無嗣	德克精額 常明子殁生子納蘇肯	色冲額 查蘭泰長子殁曾任驍騎校誥封武[illegible]騎尉生子二長富章阿次富[illegible]阿		
十二世		納蘇肯 德克精額子殁曾任防禦誥封武[illegible]騎尉殁生子三長雅隆阿次依勒杭阿三永凌	富章阿 色冲額長子殁曾任筆帖式生子二長慶福次慶祿		
十三世		雅隆阿 殁無嗣	依勒杭阿 殁無嗣	永凌 殁無嗣	慶福 富章阿長子殁曾充前鋒	慶祿 富章阿次子殁生子二長闊凌次闊祥
十四世	闊凌 慶祿長子殁生子來柱	闊祥 慶祿次子生子二長來永次來春			
十五世	來柱 殁無嗣	來永 殁無嗣	來春 殁無嗣		
十六世					

富平阿　烏冲額次子殁曾充委筆帖式殁生子慶春

慶春　富平阿子殁生子闊恆

闊恆　殁無嗣

烏冲額　查蘭太次子曾委防禦殁奨賞藍翎生子庫蒙額

庫蒙額　烏冲額子殁佐領兼雲騎尉誥贈昭武都尉生子三長色克春次色普珍三色爾欽

色克春　庫蒙額長子殁曾任花翎佐領兼雲尉誥贈昭武都尉出征江南立功後病故生子三長貴成次貴凌三貴和

貴成　色克春長子藍翎佐領殁生子六長榮福次榮興三榮太四榮升五榮德六榮吉

貴凌　色克春次子殁曾襲八品蔭監生生子四長榮祿次榮印三榮壽四榮庭

榮福　貴成長子現充披甲生子雙全

雙全

榮興　貴成次子生子永壽

永壽

榮泰

榮陞

榮德

榮吉

榮祿　貴凌長子由附生委教習

榮印　曾充披甲

榮壽　曾充披甲

榮庭　曾充披甲

十一世

十二世

十三世

色普珍 庫蒙喇次子花翎[illegible]驍騎校披甲殁生子三長貴祥次貴清三貴忠

色爾欽 庫蒙喇三子現任佐領生子四長貴英次貴極三貴升四貴和

十四世

[illegible] 色克春三子曾充領催六品軍功生子榮海

貴祥 色普珍長子披甲殁生子宜福

貴清 色普珍次子披甲殁無嗣

貴忠 色普珍三子殁無嗣

貴英 色爾欽長子曾充披甲生子二長海福次代福

貴極 色爾欽次子現任驍騎校生子來福

貴升 色爾欽三子曾充披甲生子二長祥福次增福

貴和

十五世

榮海

宜福 曾充前鋒殁

海福

代福

來福

祥福

增福

十六世

穆克登額 大三子殁生子富隆阿

富隆阿 穆克登額子殁生子二長慶雲次慶德

慶雲 富隆阿長子殁生子三長関順次関壽三関升

関順 慶雲長子曾充披甲委官殁生子祥魁

祥魁 関順子曾充披甲殁無嗣

関壽 慶雲次子曾充披甲殁生子四長祥玉次祥福三祥春四祥瑞

祥玉 殁無嗣

祥福 殁無嗣

祥春 関壽三子生子双祿

双祿

祥瑞

関升 慶雲三子曾充披甲殁生子祥貴

祥貴

慶德 富隆阿次子殁生子関英

関英 慶德子曾充披甲殁無嗣

富田克精額 加卿保長子殁生子三長丁福次[illegible]福三明德

丁福 富克精額長子殁曾充領催委官生子成林

成林 丁福子殁曾充領催藍翎生子武忠阿

武忠阿 成林子曾充披甲妻華佑式生子恩慶

恩慶

十一世

依桑阿 和坤保次子殁曾任骁骑校敕封武义骑尉生子四长朱尔杭阿次德英额三富勒松阿四富尼雅哈

十二世

邁福 富克精額次子殁曾充領催委富生子永林

明德 富克精額三子殁生子富林

朱爾杭阿 依桑阿長子殁生子二長多林次金林

十三世

永林 邁福子曾任驍騎校殁生子武凌阿

富林 明德子生子三長穆隆阿次舒隆阿三喜隆阿

多林 朱爾杭阿長子殁生子三長達普都哩次德蘇哩三托普托哩

十四世

武隆阿 永林子世襲雲騎尉生子忠順

穆隆阿 富林長子生子二長國恩次國慶

舒隆阿 富林次子生子二長國興次忠和

喜隆阿 殁

達普都哩 多林長子殁曾充前鋒六品軍功殁

德蘇哩 多林次子世襲雲騎尉殁

十五世

忠順

國恩

國慶

國興

忠和

十六世

薩英額　依桑阿次子　歿　曾披藍翎佐領　生子開林

富勒松阿　依桑阿三子　歿　曾充領催　生子春林

金林　朱爾杭阿次子　曾充領催委官　歿　生子二　長玉柱　次銀柱

開林　薩英額子　曾驍騎校　歿　生子玉亮

春林　富勒松阿子　歿　曾披藍翎領催　生子佛德哩

札普札哩　朱爾杭阿三子　曾充五品藍翎　陣亡　生子吉升

玉柱　歿

銀柱　歿

玉亮　開林子　生子二　長連喜　次連升

佛德哩　春林子　歿　生子二　長凌成　次凌貴

吉升　札普札哩子　現充披甲

連喜　玉亮長子　生子崇福

連陞　玉亮次子　生子崇祿

凌成　佛德哩子　曾充藍翎　現披甲

凌貴　佛德哩次子　現充披甲　生子二　胡[illegible]　[illegible]阿

崇福

崇祿

[illegible]

十一世

圖卿額 和勝額長子 歿 曾襲騎都尉兼雲騎尉 誥封昭武都尉 生子二 長薩僧阿 次薩英阿

十二世

當尼雅爵 依桑阿四子 歿 曾任佐領 誥封昭武都尉 生子二 長順林 次祥林 因殉滅夷之難 蒙 軍憲奏奉 諭旨照陣亡例 給予雲騎尉世襲

薩僧阿 圖卿額長子 歿 曾襲騎都尉兼雲騎尉 誥封昭武都尉 生子德林

十三世

順林 當尼雅爵長子 歿 曾任協領兼雲騎尉 生子二 長玉春 次玉雲

祥林 當尼雅爵次子 花翎防禦 歿 生子玉春

德林 薩僧阿子 歿 生子二 長郭勒明阿 次扎勒明阿

十四世

玉春 順林長子 歿 生子英志

玉雲 順林次子 現充衙門筆帖式 生子三 長英貴 次英升 三英鋭

玉春 祥林子 歿 生子英福

郭勒明阿 德林長子 歿 生子永海

扎勒明阿 德林次子 歿 生子永亮

十五世

英志 玉春子 世襲雲騎尉 歿 生子三慶

玉雲長子 歿 生子三 長喜慶 次喜成 三喜常

英貴 玉雲次子 現充披甲

英鋭 玉雲三子 現充披甲

英福 玉春子 歿 生子雙慶

永海 歿

永亮 扎勒明阿子 曾充披甲 歿

十六世

三慶 英志子 現充披甲

喜慶 英升長子 吉林自治研究所兼調查員 法政畢業

喜成 英升次子 現充披甲

喜常 英升三子

雙慶 英福子 現充披甲 生子留索

博勒胡那 和络瑚次子，故，生子英福

圖敏 和络瑚三子，故，生子薩永阿

烏爾恭勒 [illegible]長子，故，曾充[illegible]，生子三，長塔斯哈哩，次[illegible]，三[illegible]

薩英阿 圖爾瑚次子，故，生子全林

英福 博勒胡那子，故，生子台林

薩永阿 圖敏三子，故，生子常林

塔斯哈哩 烏爾恭勒長子，故，曾[illegible]，生子三，長永林，次[illegible]，三[illegible]林

全林 薩英阿子，故，曾[illegible]五品軍功，[illegible]，生子二，長色圖哩，次倭克吉哩

台林 英福子，故，生子法富哩

常林 故

永林 塔斯哈哩長子，故，曾[illegible]八品[illegible]，生子二，長[illegible]，次[illegible]

色圖哩 全林長子，[illegible]，生子[illegible]

倭克吉哩 全林次子，藍翎[illegible]，故，生子永慶

法富哩

[illegible] 永林長子，現充披甲，生子豊太

[illegible] 永林次子

[illegible] 色圖哩子，[illegible]，生子[illegible]芳

永慶 倭克吉哩子，現充領催，生子二，長延芳，次毓芳

延芳 永慶長子

毓芳 永慶次子

十一世

十二世

阿蘭[illegible] [illegible]

薩[illegible]圖 [illegible]

十三世

成林 [illegible]生子二長恩升次慶升

雙林 哈爾哈理三子六品軍功生子明升

倭和 阿蘭[illegible]子[illegible]

富昌 薩[illegible]生子二次[illegible]升

[illegible]

十四世

恩陞 成林長子休致五品藍翎衛門筆帖式生子三長德福次壽福三文福四[illegible]福

慶陞 成林次子現充披甲生子二長金福次玉福

明陞 成林子現充披甲生子廣福

榮陞 倭和子曾充披甲

爵陞 富昌[illegible]

[illegible]陞 富昌[illegible]子[illegible]六品軍功生子[illegible]

[illegible]

十五世

德福 恩升長子[illegible]子忠[illegible]

壽福 恩升次子現充披甲六品軍功

文福 恩升三子現充披甲

[illegible]福 恩升四子

金福 慶陞長子現充披甲

玉福 慶陞次子現充披甲

廣福

[illegible]

[illegible]

[illegible]

十六世

忠[illegible]

104

凌祥　穆克特佈次子，驍騎校，任佐領，誥封昭武都尉，生子二，長喜玉，次喜柱

凌瑞　穆克特佈三子，休職衙門筆帖式，殁，生子喜運

法凌河　丁保子，殁

烏凌泰　関保子，殁，生子三，長英山，次初忠河，三巴凌河

喜玉　凌祥長子，曾充披甲，委筆帖式，生子德昌

喜柱　凌祥次子，殁

喜運　凌瑞子，現充披甲，八品蔭生，生子二，長榮昌，次勝昌

英山　烏凌太長子，殁，生子德明

初忠河　烏凌太次子，殁，生子德興

巴凌河　烏凌太三子，殁，生子德福

德昌　喜玉子，現充披甲，生子擢印

榮昌　喜運子，領催，六品頂代，生子崇印

勝昌　喜運次子，現充披甲，生子根印

德明　英山子，殁，生子常保

德興　初忠河子，殁，生子常春

德福　巴凌河子，殁，生子常滿

擢印

崇印

根印

常保

常春

常滿

世				
十一世	以下係白虎祖支下保住吉林伊通蘇等處住防	和山 阿勒敏長子歿	忠福 阿勒敏次子歿生子二長路勒鏗額次托克托佈	博帶 阿敏長子歿生子喜邦額
十二世			路勒鏗額 歿 托克托佈 歿	喜邦額 博帶子歿生子三長富敏次富春三富順
十三世		富敏 喜邦額長子歿曾充披甲藍翎	富春 喜邦額次子歿曾充披甲藍翎	富順 喜邦額三子
十四世				
十五世				
十六世				

德明七十六生子

德杜焉父阿之

德顺　生子父勒
剛河

六德　芥蘇拉之
子　玉子二
辰宣氏兴
七十一

托克托飾　優兴
國操
我甲六品
順功生子
金海

金海　托克托飾
子世魁代
雲帽弗妻
王氏生子
二長文卿
次文俊

文卿　金海長子
岁
年三十八

文俊　金海次子
年十九岁

阿蒯蘇拉焉子
子年兴
阿

郭興阿阿的
凤苏

郭興阿子
披甲五品
丙戡

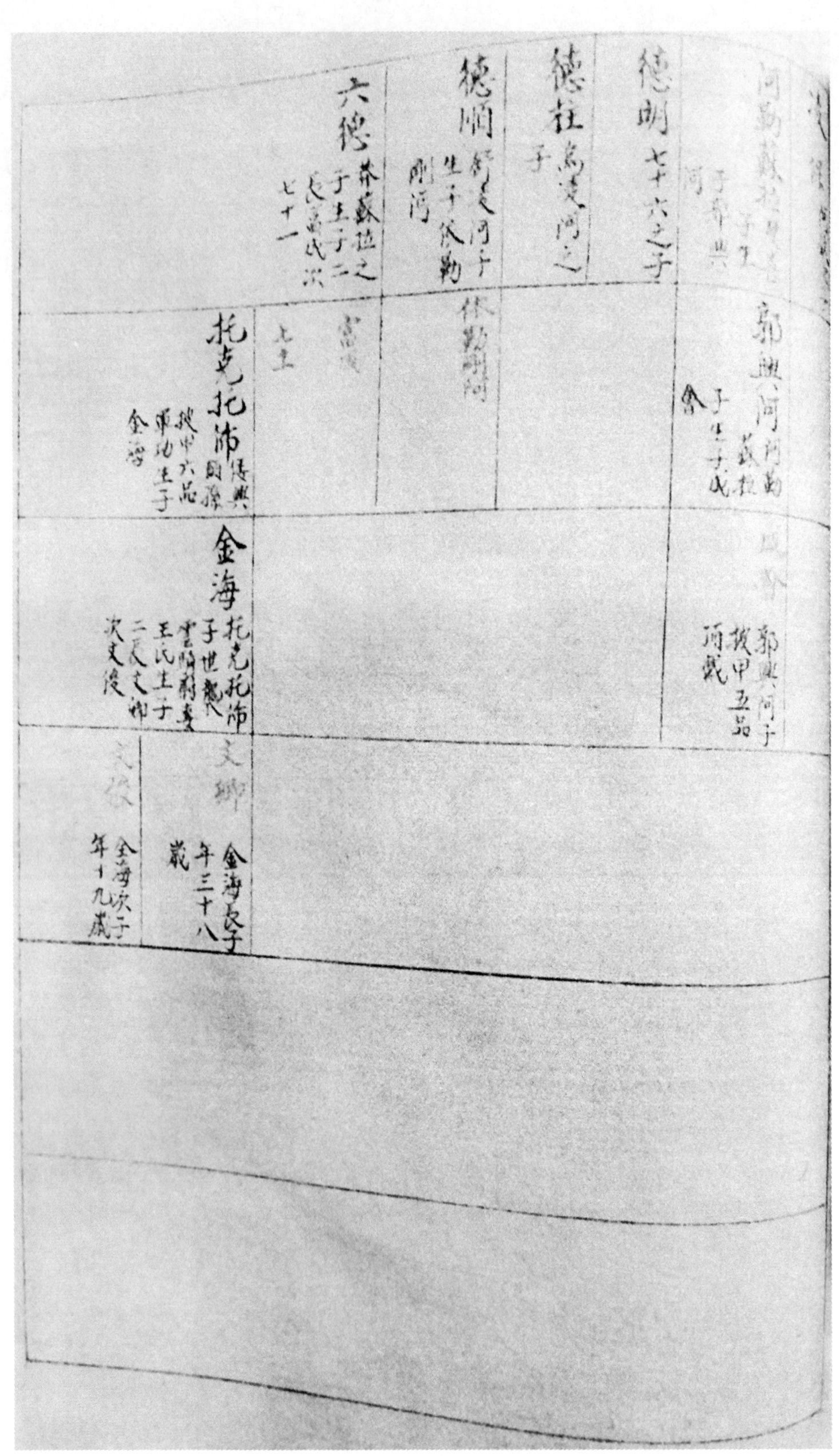

十一世

塔精阿 七十五之子

色克通額 勝精阿生子二 長貴壽 次貴福

闞和 阿林阿子 生子三 長全祥 次阿克敦 三貴亮

十二世

舒林 陞保孫阿 [illegible]生子二 長金陞 次金亮

貴壽 色克通額長子 生子百林

貴福 色克通額次子 生子博林

全祥

阿克敦

貴亮

十三世

金陞 舒林長子 生子文全

金亮 舒林次子

百林

博林

十四世

文全 金陞之子 年三十歲

十五世

十六世

巴延佈 [illegible]孫生子[illegible]豊次子德明山

以上各支按照光緒十四年吉林會譜續入

富陞阿 [illegible]子生子二長全喜次德陞

德明山 巴延佈次子生子三長双柱次全柱三春柱

滿陞 [illegible]子生子二長閣德次閣有

全喜 富陞阿長子曾任[illegible]

閣德 [illegible]

閣有 滿陞次子

雙柱 德明山長子生子英林

全柱 德明山次子生子英山

春柱 德明山三子生子二長英俊次英寶

文哲琿 [illegible]

英林 双柱之子

英山 全柱之子

英俊 春柱長子生子小有年二十六歲

英寶 春柱次子年二十二歲

文麟 文哲琿子[illegible]三十二歲[illegible]

小有 英俊之子年二歲

寶陞 文麟之子年十六歲

十一世	
十二世	事誥封中憲大夫出征江南次生子文哲琿
十二世	**德恆** 富陞阿次子曾由總站官陞授藍翎佐領誥封路武都尉生子二長經文圖次多隆武
十三世	**經文圖** 德恆長子曾充八品站筆帖式妻楊氏生子七長慶安次吉安三鋃安四貴安五祥安六永安七純安
十四世	**慶安** 經文圖長子
十四世	**吉安** 經文圖次子
十四世	**鋃安** 經文圖三子妻姚氏生子紀綱
十四世	**貴安** 經文圖四子
十四世	**祥安** 經文圖五子
十四世	**永安** 經文圖六子
十四世	**純安** 經文圖七子
十五世	**紀綱** 鋃安之子
十六世	

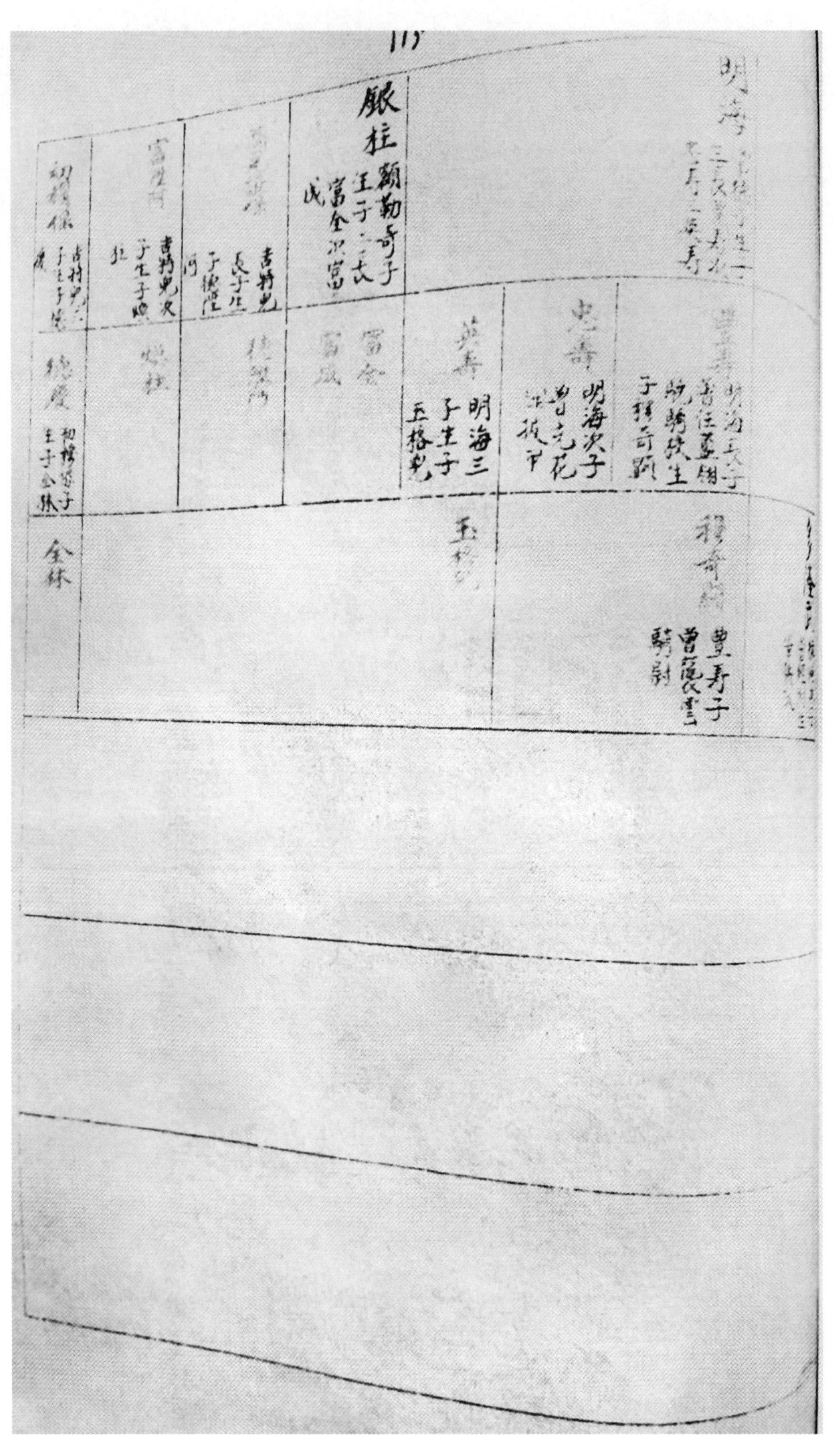

十一世

[illegible] [illegible]次子

常钦保 玛钦保长子

满堂 玛金保次子 生子双喜

苏隆阿 玛金保三子 生子乌钦

英德 玛金保四子 生子成魁

富珠隆阿 德林大子 生子六成

阿尔哈保 [illegible]长子

银尊保 [illegible]次子 生子二 长碑柱 次六保

十二世

双喜 满堂之子 生子二 长富德 次乌成

乌钦 苏隆阿子 生子二 长石头 次石成

成魁 英德子 生子二 长成山 次西特成阿

六成

碑柱 银尊保长子

六保 银尊保次子 生子三 长留锁 次春锁 三金锁

十三世

富德 双喜长子 生子常海

乌成 双喜次子

石头 乌钦长子

石成 乌钦次子 生子魁海

成山 成魁之子 生子庆海

西特成阿 成魁次子 生子荣海

留锁

春锁

金锁

十四世

常海

魁海

庆海

荣海

十五世

十六世

元寶 拉森保子 生子常有

滿子 德爾穆保子 生子德成

瑪哩保 烏雲保子 生子三長崇福次明福三永福

亭保 阿章佈次子 生子石成

常有 元寶子生 子二長常福次常慶

德成

崇福 瑪哩保長子 生子富成

明福 瑪哩保次 子生子二 長富徵次 富魁

永福 瑪哩保 三子生 子富祿

石成

常福 常有長子 生子二長 德泰次德 海

常慶 常有次子

富成 崇福之子 生子保林

富徵 明福長子 生子貴達

富魁 明福次子 生子成林

富祿 永福之子 生子二長 德林次祥 林

德泰

德海

保林 富成之子 披甲

貴達 富徵子雲 騎尉

成林 富魁之子

德林 富祿長子

祥林 富祿次子 披甲

十一世

額珍保 富山保長子生子二長英福次凌福

阿爾保 富山保次子生子三長圖明阿次增蘇三德福

十二世

英福 額珍保長子生子德克登額

凌福 額珍保次子生子三長常[illegible]次常太三常陞

圖明阿 阿爾保長子生子二長常[illegible]次成恩

增蘇 阿爾保次子生子三長隆常次全興三常陞

德福 阿爾保三子生子五長玉[illegible]

十三世

德克登額 英福子生子吉陞

常[illegible] 凌福長子生子保成

常泰 凌福次子生子石成

常陞 凌福三子

常[illegible] 圖明阿長子生子四長富祥次富陽三富昌四富泰

成恩 圖明阿次子

隆常 增蘇長子生子富連

全興 增蘇次子

常陞 增蘇三子

玉連 德福長子生子貴祿

十四世

吉陞

保成

石成

富祥 富陽 富昌 富泰

富連

貴祿

十五世

十六世

依欽保　富申保三子生子清海

薩成保　富申保四子生子隆福

占保　富爾丹保子生子達桑阿

格保　伍克通保長子生子常明

清海　依欽保子生子二長倭恒額次文陞額

隆福　薩成保子生子常恩

達桑阿　占保子生子林顯爾

常明　格保子生子吉慶

[illegible]

雙林　德福三子

文俊　德福四子

榮俊　德福五子

倭恒額　清海長子生子恩慶

文陞額　清海次子生子二長崇泰次崇陞

常恩　隆福子生子景成

林顯爾　達桑阿之子

吉慶

恩慶

崇泰

崇陞

景成

十一世

格柱 [illegible]次子 生子隆七

奇朗阿 雙久長子 生子二 長永斌 次吉斌

奇隆阿 雙久次子 生子保斌

奇[illegible]隆阿 雙平長子 生子三 長雅昌 [illegible]雅邑

奇朗阿 雙平次子

十二世

隆七 格柱子 生子三 長雙慶 次隆慶 三魁慶

永斌 奇朗阿長子 生子三 長希春佈 次希林佈 三希安佈

吉斌 奇朗阿次子 生子二 長德年額 次德陞額

保斌 奇隆阿子

雅昌 奇隆阿長子

雅邑 奇隆阿次子

十三世

雙慶 隆七長子 雲騎尉

隆慶

魁慶

希春佈 永斌長子 字清平 五十七歲

希林佈 永斌次子 字瑞屺 年五十三歲

希安佈 永斌三子 字介臣 年三十二歲

德年額 吉斌長子

德陞額 吉斌次子

十四世

關銘 希春佈子 年三十六歲

關連 希林佈長子 年三十二歲

關陞 希林佈次子 年三十歲 生子關鎮華

關鋒 希安佈子 生子關鋒

此户住京

十五世

鎮華 關陞子 年四歲

十六世

以下係依拉欽祖俱在興額溫徹和屯及本街東江沿朱家屯等處居住

阿林圖 安奇保子殁生子富陞

富陞 阿林圖子殁生子四長德克精額次富隆阿三克精額四烏凌阿

德克精額 富陞長子披甲生子三長明山次同福三富保

明山 德克精額長子殁曾經披甲出征江南等處打仗出力賞給七品頂戴在軍營立功後病故尚未部請卹生子一支雙林

雙林 明山之子生於道光十九年三月十六日吉時娶濮氏生子四長春壽次春育三春和四春海

春壽 雙林長子六品頂戴披甲生於同治二年二月二十六日吉時娶濮氏生子喜忠

雙林次子生於同治十一年二月二十八日吉時娶吳氏生子二長喜陞次喜和

十一世

十二世

十三世

十四世

同福 德克精額次子，殁。曾經從軍出征江南等處，長一次，食半餉。生子雙祿。

十五世

雙祿 同福長子，殁。生於道光二十七年十一月十五日吉時，故於光緒二十三年十四月。

十六世

春泰 雙祿三子，生於光緒六年十二月二十六日吉時娃，子喜貴。

春海 雙祿四子，生於光緒十二年八月二十四日吉時，娶和氏，生子喜成。

春榮 雙祿子，生於同治十三年九月二十九日吉時，娶關氏，生子吉祿。

霍隆額 富陞次子殁生子二長依立佈次湊什佈

依立佈 霍隆額長子殁生子三長連柱次常柱三玉柱

富保 德克精額三子殁曾經披甲出征江南在軍營病故生子双連

二十八日娶尚氏生子二長春崇次春斌

雙連 富保子殁生於同治八年十二月十五日吉時故於光緒三十一年四月二十六日娶吳氏生子春恒

連柱 依力佈長子生於咸豐八年三月二十五日吉時繼子吉祥

常柱 依力佈次子生於同治七年三月十四日吉時

玉柱 依力佈三子生於同治十二年七月初十日吉時

春斌 雙良次子生於光緒十四年三月十五日吉時

春恒 雙連子生於光緒二十八年十月十五日吉時

吉祥 連柱子生於光緒十四年十一月初一日吉時

十二世			
十三世		倭克精額 富隆三子殁生子順德	烏凌阿 富隆四子殁曾經披甲出征江南在金陵陣亡未奉議卹生子二長順太次明安
十四世	倭什佈 富隆次子殁曾經披甲出征江南六和縣陣亡未奉議卹生子索拄	順德	順泰 烏凌阿長子殁生子五長雙全次雙有三雙海四雙春五雙德
十五世	索柱 倭什佈子殁生於道光二十六年二月初八日吉時故於光緒十七年月日妻趙氏生子金祥		雙全 順太長子殁生於道光二十五年四月初十日吉時妻李氏生子二長吉慶次吉凌
十六世	金祥		吉慶 吉凌

雙有 順太次子 生於道光二十八年十月二十九日吉時 娶崔氏 生子二 長連海 次錫海

雙海 順太三子 歿

雙春 順太四子 生於同治三年三月初十日吉時 現充披甲 六品頂戴 繼子吉海

雙德 順太五子 歿

明安 尚泰阿次子 娶 氏 生子雙成

雙成 明安子 生於同治十一年十月

連海 錫海

吉海

常有

十一世	克什佈 席吉成長子殁曾授防禦無嗣	七十六 席吉蘇次子殁曾經城中生子金太	明祿 卜章太子殁曾任筆帖式無嗣	納欽 卜爾太長子殁曾任驍騎校娶蘇哈曾氏
十二世		金泰 七十六子殁曾經披甲出征江南在金陵陣亡未奉議卹無嗣		尼克通阿 納欽長子殁生子崇魁
十三世				崇魁 尼克通阿子曾經披甲七品
十四世				錫連額 崇魁子生於民國元年六
十五世	十八日吉時娶吳氏生子三長常有次常陞三常全			
十六世	常醒　常全			

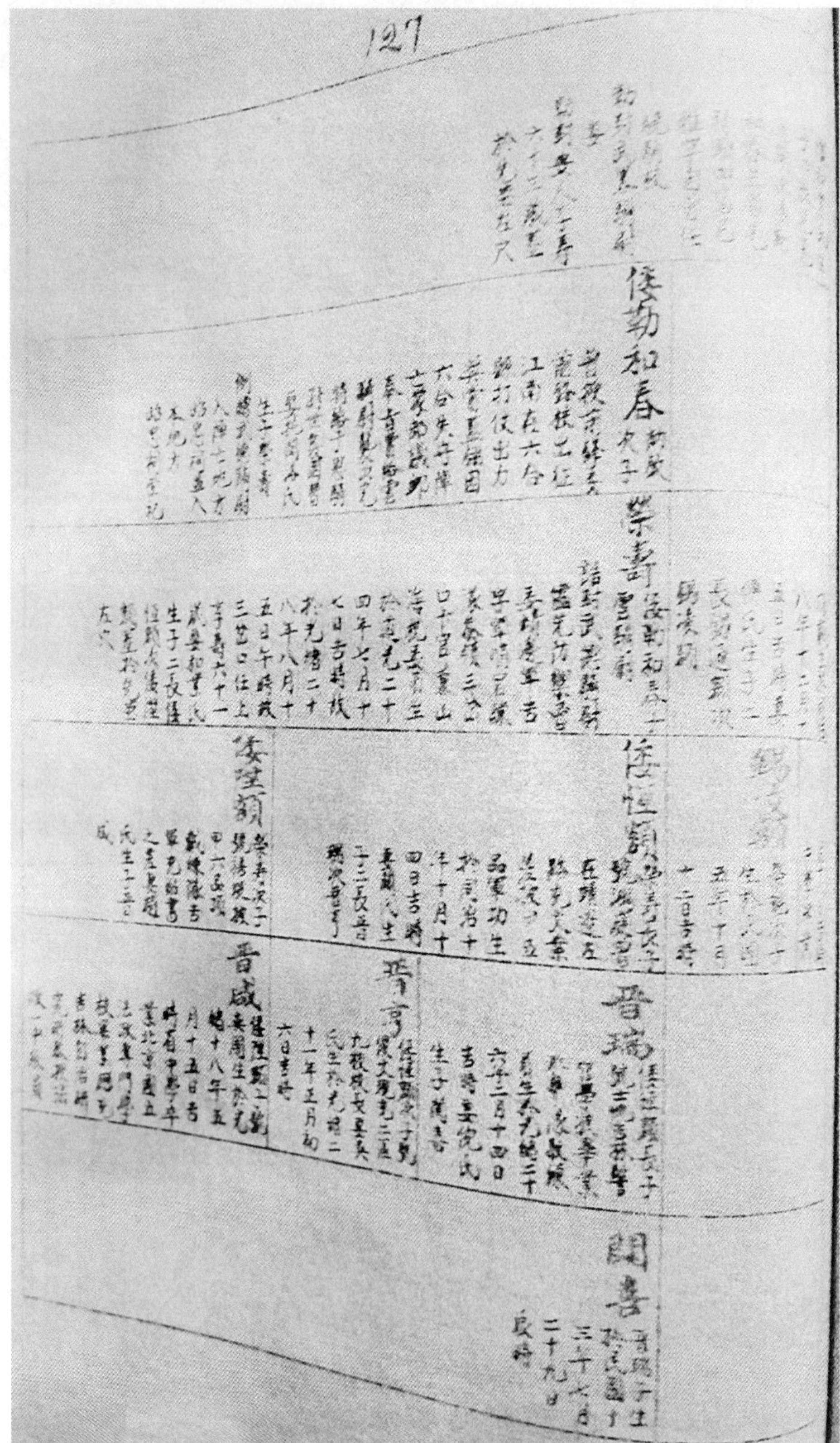

十一世

十二世

富克精阿 訥欽三子生子榮恩

富尼雅翰 訥欽四子披甲出征江等處一次在揚州打仗出力蒙獎賞五品藍翎娶傅察氏生子二長榮常次榮康

十三世

榮恩 富克精阿子字羲漸曾任右司筆帖式五品藍翎年滿教習生於咸豐十一年七月十一日吉時故於光緒十一年五月初五日丑時娶于氏生子鵬靖

榮常 富尼雅翰長子披甲五品頂戴右司委筆帖式生於道光二十八年六月二十日吉時故於光緒十四年五月初十日娶傅察氏生子和成額

十四世

鵬靖 榮恩子號毅五生於光緒十四年八月初五日吉時娶孟氏北京參謀大學卒業曾任阿什河參謀長吉省督軍署參謀奉天一等參謀兼軍需處處長八旅參謀長現任總司令長官軍令廳第三處第一科科長東講武堂教官中將繼關氏

和成額 榮常子生於光緒九年九月初七日吉時娶那氏生子三長晋祥次晋凱三晋康

十五世

及延吉道署教育科科員自治講習所教務主任寧安縣立女子中學及省立四中國文兼黨義教員現任寧安縣政府村政指導員兼民衆教育館館長

晋祥 和成額長子生於宣統二年十月二十三日吉時

晋凱 和成額次子生於民國元年十二月初七日吉時

晋康 和成額三子民國十四年十四月初七日吉時生人

十六世

127

訥蘇 卜蘭太次子 由曾任驍騎校 勅封武翼騎尉 原[illegible]八旗 本[illegible]生氏 勅封安人[illegible] 子五 長托克通阿 次薩克達阿 三[illegible]隆武 四明圖 五托[illegible]阿

托克通阿 訥蘇長子 披甲 生子三 長榮林 次榮陞 三成福

榮林 托克通阿長子 披曾經披甲 藍翎出征江南六合縣陣亡 未奉議郎

榮陞 托克通阿次子 披曾經披甲 部委筆帖式 出征山東 在曹州陣亡 未奉議郎

成福 托克通阿三子

榮康 [illegible]次子 披曾經披甲 六品頂戴 生於同治五年九月十一日吉時 娶楊氏 生子和明

和明 榮康子 生於光緒二十二年十一月初七日吉時 娶閻氏 生子晉昕

晉昕 和明長子 生於民國十五年十月十一日吉時

十一世

德春 卜蘭太三子，曾任少蘭站學帖式，妻吳氏，生子四：長雙成，次雙玉，三喜成，四貴成

十二世

蘇克通阿 納蘇次子，係披甲，六品頂戴，出征江南，在六合縣陣亡，未有承襲，生子榮喜

多隆武 納蘇三子，係披甲，右司，妻關佳

瑚爾凌阿 納蘇四子，披甲，六品頂戴

納蘇五子，披甲

雙成 德春長子，係花翎披甲，協領銜，記名佐領，主事銜，帶兵，補營總官，生於同治元年 月 日吉時，妻吳氏，生子榮春

雙玉 德春次子，係披甲，五品軍功，靖邊軍哨長，妻傅氏，生子二：長榮和，次慶全

德春三子，妻孫氏，子慶林

貴成 德春四子，妻 氏，子慶禎

十三世

榮喜 蘇克通阿子，由披甲出征關場、甘肅等處兵二次，打仗出力，獎賞藍翎

榮春 雙成子，妻郎氏，生子保山

雙玉長子，係陸軍副官，妻白氏，生子保興

雙玉次子，妻孔氏，子保林

喜成子，妻徐氏，繼室傅氏，生子保德

貴成子，妻曲氏

十四世

榮春子

榮和子，生於光緒二十一年八月十四日吉時，陸軍少尉，法官兼軍需長

慶全子

慶林子，生於民國十三年八月二十三日吉時

十五世

十六世

依興阿□子□□

曾任防禦
誥封武翼□□
娶妻□勒
佳氏繼王
氏
誥封宜人生
子二長吉
勒塔渾次
慶凌高壽
六十五歲
塟於尤壟
左穴

吉勒塔渾 依興阿長子

曾經披甲
出征江南
打仗出力
委前鋒騎
校在金陵
營金山陣
亡蒙部議
郎奉
旨賞雲騎尉
襲次完時
給予恩騎
尉世襲罔
替娶瓜勒
佳氏生子
榮祿
賜贈武德騎
尉入祀今
慶昭忠祠
並入祀渾
亡府城
昭忠祠崇祀

慶凌 依興阿次子

曾經披甲出
去出征山東歷
□□在□□病
故□□[illegible]

榮祿 吉勒塔渾子承襲恩騎尉

雲騎尉生
於咸豐三
年八月初
十日吉時
故於宣統
元年二月
初六日申
時娶□氏
無嗣

十一世	十二世	十三世	十四世	十五世	十六世
潤普通武 和普陈子殁披甲长委官生子訥普潤	訥普潤 潤普通武子殁生子三长温冲武次玉和三玉慶	温冲武 訥普潤长子殁曾經披甲生子二长英成次英順	英成 温冲武长子殁生子金海	金海 殁	
			英順 温冲武次子殁曾經披甲七品顶戴出征盛京张登等處兵一次		
		玉和 訥普潤次子殁			
		玉慶 訥普潤三子殁			
依勒春 巳延佈子殁曾經披甲生子德雲	德雲 殁				

沙[illegible]歿生子伯福

伯德 [illegible]長子[illegible]歿生子二長永明阿次岳威保

永明阿 伯德長子歿生子三長英福次英祥三英喜

英福 永明阿長子歿生於咸豐四年九月十四日吉時故於光緒二十六年二月二十六日妾徐氏繼子清泉

英祥 永明阿次子生於咸豐十一年二月二十五日吉時娶傅氏生子二長青山次忠雲

英喜 永明阿三子歿生於同治二年九月十五日吉時歿於民國二年四月十三日娶郭氏生子一

清泉 英福子生於光緒二十五年二月十二日吉時

青山 英祥長子生於光緒十三年九月初六日吉時娶王氏生子慶庚

忠雲 英祥次子生於光緒三十二年正月初六日吉時現充海軍第七旅二十四團獨立連連長娶高氏

壽福 英喜長子生於光緒二十八年五月二十九日吉時

慶庚

十一世

十二世

十三世

岳崴保 伯福次子，殁生子二，長英安，次英魁

十四世

二，長青瑞，次青雲

英安 岳崴保長子，殁生於道光二十一年十一月初十日吉時，故於同治八年八月初十日，妻闫氏，繼子青槐

英魁 岳崴保次子，殁生於咸豐十年九月二十日吉時，故於光緒二十九年五月初三日，妻吳氏，生子清海

十五世

英喜次子，生於光緒三十三年十月二十日吉時，妻傅氏，生子慶辛

英安子，生於光緒二十七年正月十六日吉時，妻楊氏，生子學吉

英魁子，生於光緒十年三月二十四日吉時，妻楊氏，生子二，長學臣，次學岦

十六世

135

[illegible]長子生子一 金福

金福 [illegible]長子

德順 泰和同子 孜曾經被 甲生子二 長都隆額 次喜登額

都隆額 德順長子 改生子二 長三德兒 次榮祥

三德兒 都隆額長子生子三長成祥次成魁三成喜

榮祥 都隆額次子 生於道光二十九年七月十五日娶關氏生子二長成壽次成祿

成祥 三德兒長子生於同治二年七月十九日吉時娶李氏

成魁 三德兒次子曾經被甲七品頂戴生於同治六年十二月初九日吉時娶張氏

成喜 三德兒三子生於同治十二年正月十五日吉時

成壽 榮祥長子

成祿 榮祥次子

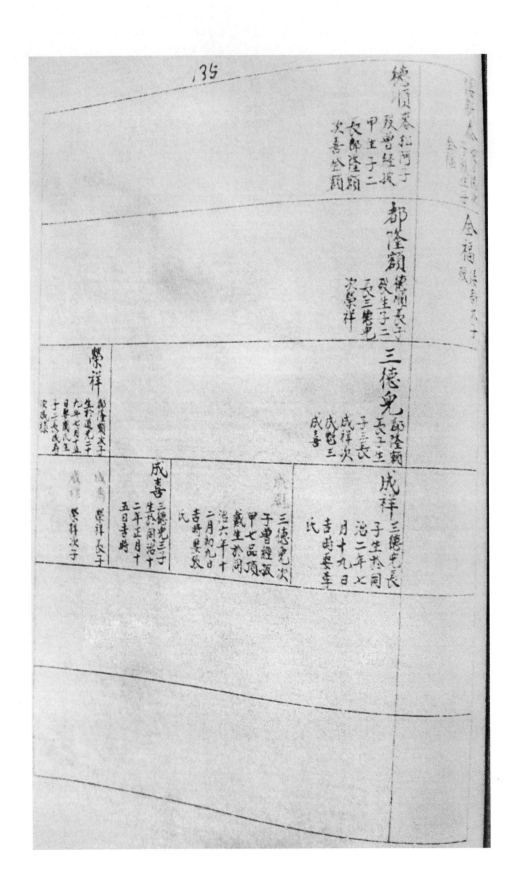

138

十一世

烏雲保　常保子　茂生子　已足佈

闊新保　寶古台長子　後嗣無考

德克金保　寶古台次子　後嗣無考

十二世

喜登額　德順次子　領催　經政甲　生子常林

烏雲保子　禾科里福　後嗣無考

十三世

常林

十四世

十五世

十六世

色清額 [illegible]子曾任佐領 [illegible] 封武翼都尉 妻名色欽特奇 [illegible] 蘇完 [illegible] 瓜爾佳氏 誥封夫人 生子三 長恒福 次恒林 三恒春

恒福 色清額長子 藍翎驍騎校 妻伊爾根覺羅氏 誥封宜人 生子毓康

恒林 色欽次子 號古岩 曾任五品藍翎筆帖式 記名主事 候補直隸州 誥封奉直大夫 妻查氏 生子毓崑

恒春 色欽三子 號小年 曾任琿春副都統[illegible]功

毓康 恒福子 號泉 曾任琿春防禦 在滿故 誥授武德騎尉 妻蘇氏 誥封宜人 以堂弟毓明子東祧

毓崑 恒林子 五品藍翎 號字步岩 年五十三歲 妻[illegible]氏

毓明 恒春長子 號錫齋 曾任藍翎佐領 署琿春

文格 毓明子 監生 [illegible]年四十歲 妻他塔喇

福泉 文格長子 年六歲

十一世

色普精額
富隆
額次
子生子四
長貴成次
貴春三吉
升四恒慶

十二世

花翎康品
休致驍校
建威將軍
娶赫圖氏
誥封夫人第
辦河南三
省欽差大
臣伊公松
之堂侄
女生子二
長毓明次
毓清

貴成
色普精額
長子娶吳
氏生子毓
恩

貴春
色普精額
次子娶吳

十三世

在京兵協領
誥封武翼
都尉年六十
二歲娶呢嗎
察氏鑲黃旗
林覺羅氏伊
犁新疆欽
差大臣將軍
金公順堂侄
女
誥封淑人
生子文格

毓清
恒春次子
號仲泉附
生保送通
判中央國
立法政專
門大學卒
業娶向氏
生子文達

毓恩
貴成之子
年四十歲

毓祥
貴春之
子無嗣

十四世

氏生子二
長福康次
祿康

文達
毓清子監
生領催年
二十五歲
娶瓜爾佳
氏生子隆
康

十五世

祿康
文格次子
年三歲

隆康
文達子年
三歲

十六世

157

[illegible]

[illegible]次子 [illegible]中六品 [illegible]年八十二歲 妻[illegible]氏 生三子 長文[illegible] 次秀臣 三俊剛

[illegible]三十三歲 妻[illegible]氏 生子二 長鳳鳴 次常保

秀臣 毓順次子 年四十歲 妻王氏 生子四 長鳳仁 次鳳儀 三鳳禮 四鳳智

俊剛 毓順三子 年三十七歲 妻吴氏 生子二 長常鳴 次小桂

[illegible]長子 年十三歲

常保 文廣次子 年四歲

鳳仁 秀臣長子 年十六歲

鳳儀 秀臣次子 年十歲

鳳禮 秀臣三子 年八歲

鳳智 秀臣四子 年五歲

常鳴 俊剛長子 年八歲

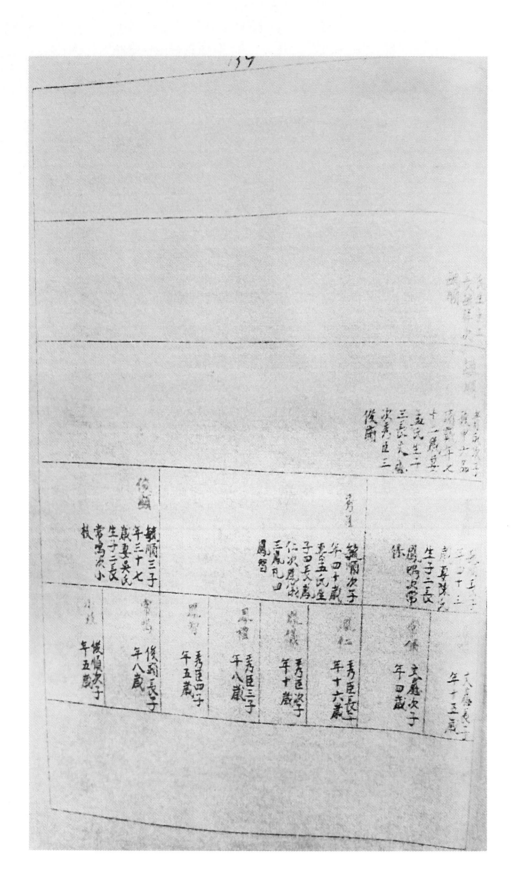

小桂 俊剛次子 年五歲

十一世

永安 和興額子 生子依爾嘎春

十二世

吉陞 色普精額三子 妻孟氏 生子毓斌

恒慶 色普精額四子 妻趙氏 生子毓平

依爾嘎春 永安子 附生 妻倪氏 生子二 長毓山 次毓昌

十三世

吉陞之子 妻劉氏 生子二 長文彬 次文輝

毓平 恒慶之子 生子二 長文炳 次文煥 記名防御

毓山 依爾嘎春長子 披甲 妻閻氏 生子德貴

毓昌 伊爾嘎春次子 披甲 妻[illegible]氏 生子喜貴

十四世

文彬 毓斌長子 年二十七歲

文輝 毓斌次子 年十二歲

文炳 毓平長子 年二十八歲 妻閻氏 生子二 長繼漢 次常太

文煥 毓平次子 年二十六歲 妻張氏 子斗拜

德貴 玉山子 廂催 妻李氏 繼子景良

喜貴 毓昌子 監生 妻袁氏 以紀光德貴之子東祧

十五世

繼漢 文炳長子 年十三歲

常太 文炳次子 年四歲

斗拜 文煥子 年二歲

景良 德貴子 年二十六歲 妻王氏

十六世

珠隆阿 [illegible]

舒新当阿 [illegible]

[illegible]

乌当阿 [illegible]

[illegible]

阿当阿 [illegible]

[illegible]

十一世 奇成阿 [illegible] 次子成

[illegible] 常普肯 阿子孝 宗成

烏勒滾 氏子孫 子孫生六子長蘇明阿 次永德 三崇喜 四常海 五六德

十二世 索成

蘇明阿 烏勒滾長子殁生子常陞

永德 烏勒滾次子生子石柱

崇喜 烏勒滾三子殁生子玉柱

常海 烏勒滾四子

六德 烏勒滾五子生子二長春福次常福

十三世 常陞

石柱 永德子生子三長景山次成山三凌山

玉柱

春福 常福

十四世 景山 成山 凌山

十五世

十六世

143

全保 生子二 长萨炳阿 次乌克春

萨炳阿 全保子 披甲 生子四 长哈哩德 次依陞德 三依陞保 四德精山

乌克春 全保次子 披甲 生子德克精佈

哈哩德 萨炳阿长子 生子春保

依陞德 萨炳阿次子 生子永魁 康魁

依陞保 萨炳阿三子 生子常魁

德精山 萨炳阿四子 生子二 长庆魁 次庆云

德克精佈 乌克春子 生子三 长英魁 次双魁 三恩魁

春保 哈哩德子 生子钟云

永魁 依陞德长子 生子钟海

康魁 依陞德次子 生子钟和

常魁

庆魁

庆云

英魁

双魁

恩魁

钟云

钟海

钟和

十一世

烏勒滾泰　立柱次子，妻富，生子富成

全德　立柱三子

和山　立柱四子，殁，生子二，長富魁，次富壽

巳壹　烏龍呢子，殁，生子阿爾琥

十二世

富成　烏勒滾泰子，殁，生子德福

富魁　和山子，生子二，長春索，次連春

富壽　和山次子，殁，生子常安

阿爾琥　巳一子，殁

十三世

德福　富成子，殁，生子二，長榮恩，次榮喜

春魁　富魁長子，生子二，長恩喜，次恩福

連春　富魁次子

常安　富壽子，生子三，長恩明，次恩慶，三恩祥

十四世

榮恩　榮喜

恩喜　恩福

恩明　恩慶　恩祥

春璽　阿爾琥孫

十五世

十六世

富色保

富新保次子生子丙慶

雙九 托克新長子

春林 托克新次子

全山 托克新三子

成保 托克新四子

成慶 富色保子生子二長雙成次春有

雙成

春有

次文興

多倫河次子生子文和

多倫河三子生子二長文瑞次文慶

文和

文瑞

文慶

十六世	十七世	十八世	十九世	二十世	二十一世
俊隆 和春子，生於咸豐八年□月□日吉時，娶黨氏，生子唐武	唐武 俊隆子，生於光緒十三年七月□日吉時，娶謝氏，生子桂禮、桂書	桂禮 唐武長子，生於宣統三年四月初七日吉時，娶吳氏			
		桂書 唐武次子，生於民國十五年四月十六日吉時			
永隆 國喜長子，生於光緒二十四年九月二十日吉時，娶何氏	俊德 永隆長子，生於民國十七年六月二十七日吉時				
	俊玉 永隆次子，生於民國十九年四月初四日吉時				
永魁 國喜次子，生於光緒二十六年十一月二十二日吉時					
承乾 順喜三子，生於宣統二年四月初五日吉時					

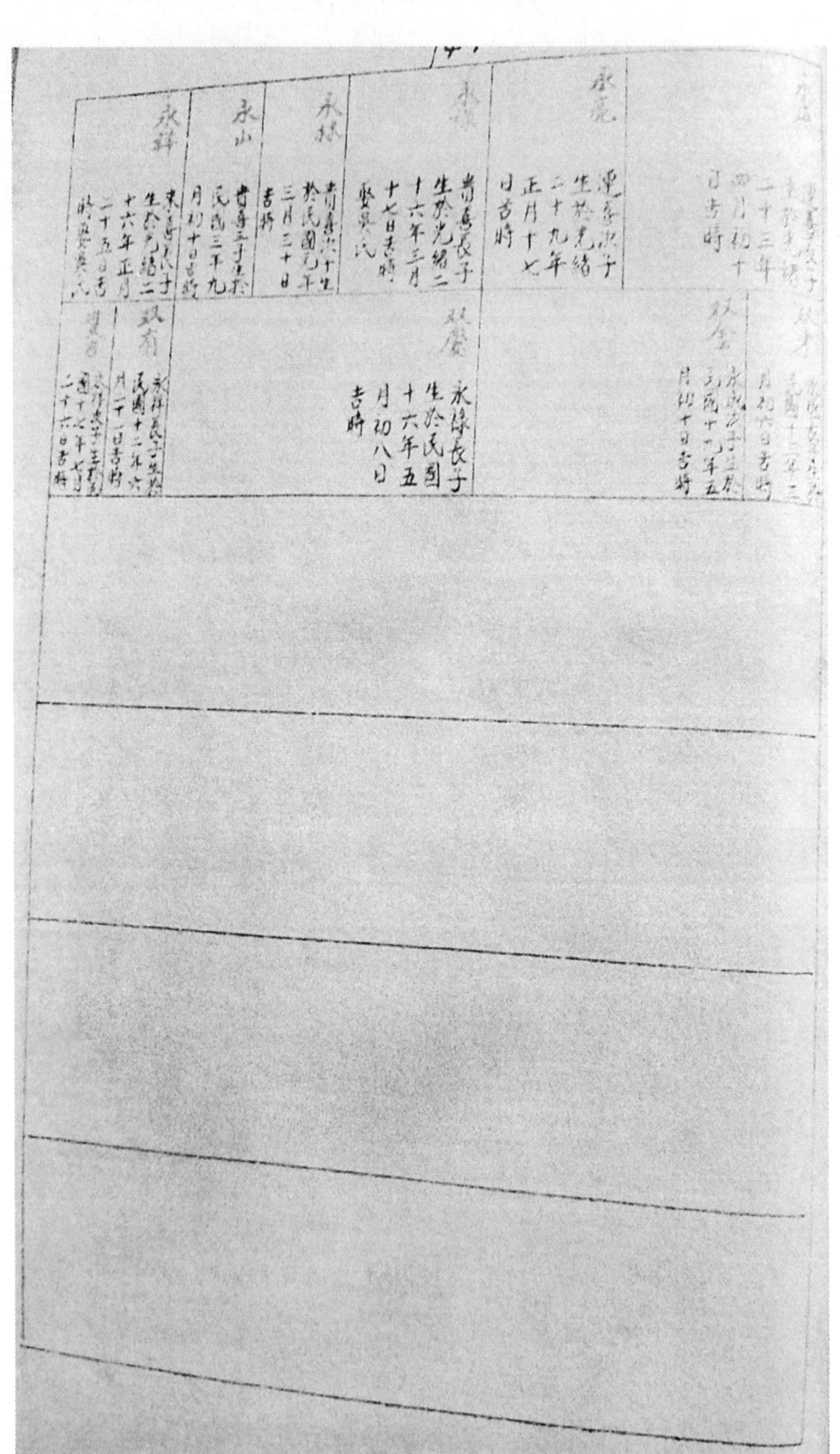

永□
□□次子生於光緒二十三年四月初十日吉時

永亮
運喜次子生於光緒二十九年正月十七日吉時

永祿
貴喜長子生於光緒二十六年三月十七日吉時娶吴氏

永林
貴喜次子生於民國元年三月三十日吉時

永山
貴喜三子生於民國三年九月初十日吉時

永祥
東喜長子生於光緒二十六年正月二十五日吉時娶吴氏

双才
永□長子生於民國十二年三月初六日吉時

双全
永□次子生於民國十九年五月初十日吉時

双慶
永祿長子生於民國十六年五月初八日吉時

双有
永祥長子生於民國十二年六月二十一日吉時

双□
永祥次子生於民國十七年七月二十六日吉時

十六世

永和 永喜次子生於光緒三十三年五月二十日吉時

永全 永喜三子生於宣統元年七月十八日吉時

永春 永喜四子生於民國九年十月二十日吉時

永福 永喜五子生於民國十三年正月二十三日吉時

富春 德祥長子前清宣統三年八[illegible]生

十七世

樹鐵 富春之子生於民國八年十二月初[illegible]

十八世

十九世

二十世

二十一世

入江司務長又陞離長續陞運長以出力獎以步兵上尉又改補另充運長曾任軍官多年娶高氏生子閏溎

鍾祺 崇魁子生於光緒二十七年十二月 日亥時

十六世

毓[illegible] [illegible]子生于宣统三年正月二十五日吉时

毓勤 文鹏子生于光绪二十二年十一月十七日吉时

双海 吉祥子生于同治十二年四月十五日吉时娶[illegible]氏生子文亮

双全 依祥子生于光绪十九年四月初二日吉时娶柳氏生子文魁、文祺

双和 富祥子生于光绪八年八月初三日吉时娶关氏生子文秀

十七世

文[illegible] 毓勤子生于民国十年

文亮 双海子生于光绪十八年八月二十三日吉时娶薛氏

文魁 双全子生于宣统四年八月初八日吉时

文祺 双全次子

文秀 双和子

十八世

十九世

二十世

二十一世

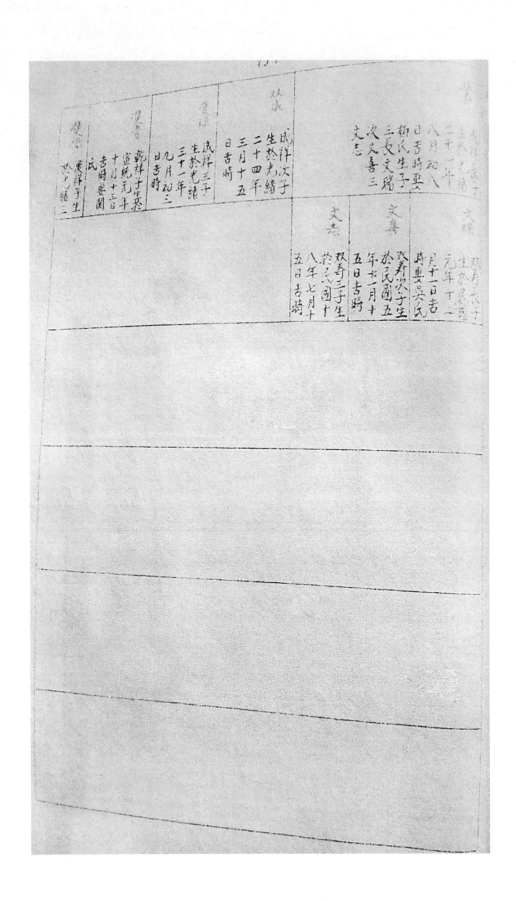

十六世

十四年正月二十一日吉時

慶山　慶祥次子

[illegible]　鳳祥子生於光緒三十三年正月十八日吉時

[illegible]　鳳祥子

[illegible]　鳳祥子

[illegible]福　毓祥子生於光緒二十二年四月二十二日吉時

[illegible]宗　凌祥子生於民國二年正月初

十七世

十八世

十九世

二十世

二十一世

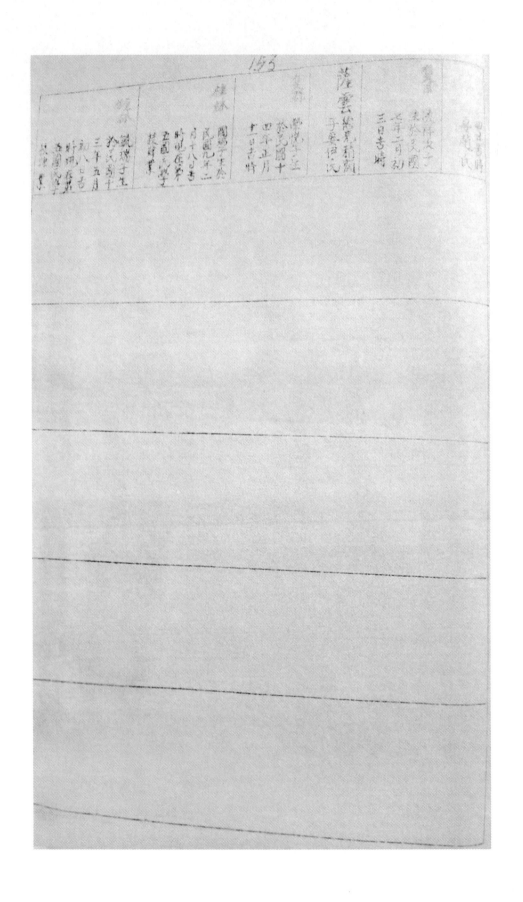

十六世	[illegible] 俭瑞子生於民國十年十二月二十八日吉時	[illegible] 文瑞子生於民國十七年八月十二日吉時	[illegible] 維瑞子生於民國十七年八月十三日吉時	[illegible] 陞瑞子生於民國十一年九月十二日吉時	[illegible] 陞瑞次子生於民國十四年十月初九日吉時	[illegible] 維瑞子次民國十年十月十一日吉時
十七世						
十八世						
十九世						
二十世						
二十一世						

135

裕謙

錫瑞長子號綍然生於光緒二十年正月初八日子時在盛安道立中學肄業期內歿於民國六年二月二十一日娶傅氏繼子文森

裕康

錫瑞次子號治國吉林省立第四中學畢業現充盛安縣立模範學校教員生於清光緒三十三年六月二十六日吉時娶関氏生子二長文森繼與長兄次福森

裕[illegible]

賡瑞子字維民現在幼稚

文森

裕謙子生於民國十四年正月初五日午時

福森

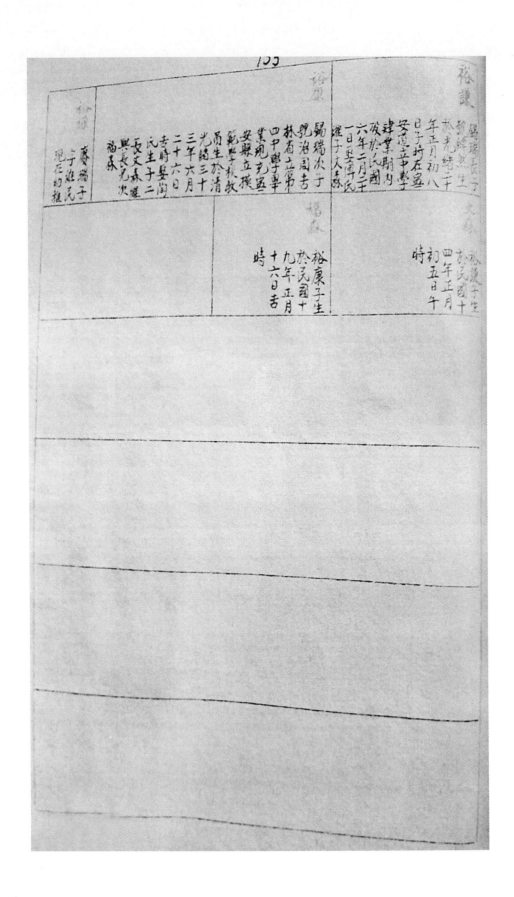

裕康子生於民國十九年正月十六日吉時

十六世

[illegible]於民國十五年十月十四日吉時

[illegible]瑞子字文仁生於民國十七年六月二十八日吉時

[illegible]瑞子字秉鈞生於民國十七年五月十三日吉時

桐瑞長子字宏遠生於民國十八年五月二十日吉時

桐瑞次子字容衆

十七世

十八世

十九世

二十世

二十一世

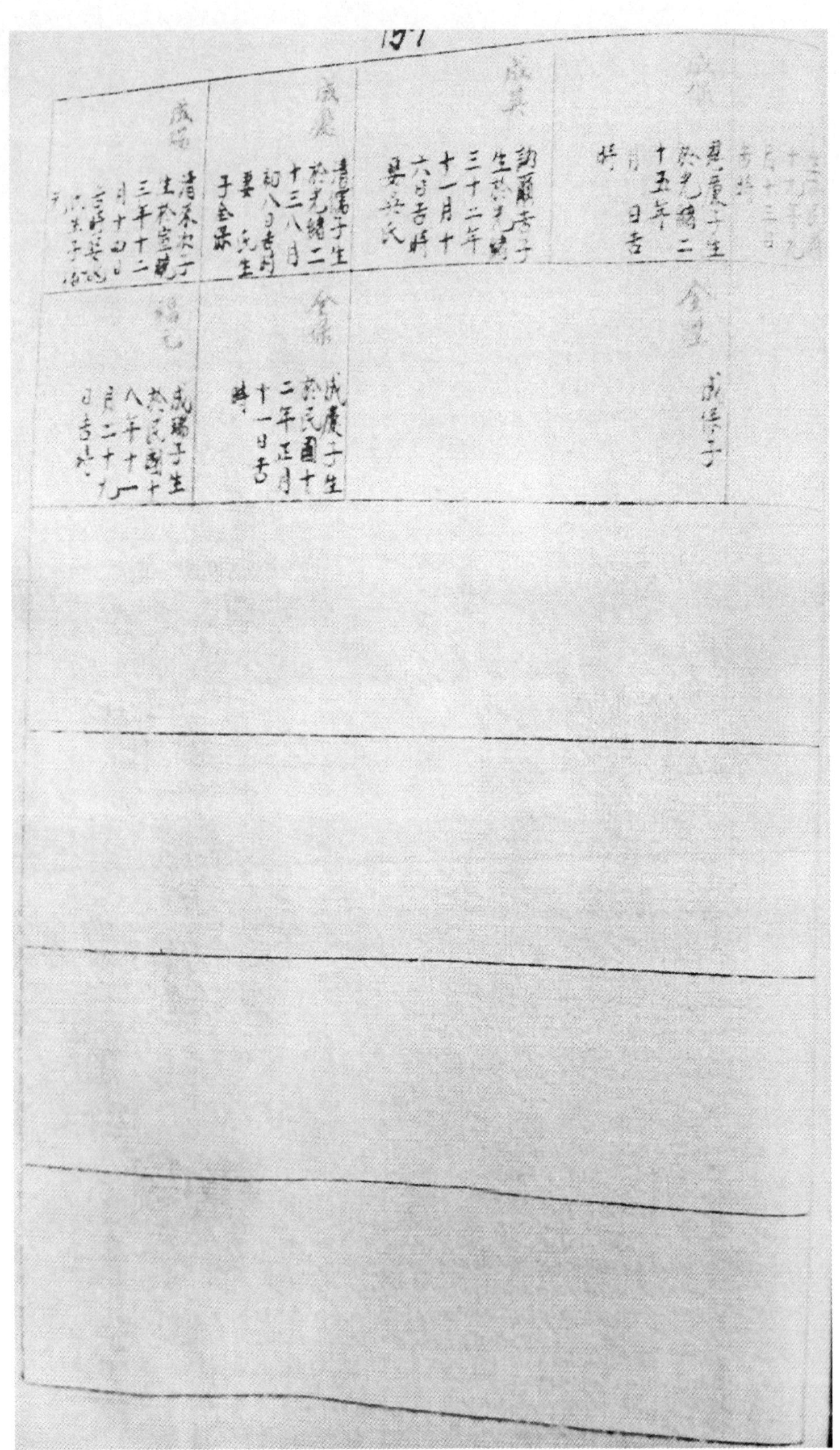
151

[illegible]十九年九月十三日吉時

成保
恩慶子生於光緒二十五年月日吉時

成英
勁顧長子生於光緒三十二年十一月十六日吉時娶吳氏

成慶
清瑞子生於光緒二十三八月初八日吉時娶氏生子金保

成福
清春次子生於宣統三年十二月十四日吉時娶氏生子福元

金堂
成保子

金保
成慶子生於民國十二年正月十一日吉時

福元
成瑞子生於民國十八年十一月二十九日吉時

十六世	成亮 清連子生於光緒二十六年四月十五日吉時	[illegible] 青魁子生於宣統三年三月三十日吉時	成鎮 清貴子生於光緒三十年正月初三日吉時娶陶氏	[illegible] 永亮長子生於光緒二十八年十一月二十日吉時娶安氏
十七世		[illegible] 成海子生於民國十八年六月十八日吉時		
十八世				
十九世				
二十世				
二十一世				

37

金明 永盛子生於民國四年二月初九日吉時	金庫 永金子生於民國九年十二月初五日吉時	金鵬 永吉子	金山 永旺長子生於光緒三十四年五月二十一日吉時	……三十三年十一月二十二日吉時
			長溥 金山子生於民國 年十二月二十五日吉時	

十六世	金海 永端次子生於民國七年三月二十日吉時	金存 永祿子生於民國十八年十二月二十三吉時	樹德 貴海子生於民國十年正月初四日吉時	[illegible]吉 金懋長子生於光緒三十四年六月十六日吉時
十七世				
十八世				
十九世				
二十世				
二十一世				

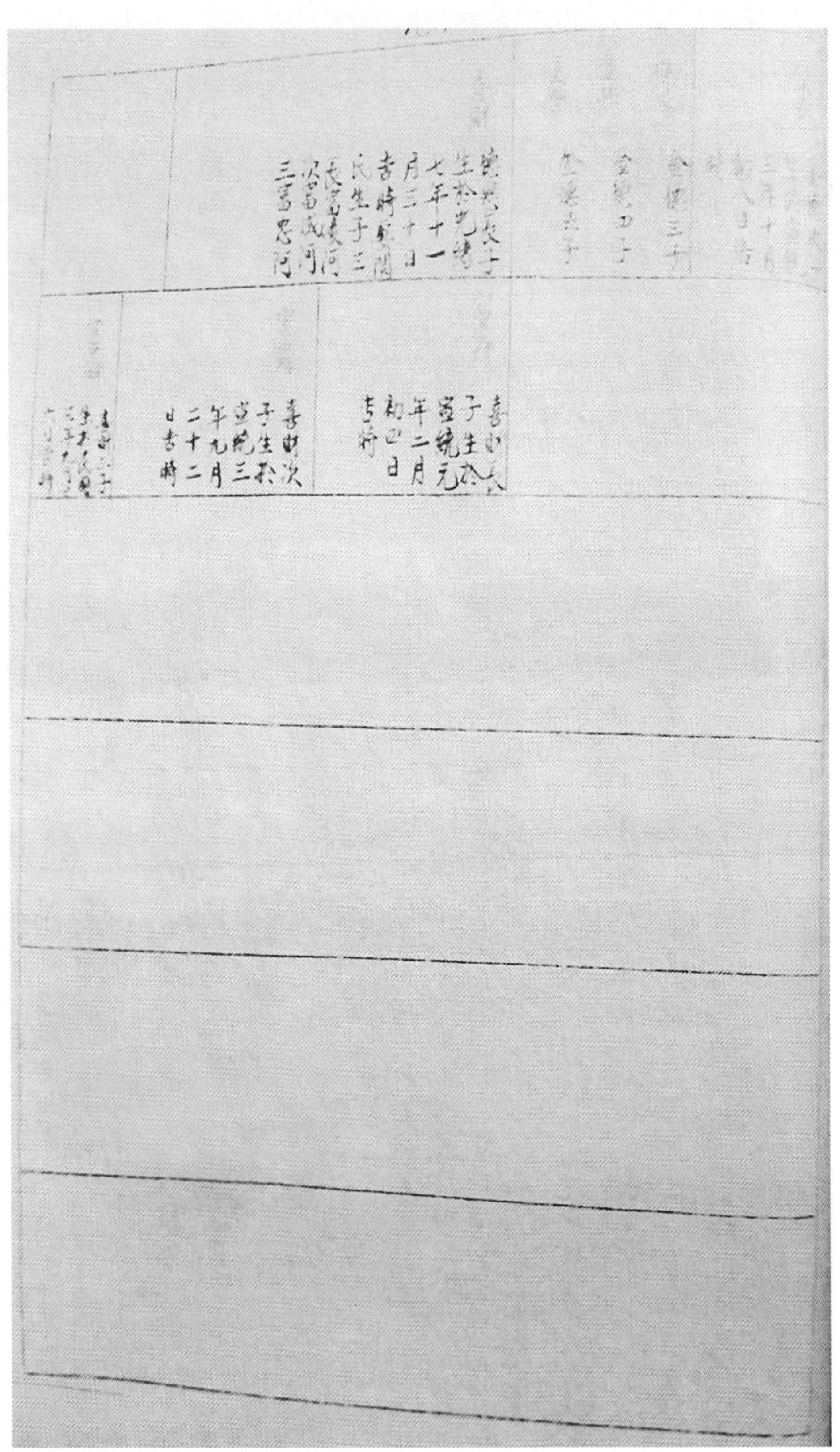

十六世

德恩次子生於光緒二十一年正月二十四日吉時

德恩三子生於光緒二十七年二月二十九日吉時

傅多次子生於光緒二十一年十月二十四日吉時娶孟氏生子四長喜祥次喜庫三喜安四喜儒

十七世

双順長子生於光緒六年十月二十九日吉時

双順次子生於民國九年四月初五日吉時

双順三子生於民國

十八世

十九世

二十世

二十一世

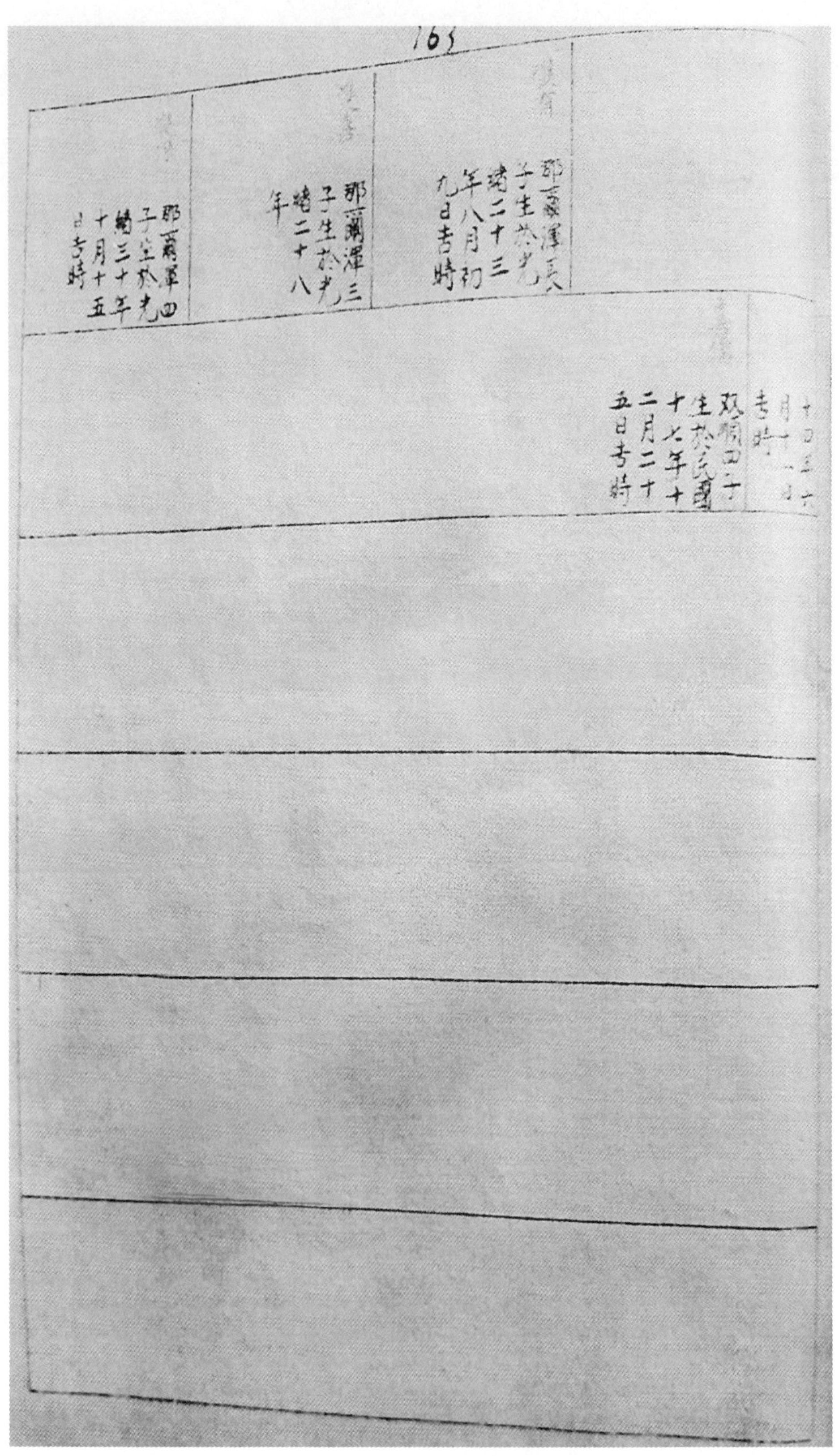

165

那爾渾長子生於光緒二十三年八月初九日吉時

那爾渾三子生於光緒二十八年

那爾渾四子生於光緒三十年十月十五日吉時

[illegible]月十一日吉時

双順四子生於民國十七年十二月二十五日吉時

十六世

全显长子生於光緒二十一年正月初九日吉時

全貴次子生於光緒三十三年十二月十三日吉時

全貴三子生於宣統二年十月初八日吉時

吉有子生於光緒二十三年二月二十一日吉時

吉有三子生於光緒三十二年十月初八日吉時

十七世

喜林

成武子生於民國八年四月二十日吉時

雙和子生於民國八年十一月十三日吉時

十八世

十九世

二十世

二十一世

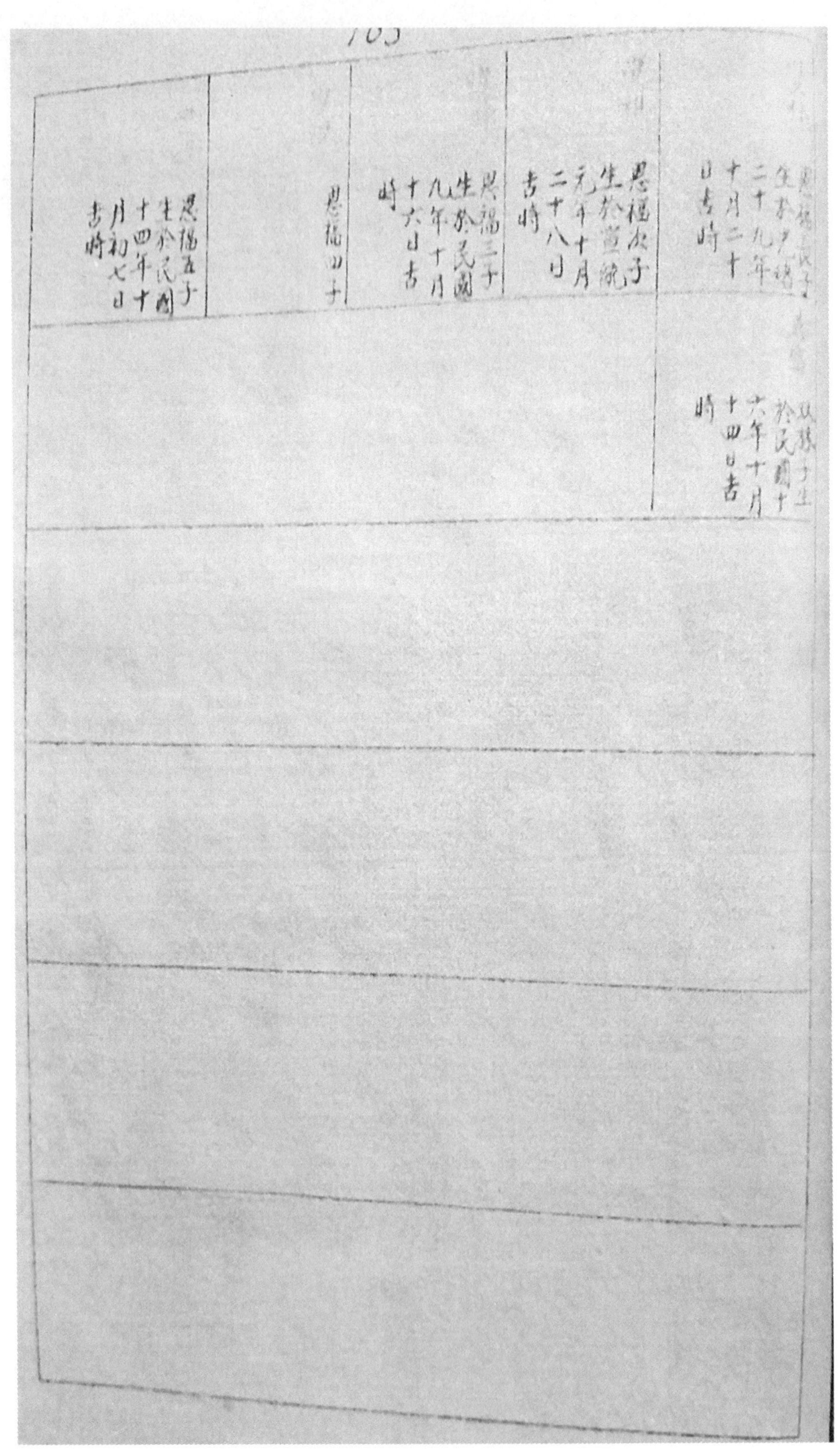

恩福长子 生於光绪二十九年十月二十日吉時

双林子 生於民國十六年十月十四日吉時

恩福次子 生於宣統元年十月二十八日吉時

恩福三子 生於民國九年十月十六日吉時

恩福四子

恩福五子 生於民國十四年十月初七日吉時

十六世				
恩荣长子生于民国二十三月二十六日吉时娶徐氏高等师范小学[illegible]毕业	恩荣次子生于民国十四年二月初二日吉时	恩荣[illegible]生于民国五年五月初八日吉时	文[illegible] 恩富次子生于民国十年三月二十七日吉时	
十七世				
十八世				
十九世				
二十世				
二十一世				

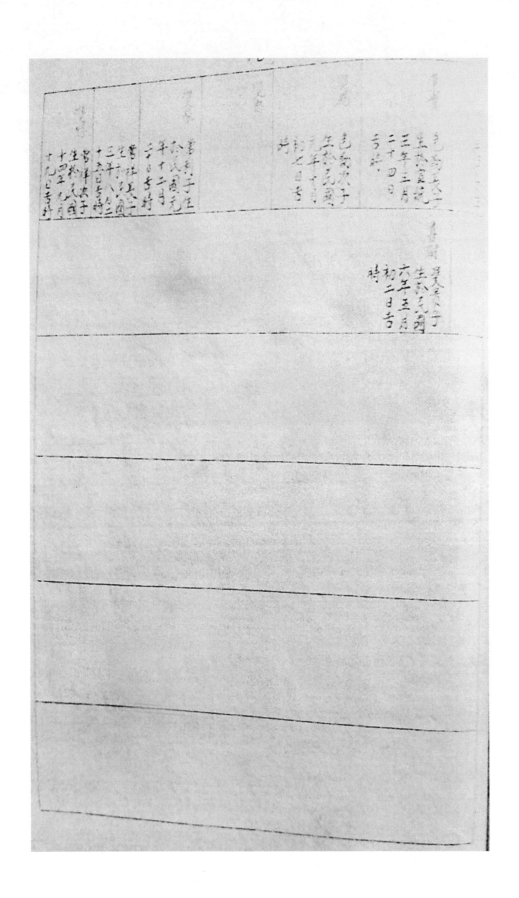

元勇长子生于宣统三年三月二十四日吉时。

色勇次子生于民国元年十月初七日吉时

書元子生于民国元年十二月二十日吉时

書林长子生于民国三年八月十五日吉时

書祥长子生于民国十四年九月十九日吉时

星文长子生于民国六年五月初二日吉时

106

十六世

成福長子

成福次子

成福三子

成福四子

福庫繼子

十七世

十八世

十九世

二十世

二十一世

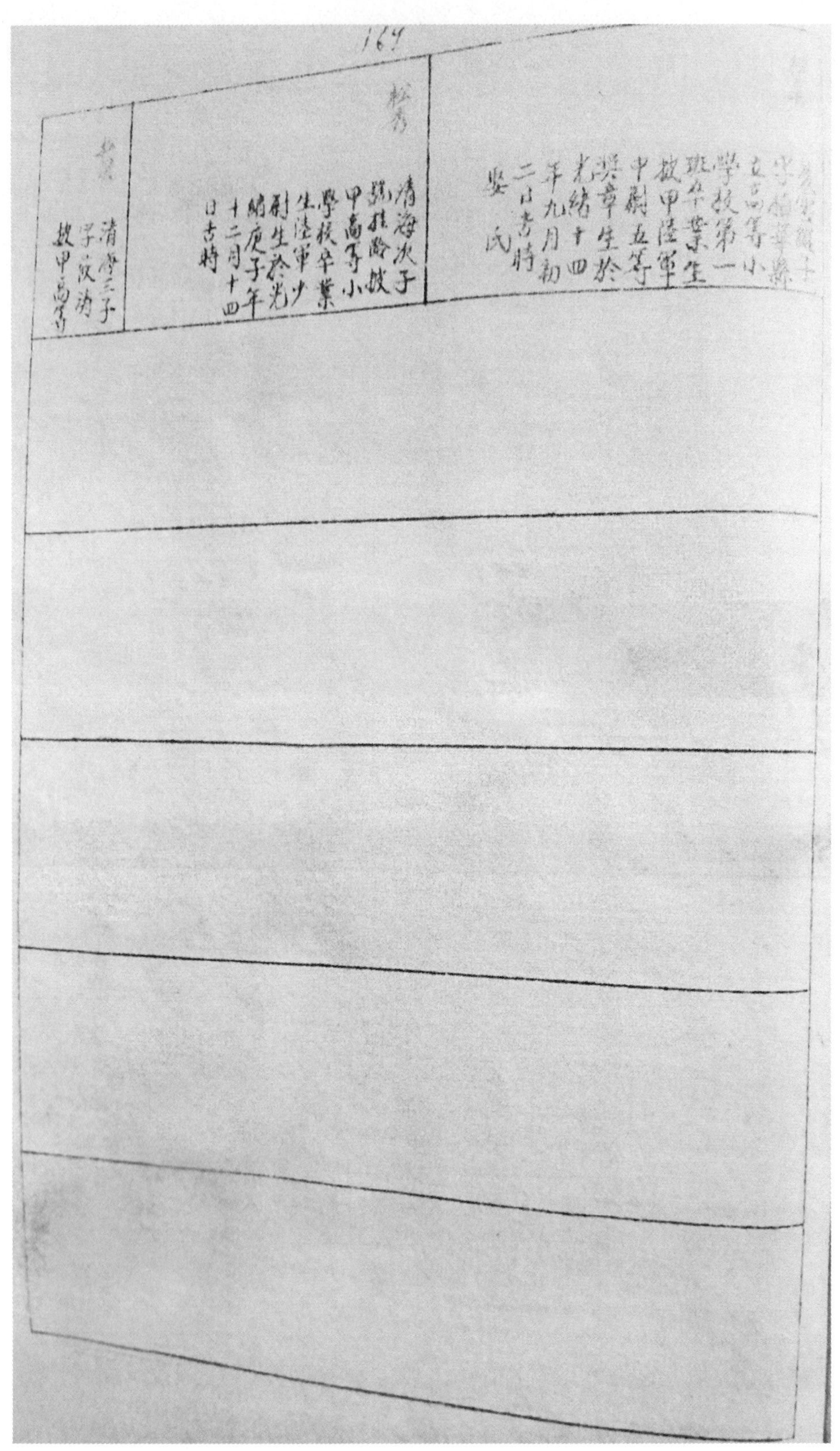

164

[illegible]
字伯華號[illegible]士
立高等小
學校第一
班卒業生
故甲陸軍
中尉五等
獎章生於
光緒十四
年九月初
二日吉時
娶 氏

松秀
清海次子
號桂齡故
甲高等小
學校卒業
生陸軍少
尉生於光
緒庚子年
十二月十四
日吉時

[illegible]
清海三子
字[illegible]涛
故甲高等

十六世

小學校畢業生任事學言學校畢業光陸軍中尉生於光緒二十八年二月二十五日子時娶氏

青雲子生於光緒三年三月二十三日寅時生人前清五品藍翎兩黃旗驍騎校副都統衙門委員充兼吉林軍中學校滿馬隊哨官於宣統二年

十七世

清泉子字治武生於光緒三十二年四月初五日丑時生人在本縣第一高等學校畢業於省立第四中學校畢業於民國十四年娶縣氏守述吉

十八世

十九世

二十世

二十一世

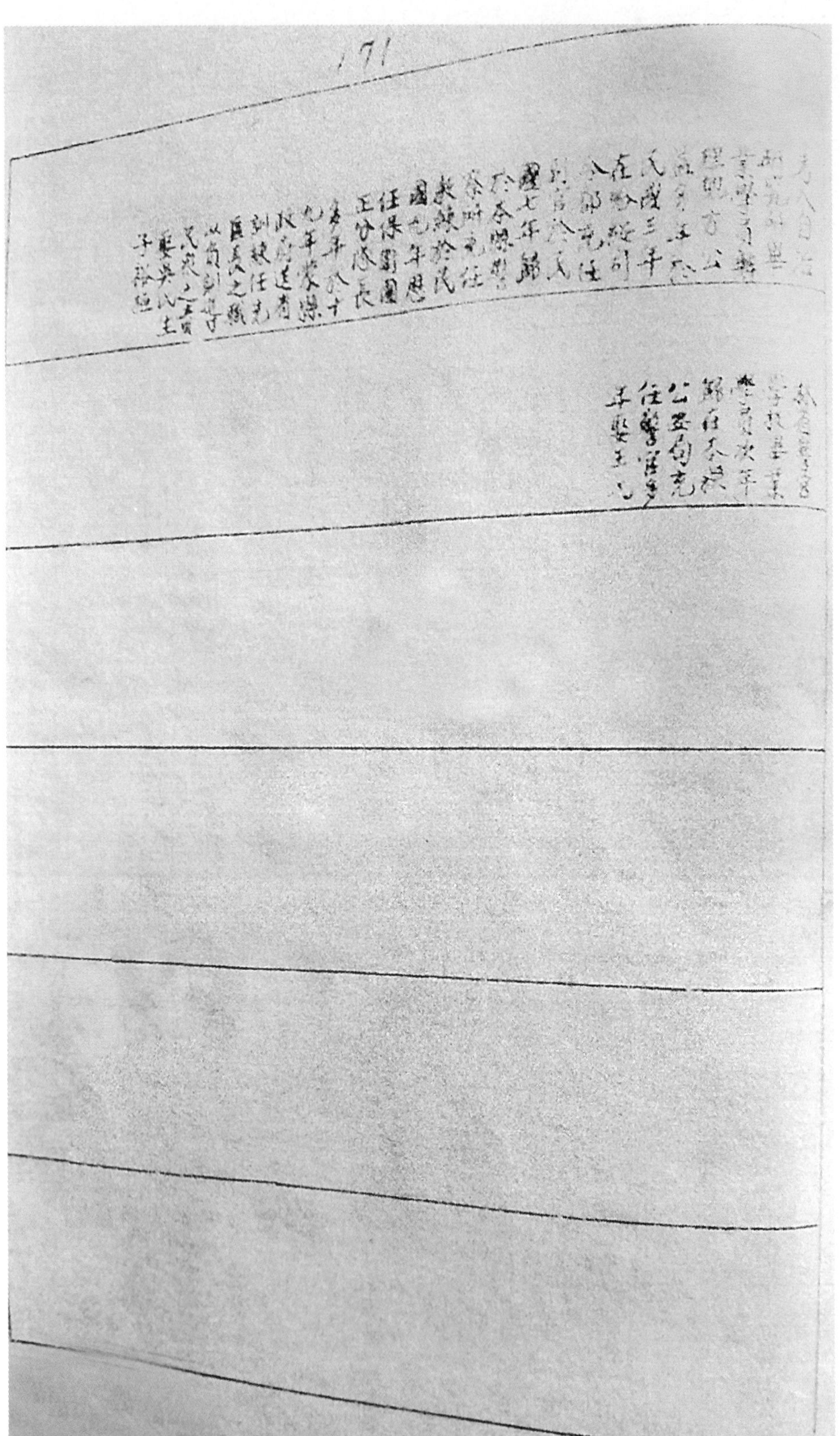

十六世

清滿長子生於光緒三十二年一月二十一日吉時娶劉氏生子二長裕恆次裕亘

清滿次子生於宣統三年六月十七日吉時

十七世

鴻氏長子生於民國十七年五月二十二日亥時

鴻氏次子生於民國十八年十月十九日戌時

十八世

十九世

二十世

二十一世

115

[illegible]光緒十五年五月十九日吉時披甲陸軍中仕候補保衛一隊三排長現差得衛隊目

貴康次子披甲陸軍中尉

永康長子

永康次子

陞康長子生於光緒三十二年　月日吉時娶　氏

吉康次子生於宣統元年二月二十三日吉時娶　氏

十六世	玉麟子生於光緒三十二年正月二十二日吉時妻傅氏生子焱山	字伯廣海康子生於光緒二十三年五月二十七日吉時妻何氏生子二長殿武次殿華	清亮長子
十七世	嵩璐子生於民國十六年十二月初八日吉時	嵩廉長子魯峯生於民國四年六月二十七日吉時前安徽中學畢業	嵩濬次子生於民國七年四月十三日吉時肄用安高級師範卒業
十八世			
十九世			
二十世			
二十一世			

清綿子

明坤 扎朗阿長子生於光緒三十一年八月十八日吉時

扎朗阿次子生於宣統二年二月十三日吉時

金祥子生於光緒三十三年七月十七日吉時

明吉 庆祥次子生於民國元年六月二十日吉時

庆吉 明坤長子生於民國十八年十月初八日吉時

十六世	明[illegible] 禎祥長子	明[illegible] 禎祥次子	明順 文祿長子生於光緒二十二年七月初九日吉時	明[illegible] 文祿次子生於光緒二十年四月初一日吉時	明[illegible] 文祿三子生於宣統元年	明[illegible] 文祿四子生於民國四年又五月初十日吉時
十七世						
十八世						
十九世						
二十世						
二十一世						

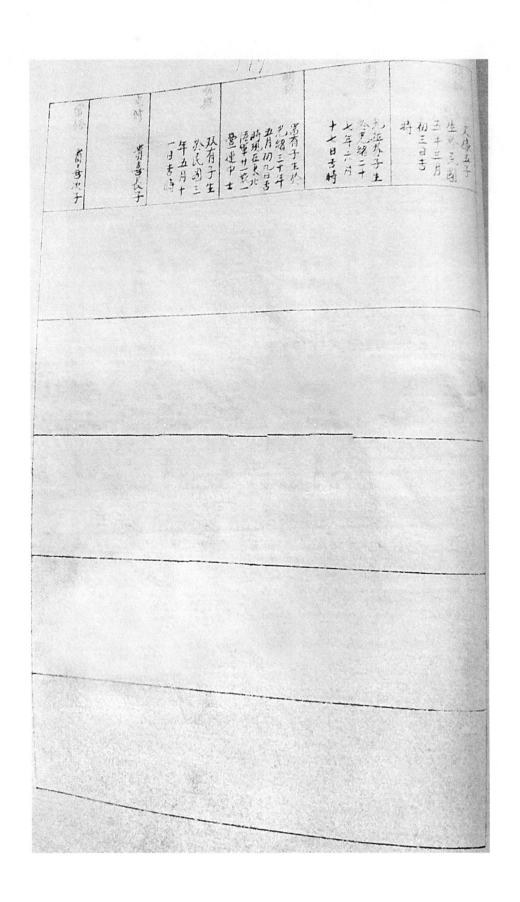

文[illegible]五子生於民國三年三月初三日吉時

九經次子生於光緒二十七年六月十七日吉時

富有子生於光緒三十年五月初九日吉時現在東北海軍廿一路一營上連中士

双有子生於民國三年五月十一日吉時

貴喜長子

貴喜次子

十六世

双喜长子

学修 双喜次子

清寿子生於光绪十七年正月二十五日吉時

清文子生於光绪三十一年七月初一日吉時

清文次子生於民國十三年正月初二日吉時

十七世

十八世

十九世

二十世

二十一世

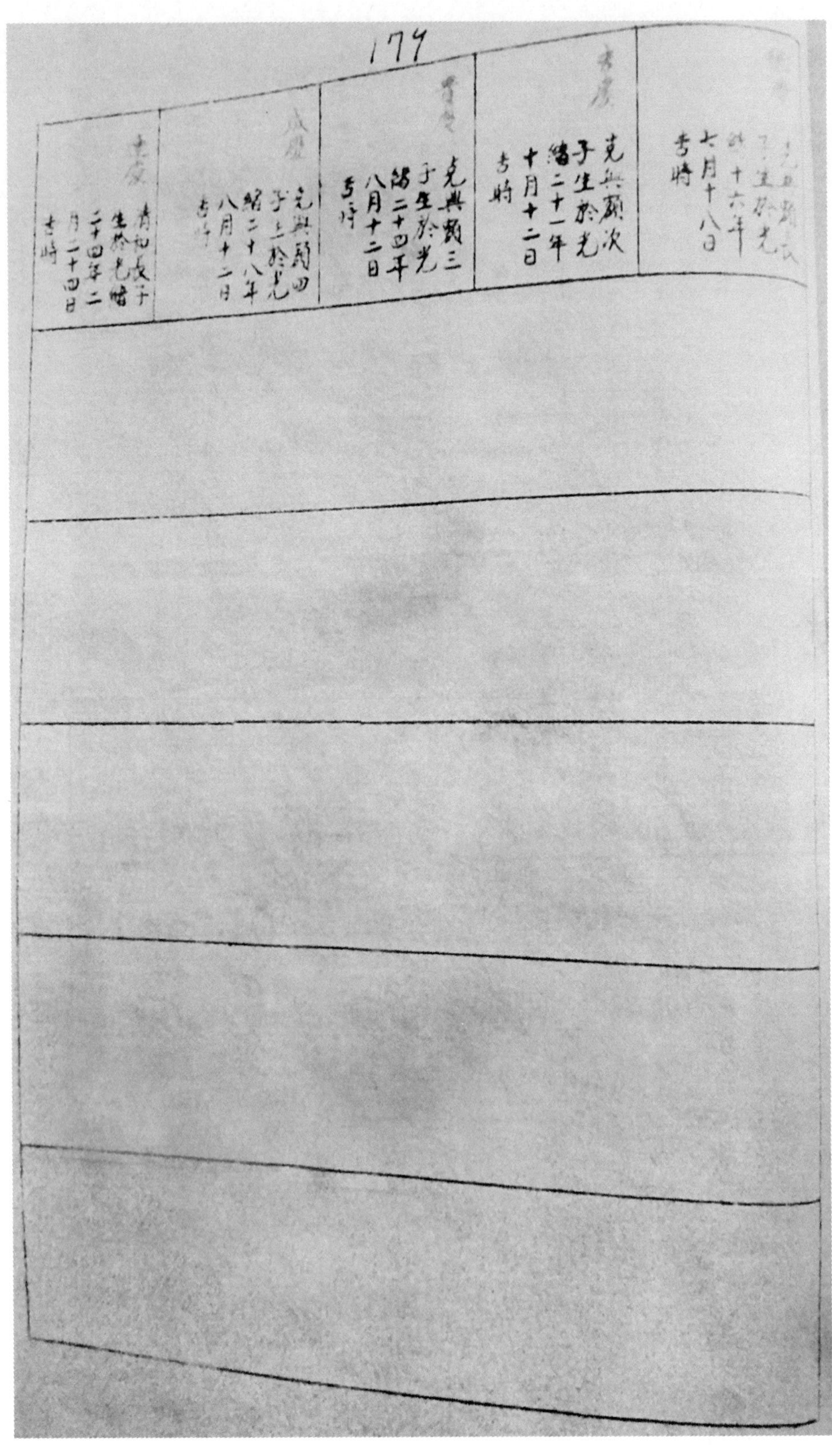

177

克興顯長子生於光緒十六年七月十八日吉時

克興顯次子生於光緒二十一年十月十二日吉時

克興顯三子生於光緒二十四年八月十二日吉時

克興顯四子生於光緒二十八年八月十二日吉時

青和長子生於光緒二十四年二月二十四日吉時

十六世

喜[illegible] 清和次子生于民国元年六月初十日吉时

喜庆 清四三子生于民国十六年四月二十日吉时

永庆 清禄子

景[illegible] 清成子

景[illegible] 清福子

十七世

十八世

十九世

二十世

二十一世

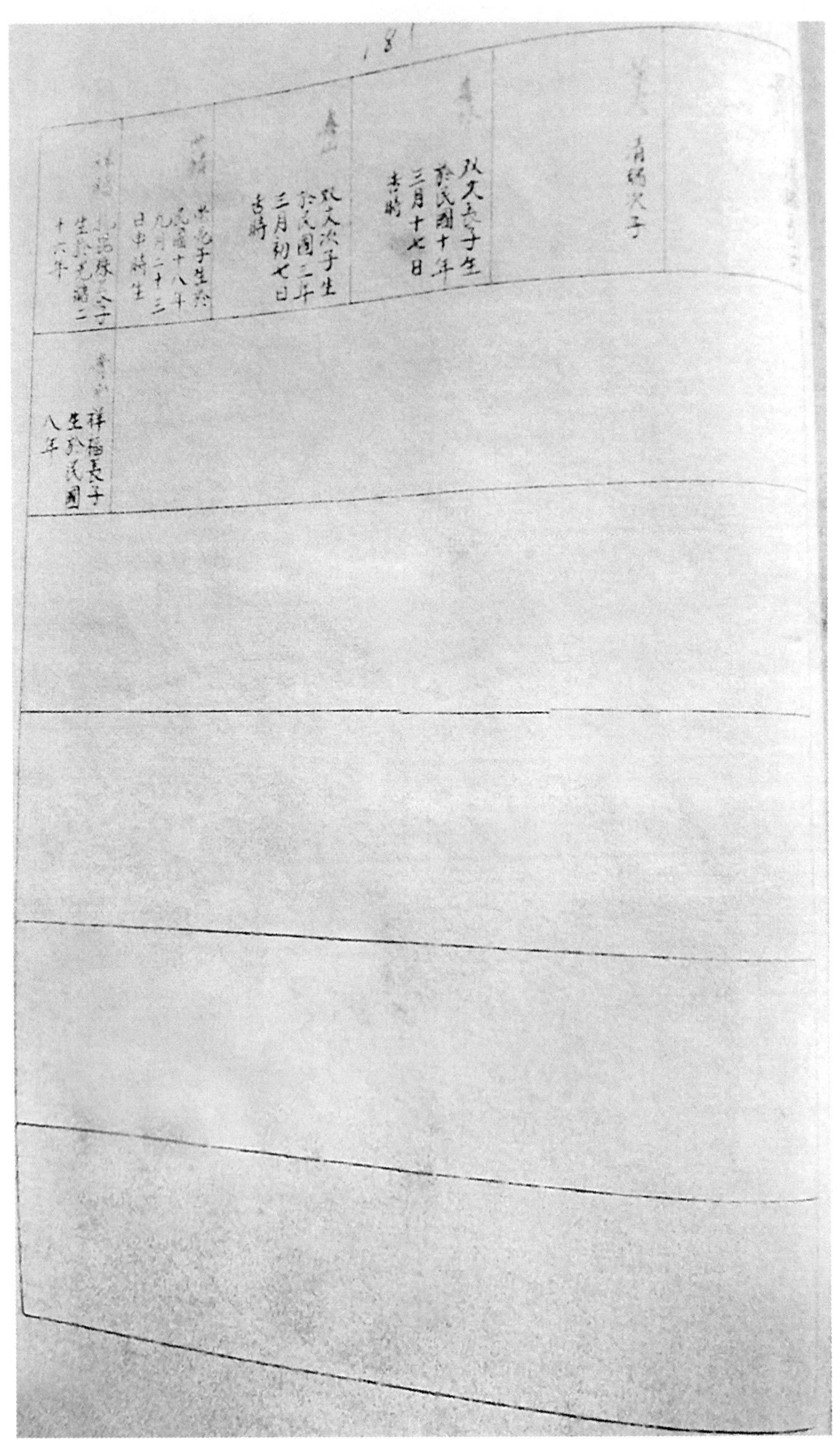

181

清福次子

双文長子生於民國十年三月十七日未時

双文次子生於民國三年三月初七日吉時

[illegible]元子生於民國十八年九月二十三日申時生

[illegible]福祿長子生於光緒二十六年

祥福長子生於民國八年

十六世

[illegible] 乳昆珠次子生於光緒二十四年

祥禎 乳昆珠三子生於民國三年

十七世

澤和 祥福次子生於民國九年

[illegible]林 祥福三子生於民國十四年

貴[illegible] 祥福四子生於民國十八年

十八世

十九世

二十世

二十一世

[illegible] [illegible]子生於光緒十六年

喜貴 富昌阿子

祥貴 富昌阿子生於光緒二十三年

[illegible] 富昌阿子

青山

[illegible] 富英阿長子生於光緒二十一年

祥海 富英阿次子生於光緒二十五年

[illegible] 祥海子生於民國四十四年

十六世

[illegible]　富英阿三子　生於光緒三十二年

[illegible]　富凌阿子　生於宣統二年

[illegible]　富清阿子

[illegible]　永喜長子

[illegible]　永喜次子

[illegible]　永喜三子

十七世

十八世

十九世

二十世

二十一世

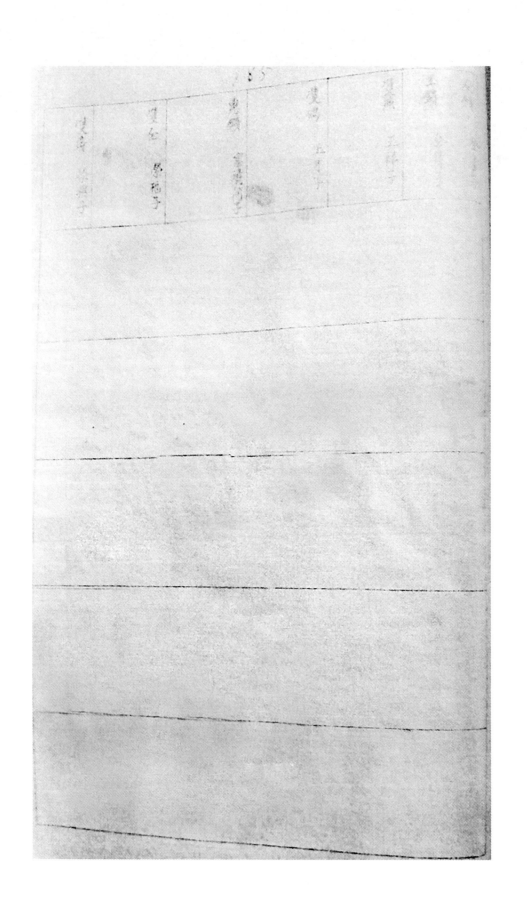

十六世	[illegible] 祥泰子	宗[illegible] 廷喜子	宗[illegible] 廷[illegible]子	继[illegible] 双全子	三[illegible] 英[illegible]子	春[illegible] 英[illegible]子	春成 英[illegible]子
十七世							
十八世							
十九世							
二十世							
二十一世							

187

英茂三子

英福子字
梁山妻氏
生子留嶺

永常子

永慶長子

永慶次子

雙慶子

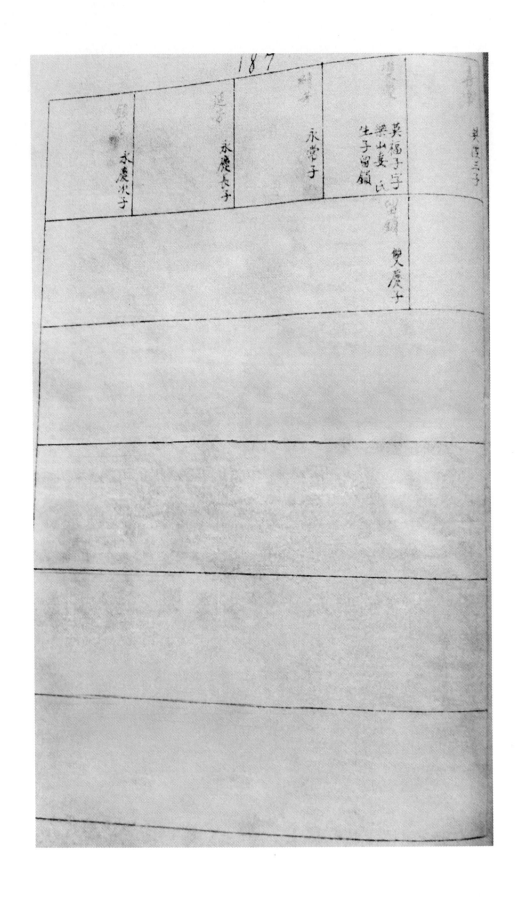

十六世

春寿

春有

春泰

十七世

喜成

喜禄

喜贵

十八世

十九世

二十世

二十一世

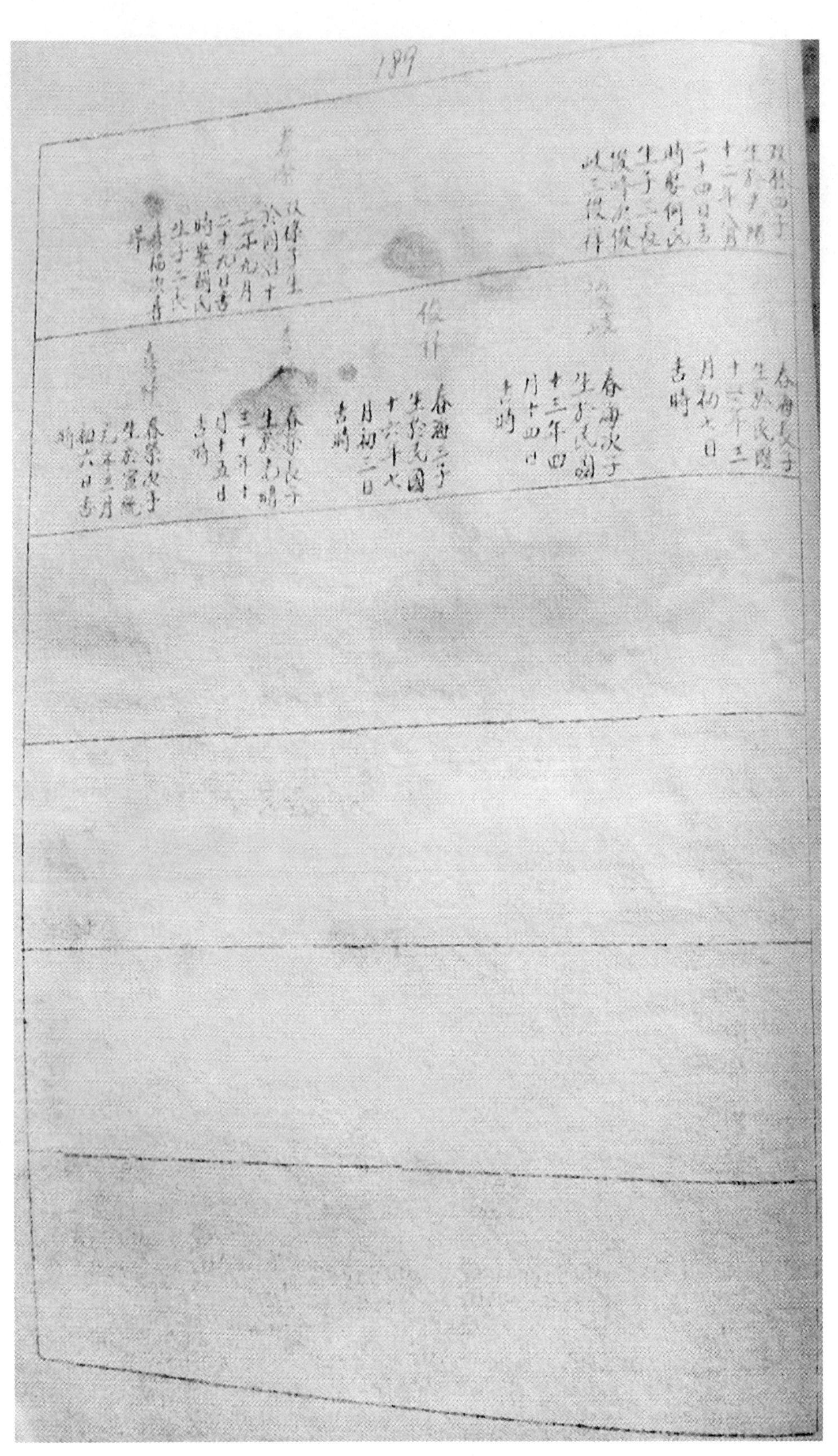

十六世

双保次子生於光绪十四年三月十五日吉時娶氏生子喜傣

春恒 双連子生於光绪二十八年十月十五日吉時

吉祥 連柱子生於光緒十四年十一月初一日吉時

金柱 連柱子生於同治十三年十二月十三日吉時娶吴氏生子喜復

十七世

春武子生於民國四年九月十八日吉時

喜復 金祥子生於光緒三十二年二月十六日吉時娶孟氏

十八世

十九世

二十世

二十一世

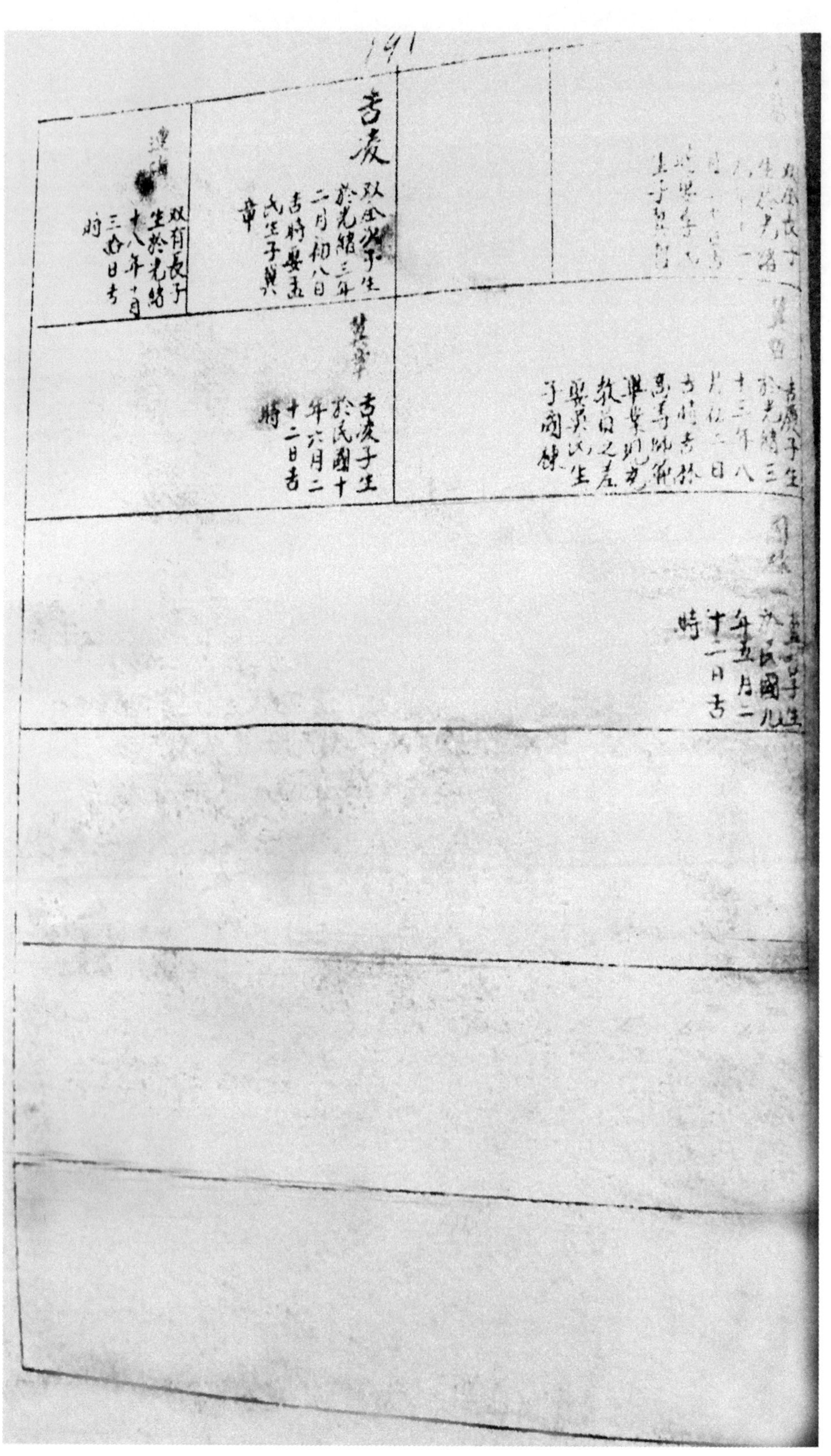
191

吉廣子生於光緒三十三年八月初二日吉時吉林高等師範畢業現充教育之差娶吳氏生子國棟

吉廣子生於民國九年五月二十一日吉時

吉凌
双全次子生於光緒三年二月初八日吉時娶孟氏生子貴章

吉凌子生於民國十年六月二十二日吉時

連璋
双有長子生於光緒十八年十月三十日吉時

世			
十六世	成有次子生於光緒二十九年二月初七日吉時	興春子生於光緒十九年十一月十一日吉時娶吳氏生子二長吉海次吉國	興伏子生於光緒二十八年六月初二日吉時娶吳氏生子二長青連次保連
十七世	吉海長子生於民國五年八月十六日吉時	吉海次子生於民國十四年十二月二十七日吉時	常有長子生於民國十一年十月十二日吉時
	常有次子生於民國十四年十二月十六日吉時		
十八世			
十九世			
二十世			
二十一世			

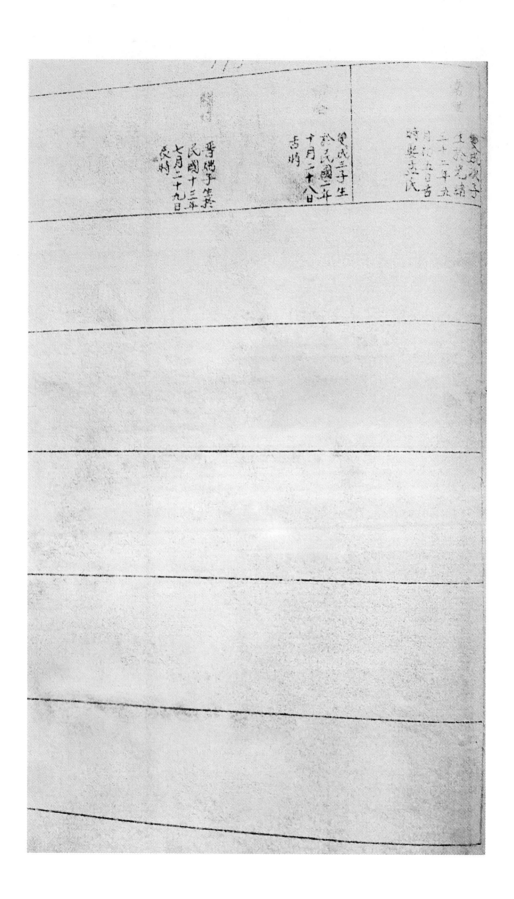

[illegible]成次子生於光緒二十二年九月初五日吉時娶[illegible]氏

[illegible]成三子生於民國二年十月二十八日吉時

[illegible]佛子生於民國十三年七月二十九日[illegible]時

《辉发沙克达氏家谱》内容简介

《辉发沙克达氏家谱》现收藏在吉林省辉南县族人家中。

该沙克达氏原系正黄旗内务府满洲第三佐领下人，因『世祖章皇帝乳母朴氏保育先皇克昭敬慎』，『在朝有功』，『抬入正黄旗满洲四甲第十六佐领下』，因而，本族人『不选秀女，不领红事银两。若有孤女出聘，例应在本旗衙门内领帮嫁银六两』。

谱书修纂时间不详，据其世系最后列至德溱，生于光绪十六年（1890），年仅8岁病故于光绪二十四年（1898），谱书应纂修于光绪晚期。

保存完好，无点滴破损，字字清晰。

内容主要有大清例男人穿孝素服仪注，妇人穿孝素服仪注，族繁本支记载，德胜门外大豁口东满井祖茔坟座记载，老祖茔对过南上坡坟座，夸兰西坐北向南一座，每岁清明中元十月朔岁暮祭扫焚化包袱记载，德胜门外土城大豁口外中院茔地，德胜门外正北侯家庄东院茔地，德胜门外北顶庙西南西院茔地，康熙上谕，勿怠八条，皇恩屡承，制隆常宪，祭祀礼仪，满洲礼祀，神向安设，谱图。

谱图中记载的所有人，无论性别，无论妻妾，人人都有谱注，记其生卒葬地、功名事业，对研究该氏族有较高的史料价值。

輝發薩克達氏家譜
◎（清）薩氏修
◎清光緒二十四年（1898）隆劍寫本

大清例男人穿孝素服儀注

父母　斬衰　三年素服令改二十七箇月　百日薙髮

高祖父母　齊衰　三月素服　踰旬半月薙髮

曾祖父母　齊衰　五月素服　踰月一月薙髮

祖父母　齊衰　期服一年素服　六十日薙髮

曾伯叔祖父母　族伯叔祖父母　堂嫂弟婦　族兄弟

以上緦麻三月素服半月薙髮

伯叔祖父母　堂伯叔父母　嫂弟婦　再從堂兄弟

以上小功五月素服一月薙髮

伯叔父母　兄弟　本妻

以上期服一年素服　六十日薙髮

堂兄弟　大功九月素服　踰月三十五日薙髮

餘者靈出孝滿無服制

婦人穿孝素服儀注

公婆　斬衰　二十七月素服　百日白孝

夫高曾祖父母　緦麻　三月素服　半月白孝

夫祖父母　大功　九月素服　三十五日白孝

夫伯叔祖父母　緦麻　三月素服　半月白孝

夫伯叔父母　大功　九月素服　三十五日白孝

夫堂伯叔父母

夫堂兄弟及妻

以上緦麻　三月素服　半月白孝

夫兄弟及妻　小功　五月素服　一月白孝

本夫　二十七箇月素服　百日白孝

餘者靈出孝滿無服制

族繁本支記載

始祖 伊拉達

二世祖 他母布 伊字之子

三世祖 烏達那 他字之子

四世祖 巴薩哩 烏字之子

五世祖 哇岱 巴字之子

六世祖 法喀 哇字之子

高祖 永安 法字之子

曾祖 長齡 永字之子

巴字祖母布母布哩氏帶哇字祖父由

盛京樺發河來北京呈請入内務府

祖父 中祐 長字三子

伯父 誠存 中字長子

胞兄 隆桓 誠字之姪

堂姪 保連 隆字之姪

德勝門外大豁口東滿井祖塋墳座記載

祖父諱巴薩哩葬在

盛京吉林輝發原籍

首座葬布母布哩氏

左一座葬額諱德布

左二座葬哇諱仫

左三座葬法諱輝

左四座葬法諱喀

左五座葬永諱安

左六座葬永諱平

左七座葬達諱齡阿

右一座 葬巴 諱林

右二座 葬嘎 諱般

右三座 葬哈 諱哩

右四座 葬永 諱德 遷於京西玉河

右五座 葬富 諱明 遷於南上坡首座

右六座 葬長 諱齡

右七座 葬中 諱祥

老祖塋對過南上坡墳座

首座葬富 諱明

左一座 葬錫諱齡阿

左二座 葬福諱隆阿

右一座 葬圖諱明阿

右二座 葬中諱敏

夸蘭西坐北向南一座

葬中諱禧

陽宅房後一座

葬海諱柱

夸蘭西南一座

石氏 四

媄氏 七

杜氏 妞

夸蘭東北一座　葬張氏

夸蘭西北看墳家人蘇姓墳四座

以上繪圖一張家中收藏

右一座

右二座

右三座

右四座 遷葬五河

右五座 遷葬南上坡

右六座

右七座

祖塋西邊

陽宅房後

每歲清明中元十月朔歲暮祭掃焚化包袱記載

祖墳首座

左一座

左二座

左三座

左四座

左五座

左六座

左七座

南上坡首座

左一座

左二座

右一座

右二座

南上坡坐北向南

薩克達室安氏收用

土城上坐南向北

土城上坐西向東

橋北西邊坐北向南

坐北向南

橋北邊坐北向南

薩克達室王氏收用

薩克達室石氏收用

薩克達室湯氏收用

薩克達室桂氏收用

薩克達室張氏收用

薩克達室唐氏收用

老墳西南坐北向南六座

老墳東邊坐南向北

羅門僕人達哈喇收用

羅門僕人何六收用

羅門僕人蘇姓收用三個

德勝門外土城关[illegible]外中院塋地

首座 薩克達室鳳氏收用

左一座

左二座

右一座

右二座 薩克達室蔡氏收用

夸蘭西南三座 薩克達氏四姑娘收用 此二座東院寄葬

薩克達氏二桐迎二姑娘[illegible]用

薩克達氏 二迎姑娘收用

德勝門外正北侯家莊東院塋地

首座

左一座

右一座

左二座

右二座

薩克達氏德椿收用

薩克達氏德溱收用

德勝門外北頂廟西南西院塋地

首座

左一座 薩克達室張嘉特氏收用

左二座

右一座

右二座

夸蘭東 薩克達室傅氏收用

夸蘭東 薩克達室董氏收用

夸蘭北 薩克達室郭氏收用

薩克達氏榮姑娘　收用
薩克達氏續姑娘　收用
薩克達氏寶姑娘　收用
薩克達氏九姑娘　收用
薩克達氏十姑娘　收用
薩克達氏隆鑑　收用
薩克達氏隆珍　收用
薩克達氏隆豫　收用

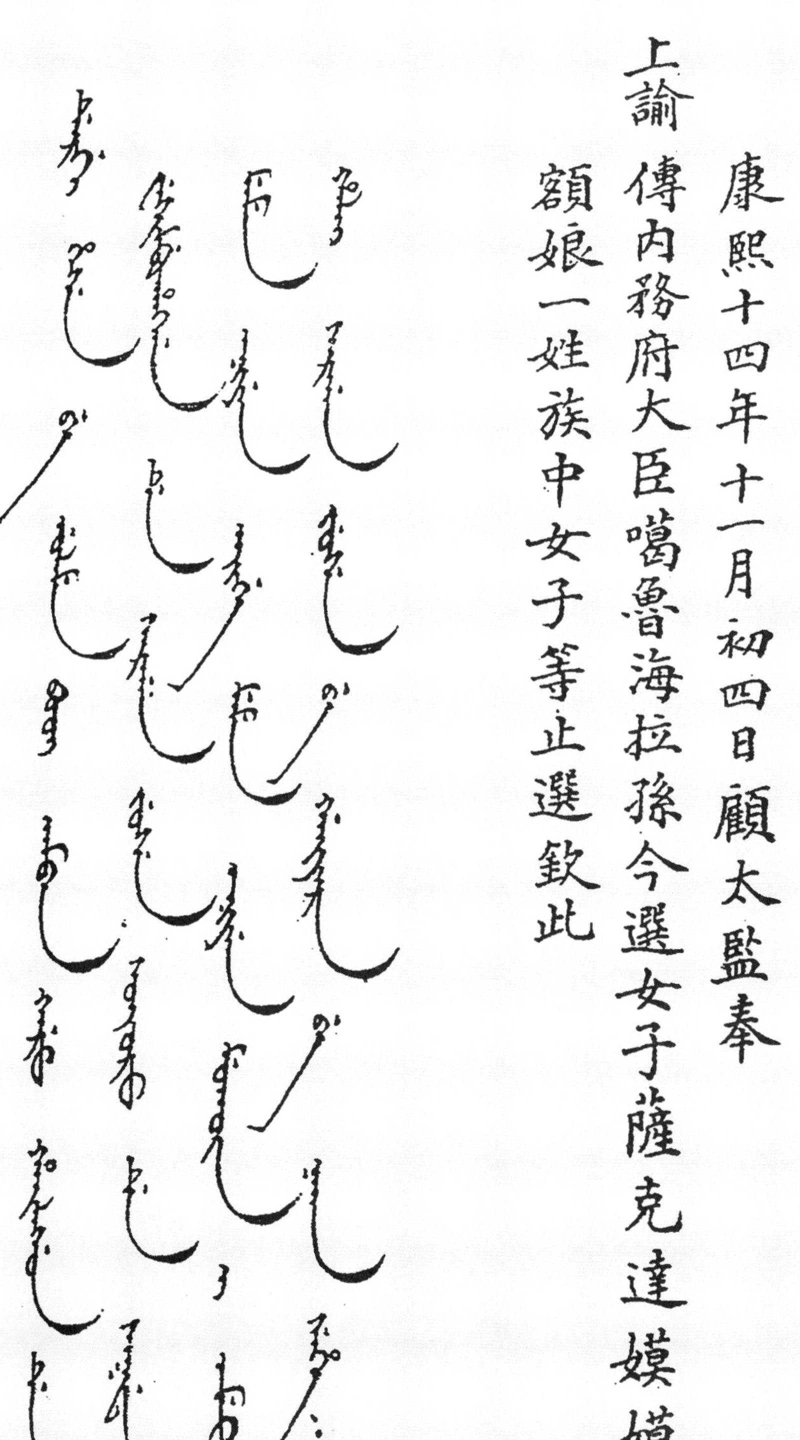
康熙十四年十一月初四日顧太監奉
上諭
傳内務府大臣噶魯海拉孫今選女子薩克達嬤嬤
額娘一姓族中女子等止選欽此

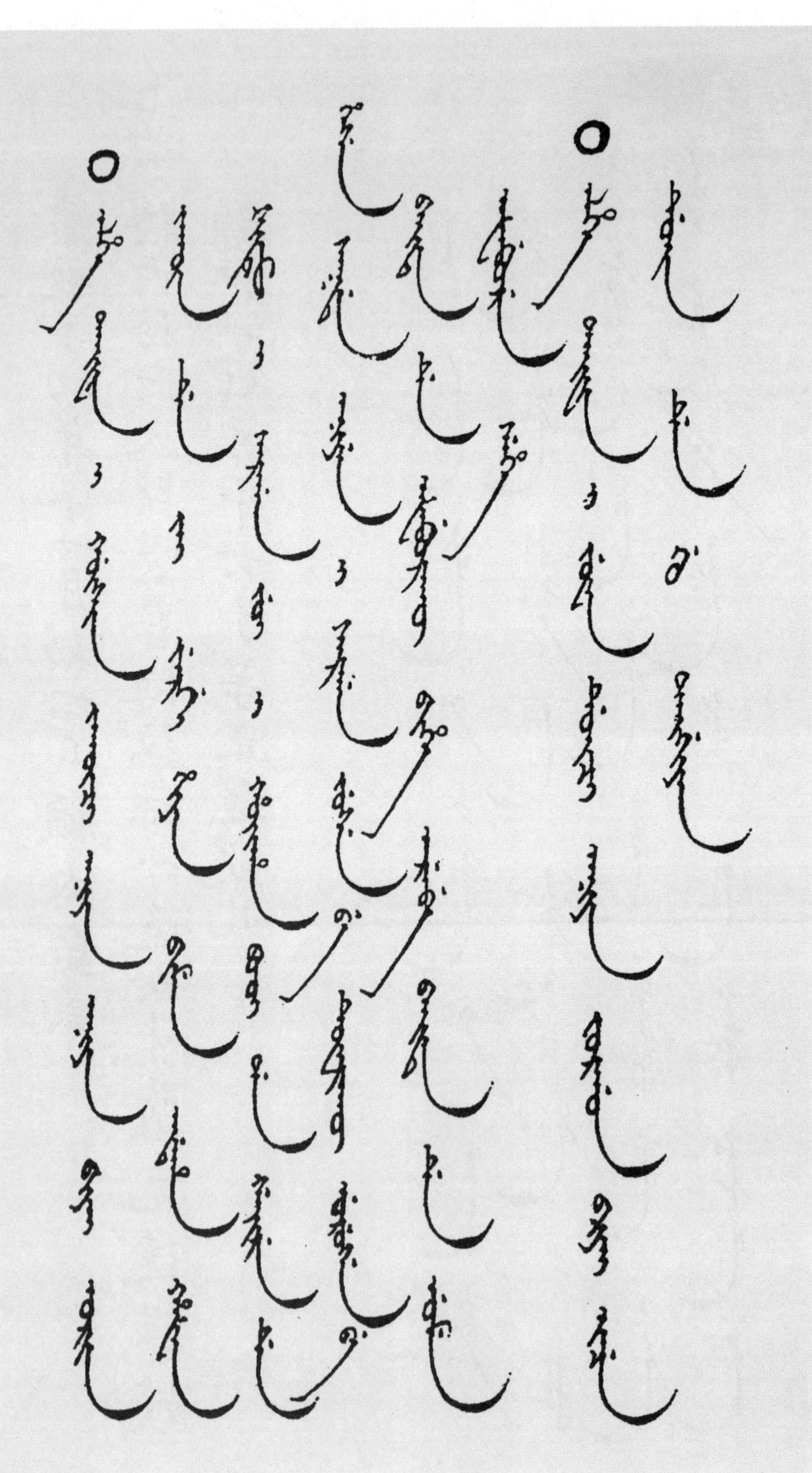

原籍何處人氏例載
原籍一族姓氏例載
祖母受封例載
擡旗例載
不選秀女 前面有鈔錄清文上諭一道
孤女出聘例載
祭祀換鎖例載
供影上墳例載 此條遺失
以上八條願後世子孫勿怠勿失慎遵妥藏再查

此老譜時凡名下有寫斷字者不知有無後嗣是否

駐防内務府

一原籍盛京葉河葫蘆邑大柳村人氏

一原籍盛京時羅姓老姓倉姓此三姓俱係一族不應作

親若用漢文姓氏俱寫薩克達氏滿文寫

一由原籍自

太祖龍飛之日攜族内府世受

皇恩屢承

天眷祖母朴氏

世祖章皇帝之乳母也夫喀喇授阿達哈哈番世職康熙
二十年祖母朴氏病故蒙
聖祖仁皇帝諭禮部曰
世祖章皇帝乳母朴氏保育
先皇克昭敬慎朕躬幼時殫心調護夙夜懃懃撫視周詳實有
等於顧復提攜倍至時罔怠於寒暄封典宜加用彰隆眷今
封為奉聖夫人頂戴服色照公夫人品級爾部即遵諭
行特賜
孝陵近地葬如公夫人禮欽遵在案旋奉

特恩建祠墓道春秋致祭雍正二年復蒙
特恩遣官致祭
制隆常憲
德被無疆我子孫輩仰荷教育之深恩當感敦倫要道
於萬一敬從始祖恭錄世譜一分以備後世子孫弗失於
本而報
朝廷之至意
一原由　盛京來時係正黄旗内府滿洲第三佐領下人
修譜時内府佐領係茂林承管因祖母前在朝有功捷

入正黄旗满洲四甲第十六佐領下

一薩克達氏不選秀女不領紅事銀兩若有孫女出聘例應在本旗衙門內領幫嫁銀六兩此銀係本旗都統之恩由本旗房租項下給發並非國恩條例本旗九十二箇半佐領下一體非本族另有此恩咸豐十年辦過本旗已有存案

一祭祀前一日晚上用長條桌一張安放在西牆前桌上設香碟左邊錫碗一箇淨紙一張右邊設水碗一箇香碟後用淨水碟一箇倉米碗一箇堂屋設淨水桶靠西板秫稭

一細淨鐵鍋一口院内石頭後將新桿地下墊新磚一塊
暫立在地上靠西邊按放行竈煙筒口對桿石柴火水備齊
於某日何時前設拏猪案子按妥俟吉時對準在屋内向
西磕頭第一次用二人搭桌先出隨後焚著秫稭後跟大
鍋次將水桶將桌按放在石前鍋座在行竈上將淨水注
滿燃著柴火將猪擡在案上猪腿向西人向石頭桿磕頭
第二次左手拏猪將桿尖染紅仍立石後將猪耳猪嘴頭
兩眼皮四蹄心尾尖共俱一碗剝皮帶頭蹄將肉卸分每
分下小肉幾成水幾成下鍋肉熟按所有分上取肉絲二

碗筋條左三右二擺在肉絲碗上用倉米飯兩碗供在桿前磕頭第三次將豬嘴各等件並倉米飯肉絲均盛在碗內按上桿子再磕頭第四次禮畢將各分肉盛作小碗請親友喫用所供肉絲兩碗倉米飯兩碗主人喫用其餘六成肉盛在肉槽內豬皮蓋上大肉午正下鍋喫淨將骨頭拋在街上錫碗于對準兩箇眼係東西單眼是正北面豬索骨有眼是正北面完

一換鎖前一日預備下三岔柳枝白淨紙一張長方木盤一箇酒盅二箇水碗一箇線鎖拈好將舊紬條夾上數條

拈在新線上將新紬條紅色藍色月白色此三色紬條拴在線鎖上用茶桌一張按設屋内西北鎖口袋前按設將肉絲碗二箇酒盅二箇淨水碗一箇白紙穗三箇鎖口袋俱按在桌上於某日早吉時將小猪綳安屋内磕頭第一次後將

媽媽桿子立上將線鎖在牆上掛妥一頭餘者線鎖跟茶桌至桿前安設將柳枝拴紙穗安桿上將小猪按在地下脚向南灌酒磕頭第二次努猪退毛開膛將尿包苦膽别下鍋用小碟盛上放在桌上供肉時撤在房上綳油别下鍋肉絲熟時按

分擺妥將網油罩在猪頭上將血腸盤在猪口上插小刀一把
拋換酒三次連磕頭三次完連茶桌肉盤俱搭在屋内按
在掛鎖前本家同族先喫將猪按分取肉絲盛在小碟數肉
絲條祭完一面搭桌將碟子肉絲給下人喫供肉絲並餘者請
親友再喫隨時將糯米麪水餅九箇分二碟供在西墻
前焚香碟再磕頭第四次將骨頭拋在街上禮畢收鎖

滿洲禮祀。。神向安設

大桿子連白石座木闌干一分上安錫碗一箇

媽媽桿子連白石座木闌干一分上安錫碗一箇隨添生人口換鎖黃布口袋黃絨繩一分

匣子四座上房内東向北向南向者各一座西間檁下南向一座

祭文祝文跳　神彩衣鈴鐺大鼓鐙隻暨應用祭器行竈大鍋肉

槽子杉木方盤小杌子木碗木碟嵌花錫碗錫碟錫盤等

件以及萬字香盒小刀酒盃匙筯做糕酒大小傢俱全分

公中祭田一項坐落在直隸承德府熱河地方共計　頃

祖遺大將盔甲一分　身長　尺　寸　兵丁盔甲一分身長　尺　寸

以上均在長房尊藏因此載記以傳後世

始祖伊拉達 墳地在盛京吉林輝發

伊字長子他母布 墳地在盛京吉林輝發

他字長子烏達那 墳地在盛京吉林輝發

烏字長子巴薩哩 墳地在盛京吉林輝發

巴字妻

巴字五子 哇岱

哇字長子 法喀

法字妻

布母布哩氏墳地在北京德勝門外東北十里大豁口外東北滿井坐北向南子山午向火局旺向兼丙三分丙子丙午分金首座　巴字祖母帶領哇字祖父呈請入内務府

墳地在滿井　左第二座

原任員外郎兼護軍叅領　墳地在滿井　左第四座

趙佳氏墳地在滿井

法字
長子永安

塋地在滿井左第五座原任尚茶副
同治十二年十二月性山請
誥封光祿大夫

永字
妻
傅察氏内務府正黄旗滿洲　塋地在滿井
同治十二年十二月性山請
誥封一品夫人

永字 長子

長齡

生於乾隆十年乙丑二月初十日子時由閑散人前於
乾隆十七年挑補景山官學生十九年考中清漢字三
十四年掣補武備院庫守是年七月內由本院考中筆
帖式十一月間掣補本院筆帖式五十年陞授六品委
署庫掌五十五年正月陞授六品庫掌是年十月內因
庫守保玉私換布疋失察本院參奏革職嘉慶六年
八月內由廢員陞授 莊敬和碩公主府四品頂翎長
使十一年五月內因本府護衛德成私辦船隻失察參奏
革職於十四年恭遇

皇上萬壽接
駕奉
旨賞給護軍校於十五年四月内帶領引
見補授護軍校咸安宫行走享年七十三歲終於嘉慶二十二
年丁丑三月十八日辰時　子三
墳地在滿井右四座　同治十二年十二月性山請
誥封光禄大夫
李氏内務府正黄旗漢軍原披甲人長諱清之長女
生於乾隆十三年十月二十二日享年四十歲終於乾

長字
妻

長子　妻

隆五十二年丁未六月初九日　墳地在滿井

同治十二年十二月性山請

誥封一品夫人

李氏内務府正白旗漢軍原藍翎護軍富　諱明之三女生於乾隆十九年甲戌十月十一日卯時享年六十七歲終於嘉慶二十五年三月初七日戌時

墳地在滿井

同治十二年十二月性山請

誥封一品夫人

長字 長子
中祥

號熙亭行七生於乾隆三十九年甲午十二月初五
日卯時由官學生考中繙譯筆帖式補授八品筆帖式
陞授堂委署主事陞授堂主事陞授會計司員外郎轉
補衣庫員外郎陞授奏事處員外郎陞授公中佐領陞
授會計司郎中陞授坐辦堂郎中陞授驍騎叅領
京察一等奉
旨記名　簡放熱河總管調任淮安關監督粵海關監督
陞授　奉宸苑卿加四級紀錄二十三次享年六十二歲終
於道光十五年七月初七日子時　子一　女五

墳地在滿井右第五座

同治十二年十二月性山請

誥封光祿大夫

熙亭妻

畢魯佳哩氏正藍旗滿洲原披甲人　　之女生於

乾隆三十九年甲午十月初一日亥時享年四十六

歲終於嘉慶二十四年七月初九日戌時

墳地在滿井

同治十二年十二月性山請

誥封一品夫人

熙亭妻

石氏生於乾隆四十八年癸卯七月二十九日享年
五十六歲終於道光十八年五月二十七日
墳地在滿井
同治十二年十二月性山請

誥封一
品夫人

熙亭妾

鳳氏生於嘉慶十四年七月十五日寅時享年三十八
歲終於道光二十六年三月二十日子時
墳地在大豁口外道東坐北向南子山午向丙子丙午
分金　首座

吴字　[illegible]字

中福

號多圖行八生於乾隆五十七年壬子正月二十六日寅時由　清漪園柏唐阿補授筆帖式陞授委署苑副陞授八品苑副陞授七品苑副陞授六品苑丞陞授員外郎兼公中佐領陞授郎中
京察一等奉
旨記名　簡放張家口監督　簡放江甯織造陞授驍騎叅領調補　圓明園郎中享年六十九歲終於咸豐十年四月十六日巳時　子二　女三
墳地在德勝門外正北偏西十[illegible]里北極寺北侯家莊

多圖

妻

坐西向東庚山甲向兼卯三分首座

同治十二年十二月性山請

誥封光祿大夫

車氏內務府正黃旗滿洲佐領下原任七品通官倭諱

陞額之二女行三生於乾隆五十七年壬子三月三十

日卯時享年五十九歲終於道光二十九年正月十一

日子時

墳地在侯家莊

同治十二年十二月性山請

多圖 妾

誥封一品夫人

蔡氏生於道光七年丁亥八月初三日享年三十一

歲終於咸豐七年十月十一日辰時

寄葬於大豁口中院塋地旁蘭西南坐北向南

長宇 三子

中祐

字允孚號蔭亭行九生於乾隆六十年乙卯六月二十四日戌時由議敘候補筆帖式於道光元年補授内務府堂筆帖式十三年陞授堂主事十四年陞授會計司員外郎十五年加捐知府籤掣福建十六年五月到省十七年九月署理福甯府十九年九月卸事十月題補邵武府知府是月奏赴臺灣出差二十年三月旋閩四月飭赴新任二十一年正月護送琉球貢使進京七月回閩旋又委赴泉州大營辦理糧臺事務十月回任二十七年八月俸滿二十八年八月卸事委帶餉銀進京十二月

十七日由吏部帶領引
見奉
旨著回任欽此二十九年五月回閩六月回任三十年十月二十
二日調補泉州府知府恭遇
大計蒙例保薦咸豐元年正月奉飭赴任遵於三月二
十日接印視事九月初二日接奉飭知與卓異定例相
符行文給咨赴部引
見是月十三日兼護興泉永道篆務十一月二十七日卸護道
篆十二月二十六日卸泉州府事二年護理建寧府事

加四級紀錄七次享年五十八歲終於咸豐二年五月
二十七日未時 子四 女三
墳地在德勝門外正北偏東十里塊北廟西南坐南向北水局丙
山壬向兼巳二分丁巳丁亥分金坑深九尺五寸首座
咸豐三年三月初八申時安葬
同治十二年十二月忙山請
誥封光祿大夫
高氏大興縣原籍鑲黃旗漢軍世襲雲騎尉原任江
西贛州府城守營都司高諱伯文之四女行八生於乾隆

陰亭
妻

蔭亭

妻

六十年乙卯九月初四日子時享年五十歲終於道光二十四年正月廿一日酉時於道光二十七年五月初八日申時安葬墳地在北頂同治十二年十二月性山請

誥封一品夫人

張嘉特氏正黃旗蒙古原任江西袁州府知府隆諱泰之長女行大生於嘉慶二十年乙亥五月十二日未時享年三十二歲終於道光二十五年十二月二十五日酉時道光二十七年五月初八日申時安葬

墳地在北頂

同治十二年十二月性山請

蔭亭

妻

誥封一品夫人

李氏内務府正白旗漢軍佐領下原任司庫喜諱榮之
二女行三生於嘉慶二十一年丙子五月初七日卯時享
年六十六歲終於光緒七年六月十七日卯時
同治十二年十二月性山請

蔭亭

妾

誥封一品夫人

傅氏江西廬武縣人生於道光三年癸未十一月二十
一日辰時享年五十六歲終於光緒四年四月初
九日丑時　墳地在北頂夸蘭東邊

四子 長字

中禧

號錫嘏行十生於嘉慶三年戊午正月二十五日享年

二十三歲終於道光元年七月初三日辰時

葬於祖塋夸蘭西邊坐北向南

熙亭
長子
誠基

號杏樓行七生於道光八年戊子八月十四日辰時由監生報捐候補員外郎補授造辦處員外郎捐輸護軍叅領銜陞授公中佐領加二級紀錄三次享年三十八歲終於同治四年乙丑十月三十日辰時　子四　女三

墳地在大豁口外左第一座

杏樓
妻

瓜爾佳氏正黄旗滿洲佐領下原任山東省沂州府知府福　諱昌之長女行大生於道光八年戊子六月初一日亥時享年十八歲終於道光二十五年十二月二十二日寅時

墳地在大豁口外

杏樓

妻

杏樓

妾

傅氏内務府正黃旗漢軍原任主事定諱善之長女行七生於道光七年丁亥七月初五日　時享年六十九歲終於光緒二十一年五月初一日申時

康氏宛平縣人生於道光二十四年甲辰九月初六日吉時

熙亭長女 女 行大適内務府正白旗漢軍佐領下王氏　奉宸苑員外郎文印錦公行八

二女 女 行二適内務府鑲黄旗漢軍佐領下辛氏道光壬午科舉人奎印良公號仁甫行大

三女 女 行三適内務府正白旗滿洲佐領下瓜爾佳氏銀庫郎中德印壽公行大

四女 女 行九生於道光七年丁亥三月十二日寅時適正藍旗滿洲佐領下赫舍哩氏英印毓公號鍾山行九生於嘉慶二十三年戊寅十一月二十一日吉時由候

五女

女

補道補授分巡直隸天津道調補霸昌道光緒元年
五月二十三日英鍾山公病故
行十生於道光十三年癸巳六月初六日吉時適内務
府正黄旗漢軍佐領下馬氏現任　奏事處筆帖式
文印瑞公號輯五行九生於道光十一年辛卯正月
初六日吉時由筆帖式陞授瓷庫庫掌同治十年
五月十四日文輯五公病故

多圖
長子
誠明

號性山行大生於嘉慶二十四年己卯五月二十九日
戌時由監生於道光七年捐納筆帖式十四年加捐六
品苑丞十七年四月補授　清漪園六品苑丞二十六年
三月間陞授員外郎咸豐三年三月陞授公中佐領
四年九月陞授會計司郎中五年九月捐輸護軍叅領
銜六年十一月轉補銀庫郎中八年七月初十日署理
武備院卿八月十二日陞授驍騎叅領九月二十六日
京察一等奉
旨記名　簡放山海關監督九年十二月十五日差滿回京

轉補慎刑司郎中十年四月初二日

簡放上駟院卿同治十一年六月十五日奉

旨著授總管内務府大臣七月十八日管理

中正殿事務二十五日署理正紅旗滿洲副都統十二年

九月十五日恭逢

穆宗毅皇帝

大婚典禮告成　賞戴花翎十一月初七日管理樂部事

務加七級享年五十六歲終於同治十三年六月初九

日亥時呈遞遺摺奉

旨伊子薩章薩申均著賞以主事候補欽此

性山妻

卓佳氏内務府鑲黄旗滿洲管領下原任員外郎慶諱昌之長女行二生於道光二年壬午六月初四日巳時享年四十一歲終於同治元年壬戌五月十八日巳時　墳地在侯家莊左第一座　子二

性山妾

王氏山西省人生於道光二十二年壬寅七月初四日吉時

多圃次子

誠英

號又山行九生於道光十一年辛卯九月初一日吉時
由監生捐納筆帖式加捐
清漪園八品苑副同治二年十一月補授八品苑副六年
四月陞授七品苑副十年十二月陞授六品苑丞十三
年十月獎賞護軍叅領銜光緒七年五月初一日陞
授慶豐司員外郎十二月陞授鑲黄旗公中佐領十
五年恭逢
大婚典禮告成蒙
總管内務府大臣　保奏奉

又山

妻

旨賞戴花翎欽此十七年六月二十日陞授
湯泉總管享年六十一歲終於光緒十七年七月二
十九日未時　墳地在侯家莊右第一座
王氏内務府鑲黄旗漢軍管領下原任錢糧衙門八
品達富諱春之二女行二生於道光九年己丑七月十
九日吉時享年五十二歲終於光緒六年庚辰十二
月初二日酉時　墳地在侯家莊右一座

多圖

長女

女

多圖

次女

女

行十一生於道光丙申年十月二十九日戌時適内
務府正白旗漢軍許氏現任工部尚書崇印綸之長
子太僕寺少卿陞授鴻臚寺正卿壽印昌號伯旛行
大生於道光二十年庚子七月十六日吉時
行十四生於道光二十六年丙午三月二十日未時享
年十五歲終於咸豐十年四月十六日子時
寄葬於大豁口外中院塋地夸蘭西南

蔭亭長子誠存

字義門號性菴行二生於道光七年丁亥五月初六日

吉時由監生捐納筆帖式遵籌餉例報捐鹽知事指

省分發長蘆於咸豐六年四月十八日到蘆八年復遵

本例加捐鹽課大使分缺先補用並免試用仍留長蘆

候補二月十八日驗看三月初七日由

吏部帶領引

見奉

旨著照例發往欽此是月二十七日到蘆十年正月初二日

委署廣積庫大使遵於是月初五日接印任事閏三月交

卸同治元年八月蒙
前長蘆運憲克　詳請
題補豐財場大使正月初八日任事七年舉辦
大計案内蒙
爵閣前署直隸督部堂官　保薦奉
旨准其卓異加一級註册候陞欽此茲因歷俸期滿奉文引
見十三年十二月十八日交卸領咨赴
部光緒元年五月初十日經
欽派王大臣驗看堪以回任十一日覆

奏奉
旨依議欽此領照到蘆奉飭仍回豐財場本任遵於七月十
二日任事七年六月二十日在任聞訃丁繼母憂回
旗守制九年九月二十日服滿赴
吏部投供十年六月初十日經
欽派王大臣驗放十一日覆
奏奉
旨著補授兩淮掘港場鹽課大使欽此八月初十日奉
吏部給發文憑一道遵於九月二十三日到淮十月

二十日奉
前署两淮都轉張　劄飭赴任遵於十一月二十一
日接印任事十三年閏四月奉文恭逢
親政恩詔加一級十五年四月奉文恭逢
歸政典禮恩詔加一級又於五月奉文恭逢崇上
皇太后徽號恩詔加一級等因先後轉行欽遵在案十二月奉
前陞運憲福　轉奉
吏部行知兩淮掘港場大使誠存又届十年俸滿
等因奉調引

見十六年六月二十六日遵飭交卸掘港場印務是月又

奉文行恭逢

萬壽恩詔加一級欽此欽遵九月二十三日領咨十月二十四日赴

部驗到十一月初二日由

吏部帶領引

見奉

旨俸滿兩淮鹽大使誠存著回任欽此十一日領照起程十

二月初十日回淮十八日奉

兩淮運憲江　劄飭仍回掘港場本任遵於光緒

十七年正月初五日接印任事二十四年閏三月十四日
接奉
兩淮運憲江　劄飭調署兩淮泰州安豐場篆
務遵於四月初九日交卸二十五日接印任事

性菴

妻

張嘉特氏正黃旗蒙古佐領下乾隆癸巳科進士
原任福建南靖縣知縣德　諱成之二女行二生於
道光七年丁亥閏五月十二日辰時享年三十一
歲終於咸豐七年丁巳十月二十八日亥時
墳地在北頂坑深九尺

性菴

妾

郭氏直隸河間府交河縣人生於咸豐二年壬子六
月二十日吉時享年四十三歲終於光緒二十年五
月十八日卯時
墳地在北頂夸蘭東北坐北向南

蔭亭次子

誠培

字厚菴號植先行六生於道光八年戊子七月二十八
日吉時由監生捐納筆帖式於咸豐四年八月遵採
買米石捐輸事宜處報捐准以圓明園筆帖式
分缺先補用六年五月初八日補授筆帖式同治元年
京察一等二月十二日引
見奉
旨內記名以理事同知通判用准其一等加一級欽此同治
三年六年二次　京察一等奉
旨准其一等加一級欽此三年七月初二日因江甯克復奉

旨賞加一級欽此十年九月轉正掌稿筆帖式光緒二年四
月二十五日由吏部帶領引
見奉
旨直隸獨石口理事同知著誠培補授欽此遵即領憑到首
於是年七月二十六日接印任事五年二月二十日接奉
爵閣直督部堂李　劄飭委署張家口理事同知
遵於三月初八日交卸二十八日接印任事六年五月奉
爵閣直督部堂李　劄飭撤任交卸後八月復奉
直隸宣化道奎　劄委隨同幫辦馬廠官荒地畝

七年六月三十日在差次聞訃丁繼母憂嗣蒙
爵閣直督部堂李　查辦張獨多三廳各旗官荒
敞地出力八年二月初七日軍機大臣奉
旨丁憂獨石口理事同知誠培俟服闋補還同知後以知府
用欽此十一年九月前赴直隸保定府藩庫具稟購
款認交署理張家口同知任内虧欠正雜款銀一千
三百兩十二月請咨回旗十四年十一月二十二日
由内務府帶領引
見奉

旨著回原衙門當差欽此照例回內務府在都虞司主事
上行走十五年十一月十六日由　吏部帶領引
見奉
旨前獨石口理事同知誠培著外用欽此十七年七月二十
六日由　吏部帶領引　見奉
旨伊犁理事同知員缺著誠培補授欽此八月二十四日經
吏部給發文憑一道謹遵祇領旋即因病請假於十
八年二月十八日由京起程七月行抵伊犁省城接
印任事二十年十二月在任因病請假調理延至

二十一年三月二十六日巳刻病故蒙
伊犁將軍長
副都統鍾
領隊大臣英 派員料理故後一切棺殮營齋等
事隨將靈柩舁請至伊犁惠遠城城隍廟內暫
厝嗣於二十二年六月發給回旗咨文七件飭家
丁袁升護送靈柩於八月初八日自伊犁省起程
還由草地遄行十二月二十六日抵京諏吉於二十
三年二月初五日申刻安葬享年六十九歲
墳地在北項坑深九尺 子二 女三

植先 妻

車氏内務府正黄旗滿洲佐領下原任七品通官福諱森布之長女行八生於道光十年庚寅八月初五日酉時享年三十歲終於咸豐九年五月二十九日子時墳地在北頂坑深九尺

植先 妾

董氏江西人生於道光二十三年癸卯十二月三十日酉時享年二十七歲終於同治八年己巳十二月十五日寅時 葬於北頂夸蘭東

植先 妾

闞氏直隸順天府宛平縣人生於咸豐五年乙卯九月二十四日吉時

蔭亭三子誠懋

號德菴行十生於道光十三年癸巳九月二十二日卯
時由監生候補筆帖式報捐苑副咸豐八年十月引
見奉
旨著補授清漪園苑副欽此十年遵籌餉事例改捐縣丞
指省分發直隸試用是年五月二十九日到省同治元
年押送奉省米豆空船按期抵奉無誤三年隨同
驗收採買米石二次首先拔署二三兩年海運案內
出力保奏四年七月初四日奉
旨著賞給六品頂戴欽此享年三十三歲終於同治四年十

二月十五日巳時同治六年八月二十五日申時安葬
墳地在北頂左二座坑深九尺　承嗣子隆珍

德菴妻

索勒豁金氏內務府正黃旗滿洲佐領下原任六品苑丞
麟諱慶之三女行三生於道光十一年辛卯四月十
七日卯時享年三十六歲終於同治五年九月
二十六日寅時同治六年八月二十五日申時安葬北
頂坑深九尺

蔭亭四子誠恩

原名彬字筠山號質齋行十一生於道光十九年己亥六月初八日子時由傚秀在火器營報捐柏唐阿
咸豐四年七月二十四日批補
清漪園柏唐阿同治三年咨調
總理神機營糧餉處當差五年九月考中第五十九名繙譯生員七年正月二十五日派隨
總理神機營糧餉處前往直隸河間府任邱縣
駐紮防堵辦理糧臺事務是年三月由捐銅局報捐筆帖式嗣在軍營染受瘟疫終於四月十五日

笏山

妻

辰時享年三十歲諏吉於十二月十九日申時安
葬墳地在北頂右第二座坑深九尺　子四
梅氏內務府鑲黃旗漢軍佐領下原披甲人　諱
安成之二女行六生於道光二十一年辛丑八月十
五日吉時

蔭亭長女女

次女女

榮姑娘生於道光

號淑涓行十二生於道光二十年庚子五月十二日

吉時同治六年九月二十六日適内務府鑲黄旗滿

洲管領下卓佳氏原任員外郎慶諱昌之三子

景荃號星樵行四生於道光十一年辛卯正月初九

日吉時現任八品苑副候選同知同治十一年指省

分發廣東候補十三年改捐員外郎候補世襲雲

騎尉

三女

女

號清涓行十三生於道光二十四年甲辰十一月十四日吉時同治四年三月初八日適正黃旗滿洲蘇完瓜爾佳氏原任山西大同府知府珠諱熉之三子海麟號壽亭行三生於道光二十七年丁未正月初七日吉時現任兵部筆帖式被議後更名英麟報捐從九品分指廣東候補

四女

女

號汶涓行十五生於道光二十七年丁未正月初七日吉時同治十三年十一月十二日適內務府鑲黃旗漢軍管領下王氏原任內管領慶諱筠

之二子銘秀號商甫行二生於道光三十年庚戌四
月初八日吉時現任　奉宸苑委署苑副

杏樓長子松年

號芝田行大生於道光二十五年乙巳十月初八日子時由監生報捐主事加捐員外郎同治十二年十月間恭逢

大婚典禮告成蒙

總管内務府大臣奏保奉

旨賞戴花翎欽此享年三十七歲終於光緒七年七月十四日未時墳地在大豁口外右一座

芝田妻

王氏内務府正黄旗漢軍佐領下廣東惠州府龍川縣知縣札諱倫布之二女行二生於道光二十八

芝田

妻

年戊申十月十七日吉時享年二十二歲終於
同治八年十月二十六日巳時
索綽絡氏正紅旗滿洲多海佐領下現任廣東鹽
運使司鹽運使國印英之長女行四生於道光三
十年庚戌十月十二日吉時

杏樓次子

柏年

號佩田行二生於咸豐七年丁巳三月十一日吉時
咸豐十一年由監生在熱河　文津閣捐輸議
獎員外郎不論雙單月遇缺即補光緒三年九
月間由本旗保送　國史館考取第四十名協
修官十年十月初十日恭逢
皇太后五旬慶典十一月十五日蒙
總管內務府大臣　保奏奉
旨著獎以遇缺即補並賞加護軍叅領職銜欽此十五年
三月恭逢

大婚典禮告成蒙
總管内務府大臣　保奏奉
旨以本班先補用欽此二十一年九月蒙
總理神機營慶親王　咨調總理神機營派充
營務處委員二十三年調補右翼後營馬隊辦事
官二十四年五月二十一日由内務府帶領引
見奉
旨著補授造辦處員外郎欽此八月二十日兼署正黄旗高
麗佐領十一月初十日帶領引

見奉

旨黄新莊總管著柏年補授欽此

佩田
妻

葉赫那拉氏内務府鑲黄旗滿洲佐領下辛亥科
舉人癸丑科進士原任翰林院編修溥　諱安號遠
帆之二女行十生於咸豐五年六月十八日吉時

吉樓三子
樹年

號養田行三生於咸豐十一年辛酉正月十五日
吉時同治十三年七月由監生報捐候補主事於
光緒九年十一月完婚十五年正月間恭逢
大婚典禮告成蒙
總管内務府大臣　奏保奉
旨以員外郎補用欽此享年三十二歲終於光緒十八年
五月二十七日丑時墳地在大豁口外右第二座
子一

養田
妻

扎魯特氏鑲藍旗蒙古訥欽佐領下原候選運同敬諱和公之女原候選知府奎諱榮公之孫女原刑部郎中瑞諱珊公之曾孫女生於同治二年癸亥七月十二日吉時

杏樓
四子 增年

字竹溪號壽田生於同治四年乙丑閏五月初六日
吉時光緒三年二月挑取　咸安宮官學生七年七月蒙
順天提督學院孫　取中文生員第二十名十三年十一月
遵鄭州河工例由附生報捐筆帖式十五年正月恭逢
大婚典禮告成蒙　王大臣奏保尤為出力奉
旨著賞加副護軍叅領職銜欽此十六年五月蒙
總理神機營醇親王　咨調神機營派充文案處
委員是年十一月二十一日補授都虞司額外筆帖
式缺十九年轉補堂筆帖式缺二十年十二月

京察一等二十一年二月帶領引

見奉

旨准其一等加一級欽此十一月兼攝　綺華館文

檔事務二十二年十二月

京察一等二十三年二月帶領引

見奉

旨内記名以理事同知通判用欽此四月補放堂正領班

筆帖式十月初十日恭逢

皇太后慶辰典禮蒙

總管內務府大臣　保奏奉
旨在任以員外郎儘先陞用並賞加護軍叅領職銜欽此

竹溪

妻

董氏内務府鑲黄旗漢軍桂齡管領下現任無品級司庫繼印椿公之三女生於同治五年丙寅十二月十七日吉時

杏樓

長女

女

號俊舫行大生於道光三十年庚戌十月十六日
吉時光緒六年八月初四日適鑲黄旗滿洲佐領下
鈕祜祿氏原任勲舊佐領兼世襲騎都尉頭等侍
衛伊諱杭阿之三子聯印珍號寶臣咸豐四年十二月
二十四日吉時生中式丙子科文舉人揀發知縣

次女

女

號　舫行二生於咸豐三年癸丑正月初八日吉時
同治七年十二月初九日適内務府正白旗漢軍管
領下康氏現任造辦處六品庫掌恩印福之長子印
端鑫號儒臣行六咸豐三年癸丑正月初八日吉時

三女 女

四女 女

生現官候補主事光緒二年補授慎刑 國史館議敘 欽加理藩院卿銜
桐姑娘行三生於咸豐四年甲寅六月二十六日吉
時得年十二歲故於同治四年乙丑十一月初一日子
時葬於大豁口塋地夸蘭外西南

號蘭舫行四生於咸豐五年乙卯十二月十五日吉
時光緒七年三月初四日適鑲藍旗滿洲佐領下瓜爾佳
氏原任山西雁平道貴諱肇之次子印奎璧號星垣行三
咸豐九年正月二十九日吉時生工部筆帖式 欽加同知銜

性山長子**薩章**

號文蔚行大生於同治三年甲子六月十五日吉時
同治十三年六月十二日欽奉呈遞遺摺
恩旨
賞給候補主事是年十月復因捐款報修
圓明園工程銀兩奉
旨獎賞候補員外郎並賞加護軍叅領職銜欽此

性山
次子

薩申

號達軒行二生於同治六年丁卯十一月二十七日
吉時同治十三年六月十二日欽奉呈遞遺摺
恩旨
賞給候補主事是年十月復因捐款報修
圓明園工程銀兩奉
旨獎賞護軍叅領職銜欽此光緒十五年正月恭逢
大婚典禮告成蒙
總管内務府大臣　保奏奉
旨以員外郎補用欽此

文譜

妻

雅爾湖瓜爾佳氏正紅旗滿洲佐領下原任戶部尚書魁諱齡之長女行大生於同治五年丙寅十二月二十日吉時

達軒

妻

楊氏内務府正黄旗漢軍管領下現任銀庫郎中
文印然公之長女行大生於同治八年己巳七月
初三日吉時

性菴長子

隆端

字月舫號伯方行七生於同治九年庚午六月初七日吉時由俊秀在兩淮於光緒十四年遵江皖賑捐例報捐監生二十年復遵順直賑捐例加捐貢生六月遵山東新海防例報捐准以筆帖式補用二十年十月初四日到内務府堂左班効力當差二十三年十月初十日恭逢

皇太后萬壽慶辰典禮十一月初一日蒙

總管内務府大臣

保奏俟補缺後在任以理事同知儘先前帶領引

見先換頂戴是月初二日奉
旨依議欽此前於二十二年十二月舉辦
京察二十三年十二月初六日蒙
總管內務府大臣 奬勵歸入効力二年期滿
班遇缺截補終於光緒二十四年六月二十日未時
享年二十九歲七月初一日厝於德勝門外關廂三
義廟內諏吉於光緒二十五年八月初八日[illegible]時安
葬於北頂塋地左昭第四座坑深[illegible]尺[illegible]子一

伯

方

妻

赫舍哩氏正藍旗滿洲佐領下現任刑部主事

恩印裕公之四女行六生於同治八年己巳五月

二十六日吉時

性菴
次子 隆益

原名熙字琴軒號仲謙生於光緒六年庚辰八月十七日吉時由俊秀在兩淮於光緒十四年遵江皖賑捐例報捐監生二十年五月復遵順直賑捐例加捐貢生六月遵山東新海防例報捐准以筆帖式補用

性菴

長女

女

號芳琪行大生於道光二十五年乙巳二月二十二日吉時光緒三年正月二十日適内務府正黃旗漢軍佐領下張氏原任雲南鹽提舉保諱榮之長子玉林號華莊行大生於道光十六年丙申五月十六日酉時同知丁卯科舉人現任膳房筆帖式候選知縣光緒七年選授雲南河西縣知縣

次女

女

號荷琪行二生於道光二十七年丁未正月初五日未時享年十八歲終於同治三年甲子五月二十九日戌時葬於北頂塋地夸蘭東邊

三

女

女

號芸琪行三生於道光二十八年戊申八月初四
日吉時同治七年九月初八日適內務府正黃旗
滿洲佐領下索勒鎔金氏道光丙午科舉人咸豐壬子恩科
進士欽點內閣中書現任戶部銀庫司庫候選同
知印永順公之長子崇仁號靜安行大生於道光
二十六年丙午八月二十九日吉時由候補筆帖式
於同治十年加捐員外郎捐離內務府籤掣
戶部候補

四女

女

號若琪行四生於道光三十年庚戌十月十七日吉時同治九年十月初四日適內務府鑲黃旗漢軍管領下王氏現任　圓明園員外郎印毓秀公之長子德恒號耀峰行大生於咸豐二年壬子二月初四日吉時現官　圓明園庫守光緒二年補授筆帖式

五女

女

號茂琪行五生於咸豐三年癸丑三月初五日吉時光緒二年四月二十四日適鑲黃旗滿洲佐領下章佳氏原任掌福建道監察御史諱舒明之三子

六女

女

聯瑞號輯廷行三咸豐六年八月初一日吉時生現
官户部筆帖式
號芝琪行七生於咸豐六年丙辰正月二十五日吉
時光緒二年九月十三日適正白旗滿洲瓜爾佳氏
現署直隸宣化府懷安縣知縣印蔭祿之長子良
駿號子驤行大咸豐八年戊午四月二十六日吉時
生現官都察院候補經歷兼世襲騎都尉

現官直隸候補知縣署理宣化府懷安縣知縣加捐直
隸候補道銜加二品銜賞戴花翎 印
蔭祿

七女

女

號蕙琪行十生於光緒三年二月二十三日吉時二十三年十二月初六日子時故於江蘇省通州兩淮掘港場署享年二十一歲二十四年閏三月十六日護柩到京諏吉於閏三月二十四日申時安葬於北頂塋地夸蘭東南角坑深七尺五寸

八女

女

號萃琪行十二生於光緒十二年丙戌二月十三日吉時

植先
長子

隆豫

號健侯行四生於同治三年甲子十月初三日吉
時由俊秀於光緒十四年冬在兩淮遵江皖賑
捐例報捐監生享年二十九歲終於光緒十七年
十一月十九日亥時葬於北頂塋地夸蘭東邊

植先次子

隆翰

號華甫行九生於光緒二年丙子五月初八日吉時
由俊秀於光緒十四年冬在兩淮遵江皖賑捐例
報捐監生二十三年五月二十日在順天府册報
由監生報捐翰林院孔目職銜復遵新海防例
報捐候補筆帖式是年九月二十日到内務府堂
右班効力當差十月初十日恭逢
皇太后慶辰典禮十一月初六日蒙
總管内務府大臣 獎勵護軍校職銜

植 先
長女
女

寶姑娘生於道光二十九年己酉四月十八日午
時享年十歲終於咸豐八年戊午十月十七日
寅時葬於北頂塋地旁蘭東邊

次女
女

號哥琪行六生於咸豐五年乙卯四月初十日吉時
光緒六年三月十三日適正白旗漢軍佐領下鄭氏
不仕諱延吉公之次子榮桂號月舫行未生於
咸豐七年丁巳五月初二日吉時現官兵部筆帖
式 國史館收掌官

三女

女

號蘭琪行九生於同治十二年癸酉七月初九日吉時享年二十三歲終於光緒二十二年正月十九日辰時葬於北頂塋地夸蘭東邊

四女

女

號蓮琪行十一生於光緒五年閏三月十二日吉時

德菴承嗣子 隆珍 芴山三子

號席卿行三生於同治三年甲子六月十三日亥時享年二十三歲終於光緒十二年丙戌五月二十七日午時葬於北頂塋地夸蘭東邊庚山甲向坑深九尺

笏山長子隆桓

字公瑞號虎侯行大生於咸豐十年庚申十二月初六日子時於同治四年扣補樂部署史光緒五年七月初七日蒙

順天提督學院徐大宗師取中文生員第七十三名十年七月初二日挑補披甲錢粮十四年冬由附生在兩淮遵江皖賑捐例報捐貢生呈報出學十六年閏二月間因恭繕

大婚典禮紅檔告成蒙

總管内務府大臣

奬勵以筆帖式補用是年十二

月初三日蒙管理
頤和園大臣嵩　批在　頤和園堂檔房効力當差
十七年九月初四日補授筆帖式缺二十三年十月
初十日恭逢
皇太后慶辰典禮十一月初一日蒙管理
頤和園大臣　保奏奉
旨著賞加委護軍參領職銜欽此是年十二月初三日帶領引
見奉
旨筆帖式隆桓著陞授委署苑副欽此

公瑞

妻

錫克賀哩氏正紅旗滿洲松元佐領下嘉慶戊午科舉人諱景德公之曾孫女嘉慶丁卯科舉人諱增禧公之孫女現官　醇親王府頭等護衛印維聰公之長女行大咸豐七年丁巳十月二十日吉時生

菊山次子

隆釗

字仲潑號勉齋行二生於同治元年壬戌六月二十五日吉時於同治六年扣補景山官學生光緒二年報滿五年七月初七日蒙
順天提督學院徐大宗師取中文生員第三十七名十四年十二月間由附生在兩淮遵江皖賑捐例報捐貢生呈報出學十六年閏二月間恭繕
大婚典禮紅檔告成蒙
總管内務府大臣福宗室 奬勵以筆帖式補用三月二十日到内務府堂左班効力當差是年冬畢辦

京察十七年七月奬勵遇有造辦處筆帖式缺出侯

到効力期滿即補十九年七月舉辦

皇太后六旬萬壽慶典二十年正月二十五日軍機處片交奉

懿旨候補筆帖式隆到等均著賞加一級欽此二十一年四

月恭繕

萬壽慶典紅檔告成九月初一日蒙

總管内務府大臣　奬勵遇有各司處筆帖式缺

出儘先前扣補十二月十七日由官學生補用筆帖

式遵新海防例在直隸藩庫報捐准以巡檢不論

雙單月分發試用二十二年十月投効奉天地方
十一月二十九日蒙
盛京軍督部堂依　劉委督院隨轅委員差使二十
三年正月十三日復蒙
盛京軍督部堂依奉天撫尹堂松會委撫院監印差使四月二十四日蒙
盛京軍督部堂依奉天撫尹堂松會同保奏請以本班留於奉天補
用五月二十日奉到
硃批此次姑允所請仍隨時察看如不得力即行咨回嗣
後不得再行瀆請欽此八月二十九日經

吏部覆文覈准十月初三日接奉部覆行知十一月
初七日奉
奉天撫尹堂廷　劄知本撫院監印官一員另行派
委遵即銷差在案十一月初十日稟請給咨赴
部遵於二十四年正月二十八日經
欽派大臣驗看二月十一日領照起程三月十五日到省稟
請繳照十月二十五日蒙
前軍督憲 署撫尹憲 依　檄委署理錦州府甯遠州中後所巡檢遵
於十一月二十日接印任事二十五年六月十五日蒙

軍督憲增
撫尹憲恒
檄委調署岫巖州大孤山海口巡檢遵於本年

六月二十七日交卸七月二十八日接印任事

茆山
四子
隆鑑

號朗軒行五生於同治六年丁卯正月十一日寅
時於同治十二年扣補
御茶膳房柏唐阿享年八歲故於同治十三年三月
十九日葬於北頂塋地夸蘭東邊

佩田次子

敬昭

號蓋臣行二生於光緒五年己卯五月二十七
日吉時光緒十四年十二月間由俊秀在兩淮
遵江皖賑捐例報捐監生十六年二月挑入
奉宸苑効力柏唐阿閏二月恭逢
大婚典禮紅檔告成蒙
總管內務府大臣　奬勵以筆帖式補用二十
三年開辦
京察堂奬蒙
總管內務府大臣　奬勵六品苑丞銜

芝田

女

行二生於光緒四年戊寅八月初十日吉時享年十九歲終於光緒二十二年六月十八日葬於大豁口塋地夸蘭外西南

佩田
長子敬廼

號厚臣行大生於光緒二年丙子十月二十四日吉
時十四年十二月間由俊秀在兩淮遵江皖賑捐例
報捐監生十六年二月挑入
奉宸苑効力柏唐阿閏二月間恭逢
大婚典禮紅檔告成蒙
總管内務府大臣　獎勵以筆帖式補用十九年
七月舉辦
皇太后六旬萬壽慶典二十年正月二十五日軍機處片交奉
懿旨候補筆帖式敬廼著賞加一級欽此二十一年四月恭繕

萬壽慶典紅檔告成九月初一日蒙
總管内務府大臣　奬勵歸入効力二年期滿遇
缺截補二十三年十月初十日恭逢
皇太后慶辰典禮十一月初二日蒙
總管内務府大臣　保奏奉
旨候補筆帖式敬瑩著遇有堂筆帖式缺出即補並賞加
副護軍条領職銜欽此二十五年五月間蒙
慶親王咨調京都製造銀圓局派充請印鑰委員
十二月初十日補授昇平署筆帖式缺

佩田

長女

女

行大生於同治十三年十一月十五日吉時光緒二十二年四月初八日適内務府正白旗文耀管領下漢軍徐氏原任主事諱明山公之曾孫原任六品庫掌欽加四品銜諱安祥公之次孫現任掌儀司員外郎欽加武備院卿銜印文興公之次子誌善號樂之生於光緒四年戊寅七月初一日吉時現官六品銜造辦處候補筆帖式

次女

女

行三生於光緒八年十月二十七日吉時

養田長子廣昭

號 行三生於光緒十一年乙酉九月十八日吉時
十四年十二月間由俊秀在兩淮遵江皖賑捐例
報捐監生二十二年十一月二十五日挑補景山官
學生第九十七名

竹溪長子

廣炘

號　行四生於光緒二十一年乙未六月二十六日吉時

二十三年十月初十日恭逢

皇太后慶長蒙

總管內務府大臣　獎勵以柏唐阿補用

文黼
長子德椿

號鏡秋行大生於光緒十二年丙戌十二月初二日
吉時十四年十二月間由俊秀在兩淮遵江皖賑
捐例報捐監生十七年七月二十七日病故得年十五
歲葬於侯家莊塋地夸蘭東南方

文 長 女 黼 女

行大生於光緒七年辛巳三月初二日吉時

次 女 女

行二生於光緒九年癸未二月初五日吉時

達軒
長子德溱

號幼谿行二生於光緒十六年庚寅三月十二日吉
時二十三年十月初十日恭逢
皇大后慶辰蒙
總管内務府大臣　奬勵以柏唐阿補用
二十四年四月十六日子時病故得年八歲
葬於侯家莊塋地

《马希哈拉宗谱》内容简介

《马希哈拉宗谱》现收藏在吉林省吉林市乌拉街马氏族人家中。

谱书约修纂于清末。

马希哈拉冠汉字『马』为姓。原为盛京满洲镶黄旗人，顺治元年（1644）由盛京迁居蒲辉，继而移至和气堡，最终迁居乌拉街，『加入打牲乌拉採珠镶黄旗档案』。嗣因征兵出征，拨入乌拉驻防协领管下镶黄旗。

谱书保存完好，无残破，无损坏，字迹清晰。

内容主要有马氏家规十条，马氏宗谱简序和世系。

馬希哈拉宗譜

馬氏家規十條

一、本宗修譜始於清乾隆六年經我先人創辦本爲聯絡各支派永不忘本爲宗旨

二、凡我馬氏同姓無論遠支近派一概不准結婚

三、本宗規定十二年修譜一次每遇修譜之年應由全族總副戶長招集各戶長及首戶公同核議修譜事項所需錢欵均由各戶量力分擔竣事後除化銷外餘欵公共祭祀一次以答宗功

四、全族總副戶長及三大支各戶長十二年選舉一次每逢修譜之年由全族公共選舉

五、本族如有無嗣而產業豐厚者應由總副戶長令其選擇昭穆相當者過繼爲嗣以資接續萬不可令其個人任意揮霍戶長當然有監督之權

六、本宗如有年老缺嗣又無財產並不能自謀生活者應由總副戶長責成其近支收養以免凍餒

七、本宗如有孀居無論有無過度當然操守婦道倘有任意胡行不受馬氏家規者應由

戶長會同其近支各戶酌以相當辦法以儆效尤

八、本宗如有倚强凌弱者應由各戶長從中調解倘有不聽則報告總戶長核辦或報送官廳懲罰

九、本宗重修宗譜印刷譜書規定同宗名次係由馬氏第十世起即以國士文明啟昌宗忠正昌紹純續毓廣興慶溥恒祥相傳每一代用一字均以中間之字普通起筆無論何支務各遵守以昭統系

十、本宗所印譜書無論何支請到家中均應敬謹保存倘有遺失聲請總副戶長核辦

馬氏宗譜

馬氏（滿語馬佳哈拉）原籍盛京（即奉天省）滿洲鑲黃旗於清順治元年由盛京遷居滿洲總而移至和氣堡與家戶系最終遷居烏拉街加入打牲烏拉採珠鑲黃旗檔案尚因徵兵出征撥入烏拉駐防協領管下鑲黃旗者實居三分之一謹將各支詳細列左

始祖阿蘭泰 生二世祖 長子額奇佈
二子德奇佈
三子（護軍參領）棠尼達

二世長祖額奇佈 生三世祖 長子（筆帖式）阿佈那
二子（驍騎校）阿伯
三子阿海
四子阿奇那

二世二祖德奇佈　生三世祖　長子舒芝
　　　　　　　　　　　　　二子[illegible][illegible][illegible]

二世三祖棠尼達　生三世祖　長子[illegible][illegible]
　　　　　　　　　　　　　二子[illegible][illegible]

●三世長祖
考 海帖式 阿佈那
妣 韓吳賀 氏
生四世祖三
長子 瑚什巴
二子 瑚什垰
三子 春來

(一)四世長祖
考 瑚什巴
妣 傅氏
生五世祖三
長子 舍科
二子 舍爾泰
三子 額爾泰

(一)五世長祖
考 舍科
妣 未詳
生六世祖一
長子 海常

六世長祖
考 海常
妣 未詳
生七世祖二
長子 札爾泰
二子 舒金泰

●七世長祖　考札蘭泰　妣未詳　生八世祖四
長子　金德
二子　清德（以下均無嗣）
三子　德浚
四子　四十五

八世長祖　考金德　妣未詳　生九世祖一
長子　烏雲珠

九世長祖　考烏雲珠　妣未詳　生十世祖二
長子　祥爾（無嗣）
二子（委驍騎校）　倭錫洪阿

十世二祖　考（委驍騎校）倭錫洪阿　妣奚氏　生十一世一人
長子（雲騎尉）　尊祿

十一世長　考（雲騎尉）尊祿　妣傅氏　生十二世二人
長子（六品軍功陸軍上尉）　卓熙
二子　海金

十二世長　六品軍功陸軍上尉卓燕　郭氏　關氏　生十三世一人　長子明倫

七世二祖　考舒金泰　妣未詳　生八世祖一　長子附生富明富

八世長祖　考富明德　妣未詳　生九世祖二　長子四品翼領阿昆佈　二子英敏

九世長祖　考四品翼領阿昆佈　妣未詳　生十世祖二　長子務本無嗣　二子倭興額

九世二祖　考英敏　妣未詳　生十世祖一　長子榮祥無嗣

十世二祖　考倭興額　妣趙氏　生十一世四人　長子勝春

三子　疇喜

四子　連升

十一世長　考勝存　王氏　生十二世一人　長子　常慶

十一世二　考勝有　關氏　生十二世一人　長子（驍騎校[illegible]長改[illegible]　陞軍書記官[illegible]）　潤書

十一世三　考勝喜　未娶妻　生十二世一人　繼子　作長

十一世四　連升　張氏　生十二世一人　長子　忠長

○五世二祖　考舍爾泰　妣聶氏　生六世祖三人　長子　山谷尼揚

二子　折倫泰

三子　淇格

六世長祖

考 山谷尼揚 [illegible]

妣 氏

生七世祖四人

長子 古爾奈

二子 豐固

三子 滿福 無嗣

四子 雙德

〇七世長祖

考 古爾泰

妣 趙氏

生八世祖六人

長子 德凌保

二子 富欽保

三子 依欽保 無嗣

四子 賜福 無嗣

五子 依林佈

六子 三音佈

八世長祖

考 德凌保

妣 未詳

生九世祖一人

長子 凌山

九世長祖 考淩山 妣未詳 生十世祖二人 長子安祥

二子保祥

十世長 考安祥 妣錢氏 生十一世二人 長子富下

二子雙下

十一世長 考雙卜 妣林氏 生十二世一人 長子步春

十世二 考保祥 領催 妣未詳 生十一世一人 長子富魁

八世二祖 考富保 妣謝欽氏 生九世祖五人 長子五十三

二子那長阿

三子舒隆阿

四子佈倫

五子 富 [illegible]

九世長祖 考五十三 妣未詳 生十世二人
長子 珍 [illegible]
二子 栓 [illegible]

九世二祖 考阿長 妣未詳 生十世一人
長子 吉 [illegible]

九世三祖 考阿隆 妣未詳 生十世二人
長子 貴 [illegible]
二子 忠 [illegible]

九世四祖 考倫 妣未詳 生十世一人
長子 明 [illegible]

九世五祖 考倫 妣未詳 生十世二人
長子 坌 [illegible]
二子 連 [illegible]

十世長 考珍祥 妣李氏 生十一世二人 長子那丹珠 二子滿魁

十世長 考吉祥 妣氏未詳 生十一世一人 長子慶下[illegible][illegible]

十世二 考忠祥 妣楊氏 生十一世二人 長子德有[illegible][illegible] 二子德林

十世長 考明祥 妣劉氏 生十一世一人 長子全武

十一世長 考那丹珠 妣王氏 生十二世一人 長子有財

十一世二 考滿魁 妣鄭氏 生十二世一人 長子德財

十一世二 考德林 妣佟氏 生十二世一人 長子[illegible]財

十二世長　考有財　朱氏　生十三世二人
長子[illegible]
二子[illegible]

八世五祖　考依林佈　妣曹氏　生九世祖二人
長子烏長阿
二子舒同阿

九世長祖　考烏長阿　妣常氏　生十世三人
長子驍騎校德祥
二子成祥
三子滿祥無嗣

九世二祖　考舒同阿　妣田氏　生十世一人
長子純祥

十世長祖　考驍騎校德祥　妣李氏　生十一世三人
長子勝安無嗣
二子勝財無嗣

三子　聘林

十世一祖　考成祥　妣穆氏　生十一世三人
長子　勝福
二子　勝有
三子　德安

十世長祖　考純祥　妣李氏　生十一世三人
長子　舒明阿
二子　有林
三子　忠林

十一世三　考勝林　妣蕭氏　生十二世二人
長子　富有
二子　官桂

十一世長　考勝福　妣[illegible]氏　生十二世一人
長子　[illegible]

十一世二 考勝太 姿 有妻 生十二世一人 繼子富 尚

十一世三 佟尚 墨氏 氏 生十二世三人 長子成 [illegible] 二子作 [illegible] 三子明 作

十一世長 考舒明 妣鍾阿氏 生十二世二人 長子尚 [illegible] 二子魁 [illegible]

十一世二 考有 妣李[illegible]林氏 生十二世一人 以姪連魁 象[illegible]

十一世三 惠 張林氏 生十二世一人 長子迷 魁

十二世長 富 楊有氏 生十三世三人 長子明 有

二子 明卜

三子 明久

十二世長 富春 張氏 生十三世二人

長子 志先

二子 志雲

十二世長 成福 楊氏 考妣 生十三世一人

長子 明順

十二世長 德福 萬氏 生十三世一人

長子 常[illegible]

十二世長 連魁 李氏 張氏 生十三世三人

長子 雲龍

二子 魁元 [illegible]

三子 科元

十三世長 常玉 佟氏 生十四世一人

長子 啟明

八世六祖

考三音佈

妣胡胡氏

生九世祖四人

長子 那淩[illegible]

二子 明禄

三子 明順[illegible]

四子 常順

九世二祖

考明禄

妣未詳

生十世祖一人

長子 根慶

九世四祖

考常順

妣姜氏

生十世四人

長子 淩[illegible]

二子 祥林

三子 祥[illegible]

四子 祥成

十世長

考根慶

妣侯氏

生十一世二人

長子 常[illegible]

二子　修德

十世　長　考　凌祥　妣　曾氏　生十一世二人　長子　德昌

十世　二　祥林　常氏　生十一世二人　長子　保昌　二子　連昌

十世　三　妣　祥陞　傅氏　生十一世一人　長子　吉昌

十世　四　祥成　趙氏　生十一世一人　以姪德昌兼祧

十一世　二　考　春德　妣　李氏　生十二世一人　長子　文福

十一世　長　德昌　奚氏　白氏　生十二世二人　長子　文斗　二子　文光

十一世長 保昌 王氏 生十二世五人

長子文廣

二子文祥

三子文選

四子文台

五子文卞

十一世二 連昌 馬氏 生十二世二人

長子文章

二子文勋

十一世長考 吉昌 李氏 生十二世一人

長子文俊

十二世長 文俊 王氏 生十三世一人

長子明謙

〇七世二祖考 豐德 妣 未詳 生八世祖二人

長子阿林保

二子 庫蒙額

八世長祖 考阿林佈 妣未詳 生九世祖一人

長子 九附無嗣

八世二祖 考庫蒙額 妣未詳 生九世祖四人

長子 勝附

二子 常明無嗣

三子 海亮無嗣

四子 海秀無嗣

九世長祖 考勝附 妣未詳 生十世祖二人

長子 吉慶無嗣

二子 佛禮

十世二祖 考佛禮 妣王氏 生十一世祖一人

長子 存昌

〇七世四祖 考雙德 妣郭氏 生八世祖三人

長子 庫克精額

二子 薇茂

三子 德陵額[illegible]

八世長祖 考康克精額 妣錢氏 生九世祖一人 長子 高隆

八世二祖 考薇茂 妣郭氏 生九世祖二人 長子 水順

二子 長清

九世長祖 考高隆 妣郭氏 生十世一人 長子 薇慶

九世長祖 考水順 妣侯氏 生十世一人 長子 薇扣

九世二祖 考長清 妣趙氏 生十世一人 長子 慶和

十世長 考薇慶 妣胡氏 生十一世六人 長子 金庫

二子 銀庫

三子 德庫

四子 根庫

五子 存庫

六子 保庫

十世 長 考 德扣 妣 侯氏 生十一世二人 長子 鳳林 二子 雙林

十世 長 慶和 王氏 生十一世一人 長子 俊山

十一世 長 考 金庫 妣 盧氏 生十二世二人 長子 長和

十一世六 保甯 庫氏 生十二世一人

十一世長 鳳沈 林氏 生十二世一人

十一世二 考豐沈 林氏 生十二世一人

〇六世二祖 考驍騎校 折倫泰 妣胡王閻氏 生七世祖二人

〇七世長祖 考委驍騎校 喜常 妣未詳 生八世祖六人

長子 文[illegible]

長子 文長

長子 文瑞

長子委驍騎校 喜常

二子[illegible]什達 超爾[illegible]

長子筆帖式 武福

二子驍騎校 愛尼達

三子 左爾明阿

四子 托克達

五子　阿克達

六子　托克升保

八世長祖　考[illegible]武福　妣氏未詳　生九世祖三人

長子　阿隆

二子　英隆

三子委官　烏爾滾佈

八世二祖　考驍騎校愛尼達　妣氏未詳　生九世祖四人

長子　巴揚阿無嗣

二子　哈淩阿

三子　來勝

四子　富隆無嗣

八世三祖　考佐爾明阿　妣氏未詳　生九世祖一人

長子委官　富[illegible]

八世四祖
考托克達
妣氏未詳
生九世祖二人
長子　阿常[illegible]
二子　哈爾同阿

八世五祖
考阿克達
妣氏未詳
生九世祖四人
長子　全陞
二子　全保
三子　久陞
四子　聚陞

八世六祖
考托克吞保
妣氏未詳
生九世祖一人
長子　連陞

九世長祖
考同陞
妣氏未詳
生十世祖二人
長子　[illegible]永強阿
二子　喜順

九世二祖
考英陞
妣氏未詳
生十世祖一人
長子　[illegible]

九世三祖
考委官烏附淩佈
妣氏未詳
生十世一人
長子連桂

九世二祖
考哈淩阿
妣姜氏
生十世三人
長子烏林德
二子烏林作[illegible]無嗣
三子烏林保

九世三祖
考來勝
妣劉張氏
生十世三人
長子雙慶
二子雙喜
三子雙壽無嗣

九世長祖
考委官富慶
妣氏未詳
生十世二人
長子披甲[illegible]倭新保
二子富森保無嗣

九世長祖
考阿常阿
妣氏未詳
生十世二人
長子色克精額

九世二祖 考哈爾同阿 妣氏未詳 生十世四人

一子 保山 [illegible]

長子（六品藍翎） 連作

二子（功 [illegible]） 喜作

三子 永陞

四子 永林

十世長祖 考永強阿（賞戴藍翎） 妣王氏 生十一世二人

長子（雲騎尉） 全魁

二子（七品軍功） 金海

十世二祖 考喜順 妣氏未詳 生十一世一人

長子 德勝

十世長祖 考夢德 妣氏未詳 生十一世三人

長子 四海

二子 長海（為[illegible]）

三子 霖海

十世長祖 考連柱 妣氏未詳 生十一世一人
長子 榮海（無嗣）

十世長祖 考雙慶 妣佟氏 生十一世一人
長子 連海

十世二祖 考雙喜 妣奚氏 生十一世二人
長子 德海
二子 慶海

十世長祖 考逶新保 披甲藍翎 妣氏未詳 生十一世一人
長子 德林

十世長祖 考色克精額 妣氏未詳 生十一世二人
長子 明生（無嗣）
二子 明有（無嗣）

十世三祖 考永陞 妣汪氏 生十一世二人
長子 榮德
二子 榮昌

十世四輩
考永林
妣趙氏
生十一世一人
長子魁[illegible]

十一世長
考全魁 [illegible]
妣邵氏
生十二世二人
長子來喜
二子雲桂

十一世二
考金海 七品軍功
妣佟氏
生十二世一人
長子巨芳

十一世長
考德勝
妣張氏
生十二世一人
長子巨頭

十一世長
考連海
妣蕭氏
生十二世一人
長子春林

十一世長
考德海
妣劉氏
生十二世一人
長子勝林

十一世長
考慶海
妣常氏
生十二世一人
長子玉林

十一世長　考榮德　妣趙氏　生十二世一人　長子金[illegible]

十一世二　榮昌　生十二世一人　長子茂林

十一世長　考魁連　妣楊氏　生十二世二人　長子松林　二子長[illegible]

十二世長　考來喜　妣石氏　生十三世三人　長子明[illegible]　二子明[illegible]　三子明勇

十二世二　考索柱　生十三世二人　長子明謙　二子明谷

十二世長　玉璞　傅氏　生十三世一人　長子明常

十二世長 作林 韓氏 生十三世一人 長子永[illegible]

十二世長妣 勝林 [illegible]氏 生十三世一人 長子水[illegible]

十二世長 玉林 岳氏 生十三世一人 長子水[illegible]

十二世長妣 金[illegible] 王氏 生十三世二人 長子富[illegible] 二子貴[illegible]

十二世長妣 英林 張氏 生十三世二人 長子魁[illegible] 二子榮[illegible]

十三世長 明 廉 生十四世一人 長子[illegible]賢

十世長　考成興　妣錢氏　生十一世一人
長子富[illegible]

十世長　考恩惠　妣楊侯氏　生十一世四人
長子委官德春
二子德玉
三子德魁
四子德慶

十世二　考恩喜　妣鄭氏　生十一世二人
長子德貴
二子德有

十世三　考春喜筆帖式　妣佟氏　生十一世二人
長子陸軍排長德安
二子常安

十世長　考夢陞　妣佟氏　生十一世一人
長子教育局長縣視學道署科員及股長長壽

十一世長考德明阿 關氏 生十二世一人 長子海安

十一世二殷東阿 關氏 生十二世三人 長子海安 二子永安 三子福安

十一世長慶玉 徐氏 生十二世三人 長子文淵 二子德林 三子魁林

十一世三明福 關氏 生十二世二人 長子成林 二子全林

十一世四常福 趙關氏 生十二世三人 長子[illegible]

二子永林

三子富林

十一世長富奎 王氏 生十二世三人

長子文榮

二子文駿

三子文忠

十一世長考德春 委官 妣姜氏 生十二世三人

長子海林

三子蘇林 隊長

四子瑞林 吉林市督學 吉林市醫生

十一世二德玉 窦氏 生十二世一人

長子玉林

十一世三德魁 傅氏 生十二世一人

長子忠林

十一世四 德慶 趙氏 生十二世二人
長子 [illegible] 群林
二子 俊林

十一世長 考 德貴 謝氏 生十二世一人
長子 喜林

十一世二 德有 傅氏 生十二世四人
長子 文山
二子 文川
三子 文鋪
四子 文秀

十一世長 隨軍排長 德安 王劉 氏 生十二世一人
長子 多林

十二世長 海亮 傅氏 生十三世五人
長子 明海

二子 明江

三子 明河

四子 明漢

五子 明昆

十二世二 永安 陳氏 生十三世二人

長子 明保

二子 明昌

十二世長 考 文淵 妣 王氏 生十三世一人

長子 明[illegible]

十二世三 魁林 宗氏 生十三世二人

長子 明樓

二子 明[illegible]

十二世[illegible] 詮林 [illegible]氏 生十三世一人

長子 [illegible]

十二世長　李氏　喜林　生十三世一人　長子　明憲

十二世長　妣　楊氏　海林　生十三世一人　長子　喜元

十二世三　隊長　傅氏　森林　生十三世一人　長子　明仁

十二世四　市督學　市局官　鄭氏　瑞森　生十三世一人　長子　頌彬

十二世長　考　趙氏　玉林　生十三世一人　長子　明俊

十二世長　隊長　趙氏　祥林　生十三世一人　長子　明斌

（八）六世三祖　考　淇格　妣　氏未詳　生七世祖一人　長子　爾德佈

七世長祖　考　爾德佈　妣　氏未詳　生八世祖一人　長子　愛成

八世長祖 考愛成 妣氏未詳 生九世祖一人

○五世三祖 考額爾泰 妣氏未詳 生六世祖二人

六世長祖 考福壽 妣氏未詳 生七世祖四人

六世二祖 考實格 妣氏未詳 生七世祖一人

七世長祖 考滿成 妣氏未詳 生八世祖三人

長子 海成（無嗣）

長子 福壽

二子 實格

長子 滿成

二子 新成（無嗣）

三子 英成（無嗣）

四子 京成

長子 金山（無嗣）

長子 留[illegible]

二子 [illegible][illegible]

三子 有登額（無嗣）

七世四祖 考京成 妣氏未詳 生八世祖一人
長子 滿斗（無嗣）

八世長祖 考留福 妣氏未詳 生九世祖四人
長子 穆凌額
二子 恩柱
三子 柏柱
四子 常和

八世二祖 考有福 妣氏未詳 生九世祖四人
長子 富凌額
二子 靠山
三子 全亮（無嗣）
四子 全山（無嗣）

九世長祖 考穆凌額 妣氏未詳 生十世祖二人
長子 六十四

二子 七十七 無嗣

九世二祖 考黑杜 妣氏未詳 生十世一人
長子 富祥 無嗣

九世三祖 考柏杜 妣氏未詳 生十世三人
長子 喜祥
二子 長安 無嗣
三子 萬祥 無嗣

九世四祖 考靠和 妣氏未詳 生十世二人
長子 鎖祥
二子 秋喜

九世長祖 考富凌額 妣氏未詳 生十世一人
長子 春祥 無嗣

九世二祖 考靠山 妣氏未詳 生十世一人
長子 慶祥 無嗣

十世長祖 考六十四 妣氏未詳 生十一世三人
長子 [illegible]

十世長祖 考喜祥 妣氏未詳 生十一世一人

十世長祖 考鎖祥 妣氏未詳 生十一世二人

十世長祖 考秋喜 妣氏未詳 生十一世三人

十一世長 考筱保 李氏 生十二世一人

十一世長 考金海 妣氏未詳 生十二世三人

■氏宗譜

二十三

二子 雙保（無嗣）

三子 常有

長子 金海

長子 純厂（無嗣）

二子 連生（無嗣）

長子 雙生

二子 雙成（有無嗣）

三子 純海

長子 德貴

長子 全貴

一子　連貴
三子　長貴

十一世長　常有　生十二世三人
妣　董氏
長子　富貴
二子　雙貴
三子　全貴

十二世長　德貴　生十三世三人
妣　　　　曹氏
長子　金臣
二子　存臣
三子　連臣

〇四世二祖　考　瑚什塔　生五世祖二
　　　　　　妣　末詳
長子　瑪爾安
二子　瑪斯那

五世長祖　考　瑪爾安　生六世祖二
　　　　　妣　末詳
長子　[illegible]

六世長祖　考勝保　妣未詳　生七世祖一

六世二祖　考阿舒蘭　妣未詳　生七世祖二

七世長祖　考六十七　妣陶氏　生八世祖一

七世長祖　考爾德保　妣未詳　生八世祖一

八世長祖　考官鎖　妣關氏　生九世祖三

八世長祖　考烏凌泰　妣未詳　生九世祖一

二子　阿舒蘭

長子　六十七

長子　爾德保

二子　阿林保無嗣

長子　官鎖

長子　烏凌泰

長子　德來無嗣

二子　富明無嗣

三子　富來

長子　奇格無嗣

氏宗譜　二十四

九世三祖 考富來 妣奚氏 生十世祖一人 長子六十九

十世長 考六十九 妣徐氏 生十一世三人 長子魁生 二子根生 三子連生[illegible]

十一世二 考根生 妣常氏 生十二世一人 長子常拎

五世二祖 考瑪斯那 妣未詳 生六世祖一 長子長吉

六世長祖 考常吉 妣未詳 生七世祖二 長子忠森保[illegible] 二子邁德

七世二祖 考邁德 妣未詳 生八世祖二 長子[illegible]

二子 阿通阿

八世二祖 考阿通阿 妣未詳 生九世祖一

長子 大喜

九世長祖 考大喜 妣未詳 生十世祖二

長子 七十無嗣

二子 八十無嗣

○四世三祖 考春來 妣未詳 生五世祖三人

長子 札爾佈

二子 五十九

三子 留格

五世長祖 考札爾佈 妣未詳 生六世祖二人

長子 馬山

二子 庚尼訥

六世長祖 考馬山 妣未詳 生七世祖一人

長子 訥登阿

六世一祖
考庚尼訥
妣氏未詳
生七世祖一人
長子勝福

七世長祖
考訥登阿
妣氏未詳
生八世祖二人
長子哈當阿
二子阿常阿

七世長祖
考勝福
妣氏未詳
生八世祖一人
長子德勝無嗣

八世長祖
考哈當阿
妣趙氏
生九世祖四人
長子泰興阿
二子富雲佈
三子依札佈以上均無嗣
四子金良

九世四
考金良
妣王賈氏
生十世二人
長子貴全
二子[illegible]

十世長 考貴傳 妣全氏 生十一世一人

十世二 妣徐任氏 全氏 生十一世二人

五世三祖 考五十九 妣索氏 生六世祖七人

五世四祖 考常格 妣氏未詳 生六世祖一人

長子 編[illegible]

長子 閏[illegible]

二子 錫勒

長子 珠海

二子 雙海

三子 德海

四子 四海

五子 馬保

六子 富海

七子 來富

長子 來保

六世三祖 考德海 妣氏未詳 生七世祖四人
長子 馬林
二子 馬林阿 無嗣
三子 六十六
四子 秦有

六世五祖 考馬保 妣氏未詳 生七世祖三人
長子 奇明 無嗣
二子 喜凌阿 無嗣
三子 金柱 無嗣

六世六祖 考富海 妣奚氏 生七世祖三人
長子 秦福
二子 秦成
三子 喜成

六世七祖 考來富 妣氏未詳 生七世祖一人
長子 莫克乾

七世長祖　考馬林　妣氏未詳　生八世祖一人
長子　巴延

七世三祖　考六十六　妣氏未詳　生八世祖一人
長子　長陞

七世四祖　考泰有　妣氏未詳　生八世祖三人
長子　連德
二子　全升保 無嗣
三子　全德

七世長祖　考泰福　妣氏未詳　生八世祖一人
長子　金陞

七世二祖　考泰成　妣氏未詳　生八世祖一人
長子　滿陞 [illegible]

七世三祖　考喜成　妣趙氏　生八世祖二人
長子　德貴
二子　長[illegible]

七世長祖 考莫克托 妣氏未詳 生八世祖一人

長子滿昌

八世長祖 考巴越 妣氏未詳 生九世祖一人

長子石頭

八世長祖 考長陞 妣氏未詳 生九世祖一人

長子鐵頭[illegible]

八世長祖 考金升 妣張氏 生九世祖二人

長子英存

二子保[illegible]

八世長 考德貴 妣石氏 生九世五人

長子有[illegible]

二子全[illegible]

三子[illegible][illegible]

四子富[illegible]

五子[illegible][illegible]

八世二 考長爾 妣韓氏 生九世三人
長子喜順
二子鳳喜
三子連喜

八世長 考滿昌 妣未詳 生九世一人
長子根喜

九世長 考石頭 妣未詳 生十世二人
長子長庫
二子金庫

九世長 考英春 妣李張氏 生十世二人
長子長林
二子長福

九世二 考保爾 妣未詳 生十世一人
長子長貴

九世長 有喜 劉氏 生十世一人 長子 春[illegible] 劉氏

九世二考 全喜 趙氏 生十世一人 長子 峻[illegible]

九世三 喜魁 楊氏 生十世一人 長子 峻林 [illegible]

九世四 喜慶 閻氏 生十世一人 長子 峻[illegible] 趙氏

九世五 雙慶 奚氏 生十世二人 長子 峻臣 二子 峻和

九世長 喜順 趙氏 生十世三人 長子 峻清 二子 峻良 [illegible]氏

九世二 鳳喜 佟氏 生十世二人 長子 峻川 王氏 二子 峻珠

九世長 考 根喜 齊氏 生十世一人 長子 峻山

十世長 考 長林 石氏 生十一世一人 長子 連生阿

十世二 長福 張氏 生十一世一人 長子 德生阿 張氏

十世長 長貴 張氏 生十一世四人 長子 依生阿 二子 吉生阿 三子 慶生阿 四子 舒生阿

十世長　峻章　石氏　生十一世一人　長子　鳳和

十世長　峻臣　趙氏　生十一世一人　長子　鳳安

十世長　峻清　趙氏　生十一世一人　長子　鳳武

十一世長考　連生阿　趙氏　生十二世一人　長子　貴龍

●三世二祖 考阿伯 妣未詳 生四世祖三 長子恩奎 二子和達色 三子博達色

四世長祖 考恩奎 妣未詳 生五世祖一 長子大保

四世二祖 考和達色 妣未詳 生五世祖二 長子札克丹 二子薩哈齊

四世三祖 考博達色 妣未詳 生五世祖一 長子[illegible]

五世長祖 考大保 妣未詳 生六世祖二 長子通色 二子額勒圖

五世長嗣 考札克薩 妣未詳 生六世嗣三 長子清尼拉中 二子富爾哈 三子吉爾哈

○六世長嗣 考清尼拉 妣未詳 生七世嗣二 長子長明 二子馬明

七世長嗣 考長明 妣未詳 生八世嗣一 長子七十三

七世二嗣 考馬明 妣未詳 生八世嗣二 長子富[illegible] 二子九十

八世長嗣 考七十三 妣未詳 生九世嗣二 長子長[illegible] 二子[illegible]

八世長祖　考富終　妣未詳　生九世祖一　長子　來[illegible]

八世二祖　考九十　妣未詳　生九世祖一　長子　大[illegible]

九世長祖　考長清　妣闞氏　生十世祖三人　長子　來長[illegible]　二子　迎作　三子　富作

九世長祖　考永順　妣黃氏　生十世一人　長子　德聖

十世三祖　考富存　妣敖氏　生十一世祖三人　長子　榮祿　二子　忠祿　三子　海祿

十一世長蘭

考秦祿 妣汪氏

生十二世四人

長子長安 二子明安 三子保安 四子堂安

十一世二蘭

考忠祿 妣李氏

生十二世三人

長子成安 二子平安 三子留安

十一世三蘭

考海祿 妣出嫁

生十二世二人

長子有安 二子德安

十[illegible][illegible]二

[illegible]明 [illegible]安

生十二世四人

長[illegible]

二子 明川

三子 明[illegible]

四子 明[illegible]

十二世三 考 [illegible]保 安氏 生十三世一人

長子 明[illegible]

十二世四 依連 安氏 生十三世二人

長子 明[illegible]

二子 明[illegible]

十二世長 妣 張成 安氏 生十三世一人

長子 明[illegible]

十二世二 趙德 安氏 生十三世三人

長子 明[illegible]

二子 明[illegible]

三子 明[illegible]

十三世長 考明山 妣趙氏 生十四世一人

長子 [illegible]成

〇六世二祖 考富爾那 妣常氏 生七世祖三

長子 馬祿

二子 亮保

三子 九保

七世長祖 考馬祿 妣傅氏 生八世祖一

長子 尼忠額

七世二祖 考亮保 妣趙吳氏 生八世祖三

長子 平[illegible]

二子 平山[illegible]

三子 永[illegible][illegible]

[illegible][illegible]三[illegible][illegible] 沈保 生八[illegible][illegible][illegible]

八世長祖 考尼忠額 妣關氏 生九世祖四

長子 春貴
二子 春[illegible]
三子 玉貴
四子 立林[illegible]

八世長祖 考平德 妣[illegible]氏 生九世祖二

長子 穆克伊阿
二子 德楞額

八世三祖 考永謙佈 妣常氏 生九世祖三

長子 依爾同阿
二子 留林[illegible]
三子 依成阿

八世長祖 考平安 妣佟氏 生九世祖三

長子 長有

關氏宗譜 三十三 一

九世長祖
考春[illegible]貴
妣[illegible]氏
生十世一人

九世三祖
考下貴
妣劉氏
生十世二人

九世長祖
考穆克登阿
妣門氏
生十世二人

九世二祖
考德稜額
妣常[illegible]氏
生十世一人

九世長祖
考依爾同阿
妣常氏
生十世一人

二子 長升

三子 長英[illegible]

長子 永林

長子 富林

二子 海林

長子 [illegible]太[illegible]亮

二子 和亮

長子 [illegible]亮

長子 [illegible]

九世三祖
考依成阿
妣趙氏
生十世二人

九世長祖
考長有
妣趙氏
生十世一人

九世二祖
考長升
妣門氏
生十世四人

長子海祿
長子來富
長子來成
二子海成
三子海亮
四子金庫[illegible]

十世長
[illegible]
妣[illegible]氏
生十一世一人

十世長
考林富
妣常氏
生十一世一人

十世二
考林海[illegible]
妣[illegible]氏
生十一世一人

長子鳳年
長子恩[illegible]
長子翠山

十世長 考太亮 妣劉趙氏 生十一世二人 長子恩[illegible] 二子榮山

十世二 考和亮 妣趙氏 生十一世三人 長子保成 二子恩全 三子恩昌

十世長 考隆亮 氏 生十一世三人 長子榮富 二子榮[illegible] 三子榮[illegible]

十世長 考索保 妣白氏 生十一世一人 長子托恩

十世長 考海祿 妣常氏 生十一世一人 長子慶凌阿

十世長 考來喜 妣趙氏 生十一世五人

長子成海 二子全慶 三子富有 四子慶海 五子兆海

十世長 考來成 妣張氏 生十一世一人

長子根慶

十世二 考海成 妣傅氏 生十一世二人

長子長德 二子長慶

十世三 考海亮 妣關氏 生十一世二人

長子長有 二子長海

十一世長考 鳳奎 何氏 生十二世一人 長子恩普

十一世長 鳳山 沈氏 生十二世二人 長子吉[illegible] 二子成[illegible]

十一世長妣 恩福 劉氏 生十二世一人 長子文林

十一世二 榮山 傅氏 生十二世一人 長子[illegible]

十一世長 保成 [illegible]氏 生十二世一人 長子文[illegible]

十一世一妣 恩全 張氏 生十二世一人 長子[illegible]

十一世三 恩昌 [illegible]氏 生十二世一人 長子[illegible]

十一世長 榮富 關氏 生十二世一人
長子 文[illegible]

十一世二 參貴 [illegible]氏 生十二世二人
長子 文[illegible]
二子 文[illegible]

十一世長 拴德 張氏 生十二世三人
長子 富[illegible]
二子 海[illegible]
三子 忠[illegible]

十一世長 考 慶凌阿 妣 婁出嫁 生十二世一人
長子 雙[illegible]

十一世長 考 成海 妣 韓氏 生十二世二人
長子 文[illegible]
二子 文[illegible]

十一世三 富明阿 常氏 生十二世一人
長子 文[illegible]

十一世四　慶海　傅氏　生十二世一人　長子文清

十一世五　兆海　生十二世一人　長子文元

十一世長　長德　高氏　生十二世三人　長子富鎏　二子富[illegible]　三子富[illegible]

十二世長　恩壽　關氏　生十三世二人　長子玉[illegible]　二子玉[illegible]

十二世長　吉壽　康氏　生十三世一人　長子全福

十二世二　成壽　張氏　生十三世二人　長子全珍　二子[illegible]

十二世長 文譚 林氏 生十三世一人 長子 明[illegible]

十二世長 文張 海氏 生十三世一人 長子 [illegible]

十二世長 文王 [illegible]氏 生十三世一人 長子 [illegible]

十二世長 富郎 [illegible] 生十三世二人 長子 [illegible] 二子 金[illegible]

十二世長 雙胡 [illegible]氏 生十三世二人 長子 [illegible] 二子 [illegible]

十二世長 文王 江氏 生十三世一人 長子 [illegible]

十二世長 文傅 滿氏 生十三世一人 長子 金[illegible]

《打魚楼屯谱书》内容简介

《打魚楼屯谱书》现收藏在吉林省乌拉街赵氏族人家中。

谱书修纂于民国五年(1916)。

该谱主为伊尔根觉罗氏,『满洲之望族也』。『自前明时,即与我太祖皇上同居于长白山北分水岭西,旋又迁居于挥发川内呼兰哈达山下。』后金建都盛京后,该伊尔根觉罗氏『始祖安公兄弟三人随征,西迁居于沈阳南依吉福屯』。清入关后,顺治二年(1645)设打牲乌拉,安定满洲,本氏长始祖遂北迁『至于斯焉』。其『二弟随龙进京,三弟安于沈阳,此我始祖三位之所由来。』居于打魚楼的长始祖赵安耐,生二世兄弟三人,其长子占据关屯,仲子占据打魚楼屯,季子占据石家屯,由此分为三大支。此后,三支人所当之差屡有变动,于此『迄今二百余年以来,流传十二辈矣。』

谱书保存完好无损,毛笔楷书,字迹清晰。

谱书内容主要有序言、世系、跋、范字、又跋。

打魚樓屯譜書
吉林省永吉縣 一

我伊爾根覺羅氏滿洲之望族也自前明時即與我
太祖皇上同居於　長白山北分水嶺西旋又遷居於
揮發川內呼蘭哈達山下嗣因　太祖拓疆遼北於
天聰五年建都瀋陽號為　盛京我　始祖安
公兄弟三人隨征西遷居於瀋陽南依吉福屯焉
至順治元年定鼎順天二年間即於打牲烏拉安
定滿洲我始祖遂北遷至於斯焉彼時我
始祖二弟隨龍進京三弟安於瀋陽此我

始祖三位之所由來也至二世祖巳公生三世祖三

長者占據闞屯　仲者占據打魚樓屯

季者占據石家屯此我三大支之所由分也溯我

始祖來時原充捕打貂皮差使至順治九年又

奉　旨　採打蜂蜜直至雍正五年又奉

上諭着將蜜珠交三旗採打其五旗着打東珠

上頁等諭欽遵在案嗣至乾隆年間我族又有

充當兵馬差使又有捕打冬魚差使此我族當

差前後始終之原委也迄今二百餘年以来傳流十二輩矣雖當初立有宗譜又有譜序皆悉清文余恐日久年湮清語廢失後無譜者源流何以知之是以擬為漢序於戲木尚有本本之固者枝必榮水亦有流流之長者源寔遠願我三支永茂九族常親丙辰等年鼎新革故添註敬修族中有筱展分户者按户規責治倘和睦九族相親相近雖千家萬家千

輩萬輩不分不判豈非名宗望族流芳百

代世哉富森林謹序

歲次丙辰月建庚寅新正月良辰敬修

打魚樓屯

頭輩　趙安耐之子　巴哈坦

二始祖安泰原立家譜無處抄錄

三始祖安達原立家譜無處抄錄

二輩　始祖巴哈坦三子　莫爾根舗副　嗎勒泰珠軒達　鴨綠泰領催

三輩　嗎勒泰珠軒達三子　吉爾圖　吉爾薩　方五

四輩　吉爾圖之子　安森泰

吉爾薩之三子　七十七　四哥

五輩 安森泰 披甲五子 妻關氏 春爾泰 佛蘭 趙壽 阿佛那 德柱

七十七 牲丁三子 妻楊氏 登保 扎森泰 扎蘭泰

四哥 賞九品官二子 妻李韓氏 富清 富德

六輩 春爾泰 四子 妻關顧氏 五十 倭興額 妻穆氏 泰保 喜成阿

佛蘭 二子 妻關氏 梅保 舒綸保

趙壽 之子 妻佟氏 那三保

阿佛那 領催三子 妻關趙韓氏 烏克新保 萬昌 依成阿 妻傅氏

德柱 之子 妻金氏 楊福

七輩

登保 喀奮哩三子 妻卜氏 趙氏　烏凌阿　常山

扎蘭泰 驍騎校三子 妻常關氏　德克金佈　色克金佈　倭克協佈

當清 二子 妻韓關氏　祿德　八十九

富德 二子 妻刘氏　六十五　倭興額

五十 披甲二子 妻李氏　七十三　富同阿

喜成阿 二子 妻趙氏　滿成　根成

梅保 披甲二子 妻關氏　凌德保 披甲 妻那氏　全明

揚福 之子 妻趙氏　富明阿

烏凌阿 妻閻白氏 二子 九十一 妻常氏 斐有

常山 妻常氏 二子 斐來 斐喜

德克金佈 妻閻常氏 副堂 二子 英喜 英陞

色克金佈 妻閻常氏 驍騎校之子 滕金

倭克協佈 妻趙氏 牲丁五子 斐新 富森 吉拉 奇克坦 吉順

祿德 妻趙氏 二子 斐柱 常鎖

八十九 妻趙氏 牲丁三子 换喜 常連 銀福

六十五 妻常氏 牲丁三子 舒隆額 舒克精額 舒精額

倭興厄 珠明 多明 舒明

八輩 當同阿 領催二子 妻趙氏 丁柱 葛通阿 五品藍翎

滿成之子 妻関氏

金明之子 妻陳氏 常祿

富明阿 苦佑委官之子 妻関氏 金魁

雙有之子 妻関氏 成斗

雙來 領催三子 妻郭氏 依勒當阿 訥爾康阿 穆通阿

雙喜 牲丁二子 妻沈氏 依克唐阿 穆青阿

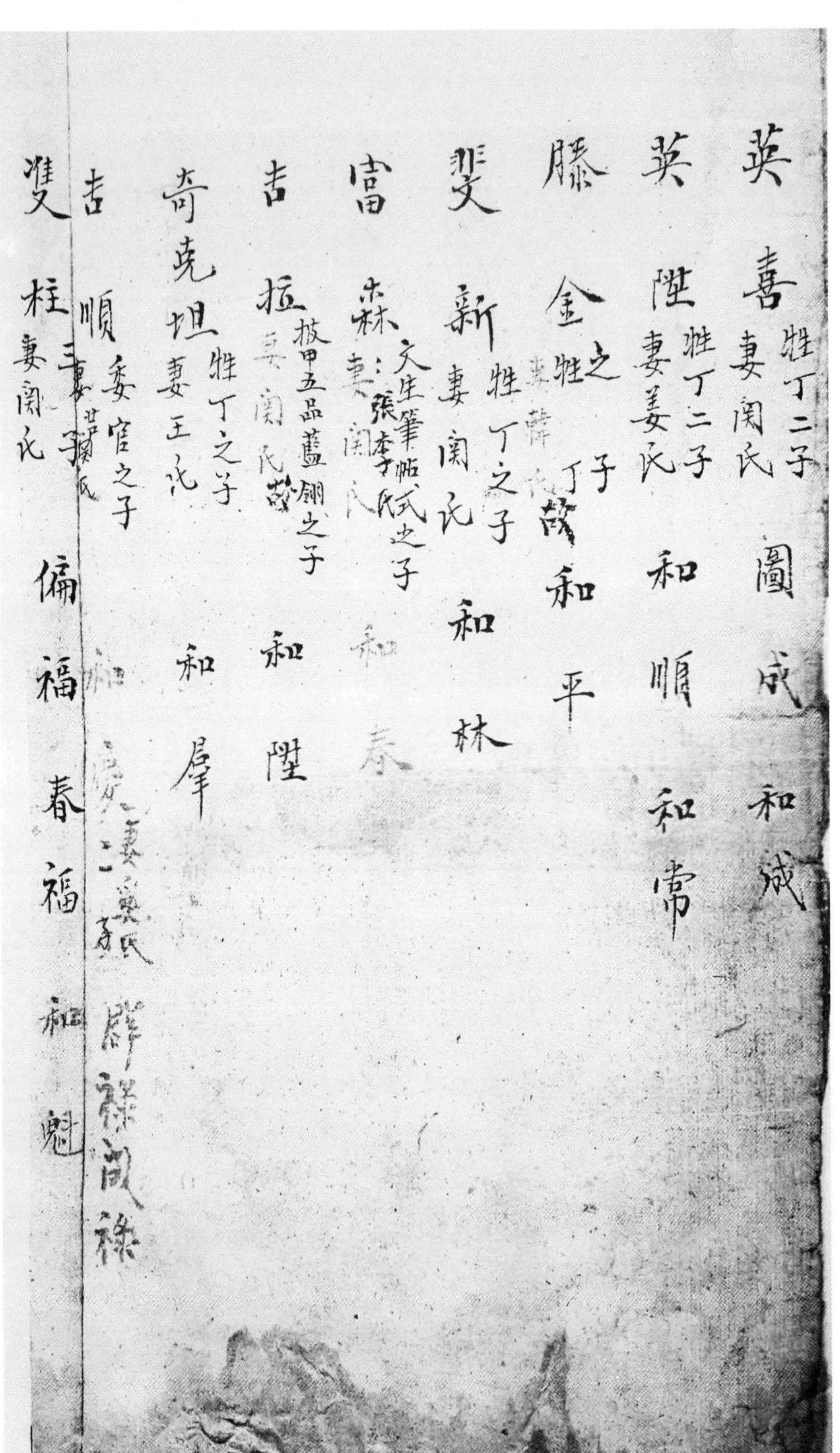
英喜 牲丁二子 妻关氏 图成 和成
英陞 牲丁二子 妻姜氏 和顺 和常
滕金 牲丁之子 和平
斐新 牲丁之子 妻关氏 和林
富森 文生笔帖式之子 妻关氏 和春
吉拉 披甲五品蓝翎之子 妻关氏 和陞
奇克坦 牲丁之子 妻王氏 和群
吉顺 委官之子 妻
斐柱 妻关氏 伦福 春福

常鎖 二子 妻錢氏　騰陞 壯丁 妻趙氏　魁生

換喜 之子 妻閆氏　致[illegible]

常連 筆帖式 三子 妻傅氏　玉陞　保慶　祥魁

銀福 二子 妻錢氏　慶成　玉壽

舒隆厄 之子 妻常氏　趙喜

舒克精厄 之子 妻莊氏　恩貴

舒精厄 三子 妻閆氏　金玉　銀玉 妻閆氏　[illegible]

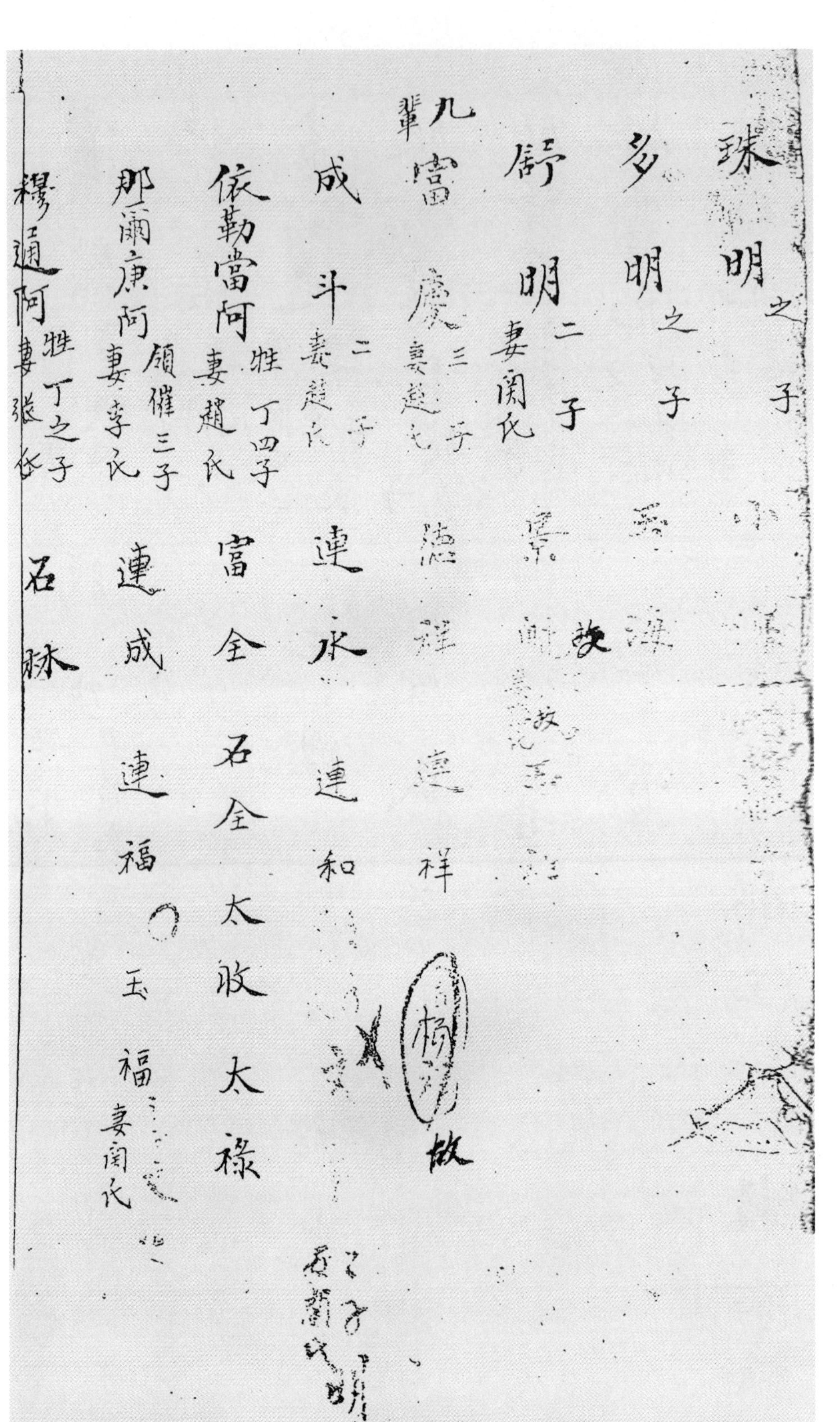

珠明之子

多明之子 舒海

舒明二子 妻関氏 常[illegible] 故

九輩 當慶三子 妻趙氏 德祥 連祥 楊[illegible] 故

成斗二子 妻趙氏 連永 連和

依勒當阿 牲丁四子 妻趙氏 富全 石全 太啟 太祿

那爾庚阿 領催三子 妻李氏 連成 連福 〇 玉福 妻関氏

穆通阿 牲丁之子 妻張氏 石林

依克唐阿 妻常氏 珠軒達之三子 泰富 泰順 丁全

穆青阿 妻胡氏 五子 福祿 福崇 故 祿慶 故 福山 福成 故

圖成 妻韓氏 碩催三子 烏永阿 百林 烏凌阿

和成之子 烏精阿 妻張氏

和順 妻李氏 筆帖式之子 石安 故

和常 牲丁六子 [illegible]富阿 永慶 安慶 安祿 春祿 群祿

和平 牲丁之子 英祿

和林 妻閆氏 順祿

和春 妻楊氏 [illegible] 書禄 妻趙氏 [illegible] 常禄 妻錢氏

和陞 生員三子 妻錢氏 多禄 百禄 榮禄

和羣 五品藍翎牲丁四子 妻趙氏 欽禄 受禄 妻楊氏 廉禄 妻劉氏 裕禄 妻佟氏

徧福 五子 妻韓氏 金財 妻劉氏 劉財 保財 德財 俊 玉 妻張氏

春福 之子 妻閻氏 故 羣海

和魁 故 二子 妻譚氏 故 春海 貴海

魁陞 六品軍功二子 妻修氏 全林 貴林

致祥 故筆帖式之子 妻閻氏 銘德

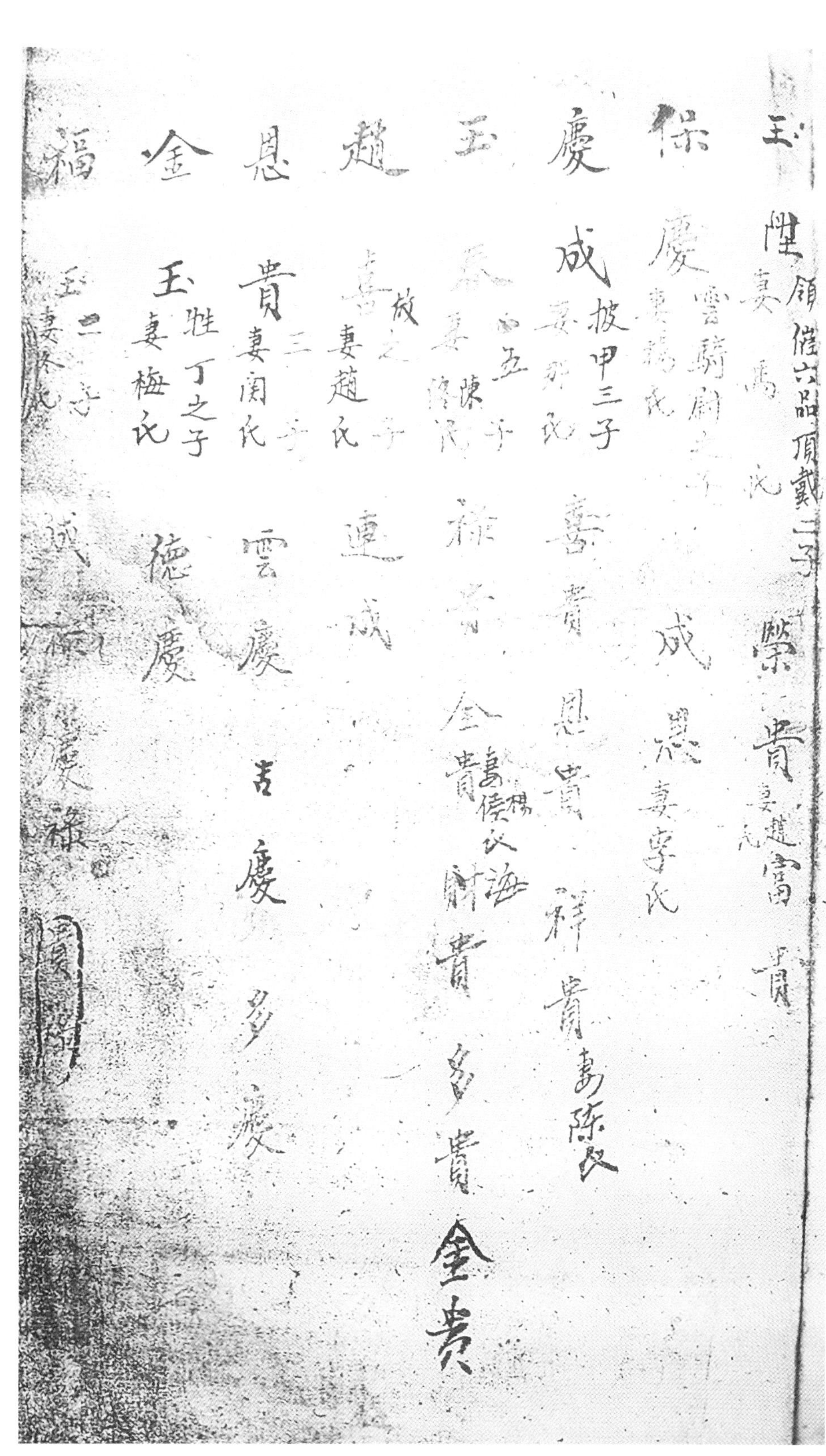

十辈
筱和　海之子
連　慶之妻孫氏　妻閔氏　文群　禄　成　祥
永　文勝
當　全之子　妻謝氏　文成
石　全之子　妻楊氏　文芳
泰　敉之子　妻趙氏　文　山之子　妻張氏　文8　清　同妻氏
泰　禄之子　妻閔氏　文筱　筱　文0　治　此子成継三福之下
連　成之子　妻孫氏　文波　波　妻孙氏　之子明芝
石　林之子　妻閔氏　文福

烏水厄 妻張氏 之子 文林

百林 二子 妻趙氏 文慶 文恒

烏凌厄 之子 妻関氏 文興 故

石安 四子 妻傅氏 文瑞 福 文喜 文陞 枚 文崇

雷精阿 二子 妻尤氏 文發 文朋

秦慶 二子 妻李氏 故 文双 妻韓氏 文榜 妻劉氏 文吉陞

安慶 子 妻錢氏 常 文檉 賢 文興

蒙祿 四子 妻韓氏 故 文玉 文連 妻劉氏 文海 文全 文銀

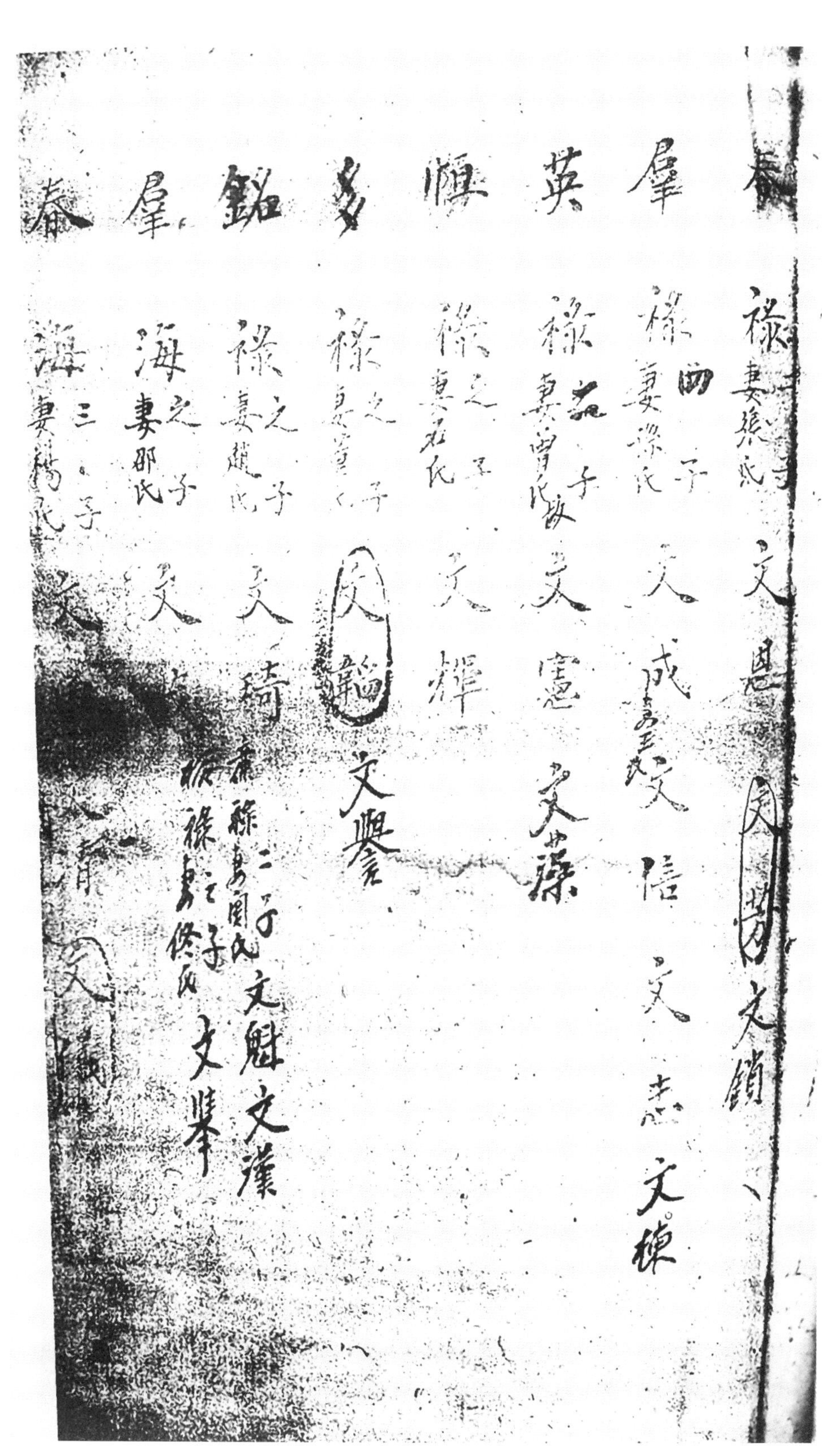

春禄 妻张氏 文恩 文勃 文锁

群禄四子 妻孙氏 文成 妻王氏 文信 文志 文栋

英禄五子 妻曹氏故 文宪 文藻

恒禄之子 妻孙氏 文辉

多禄之子 妻刘氏 文韶 文兴

铭禄之子 妻赵氏 文绮

群海之子 妻邵氏 文

春海三子 妻杨氏 文 文清 文

康禄二子 妻周氏 文魁 文汉

振禄子 妻徐氏 文华

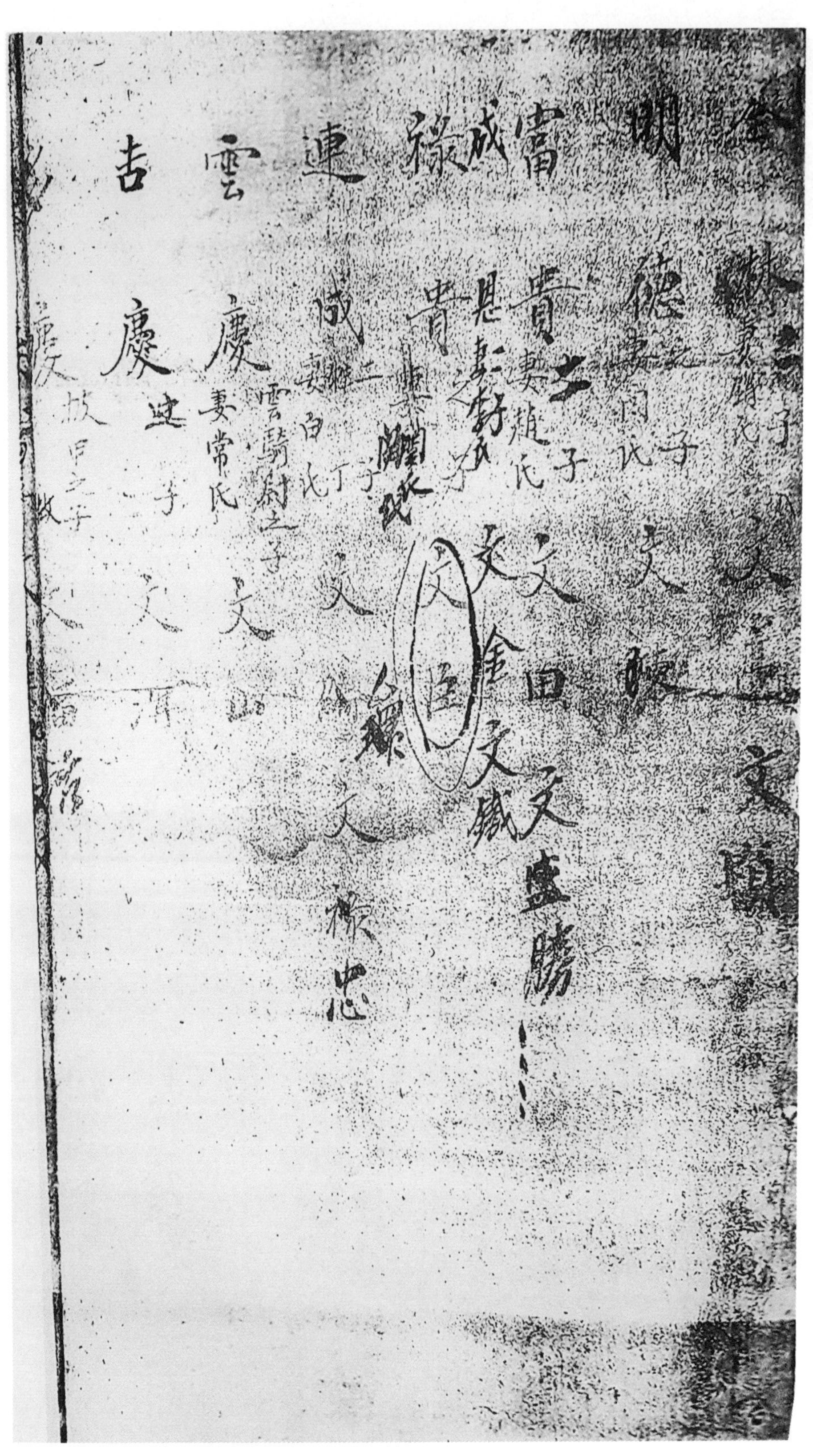

金
明 德之子 妻閆氏 文
當 貴之子 妻趙氏 文田 文盛勝
成 妻彭氏 文金 文藏
祿 貴 妻劉氏 文臣 文祿
連 成 妻白氏 文 文 文忠
雲 慶 雲騎尉之子 妻常氏 文山
吉 慶之子 文洲

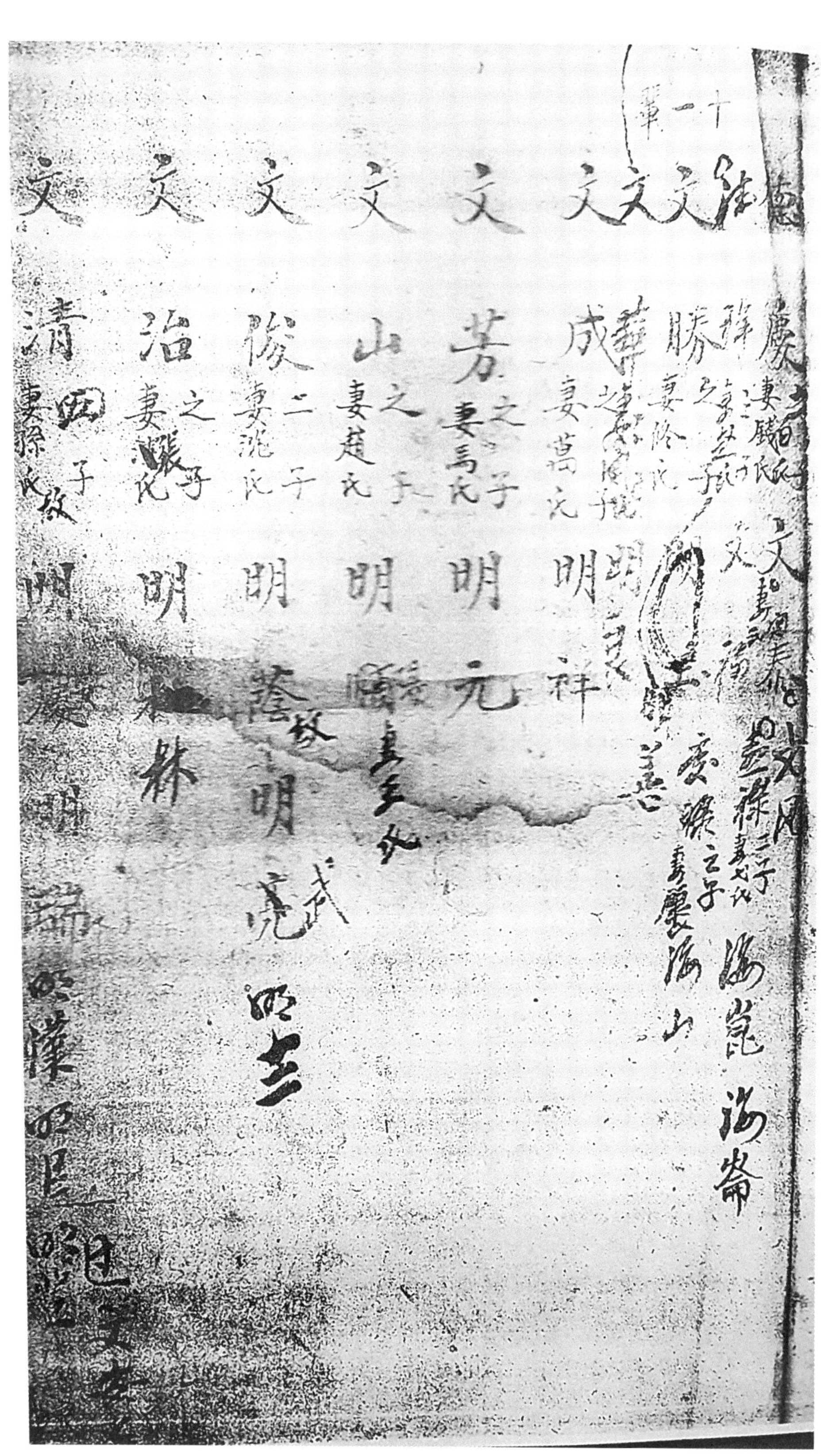

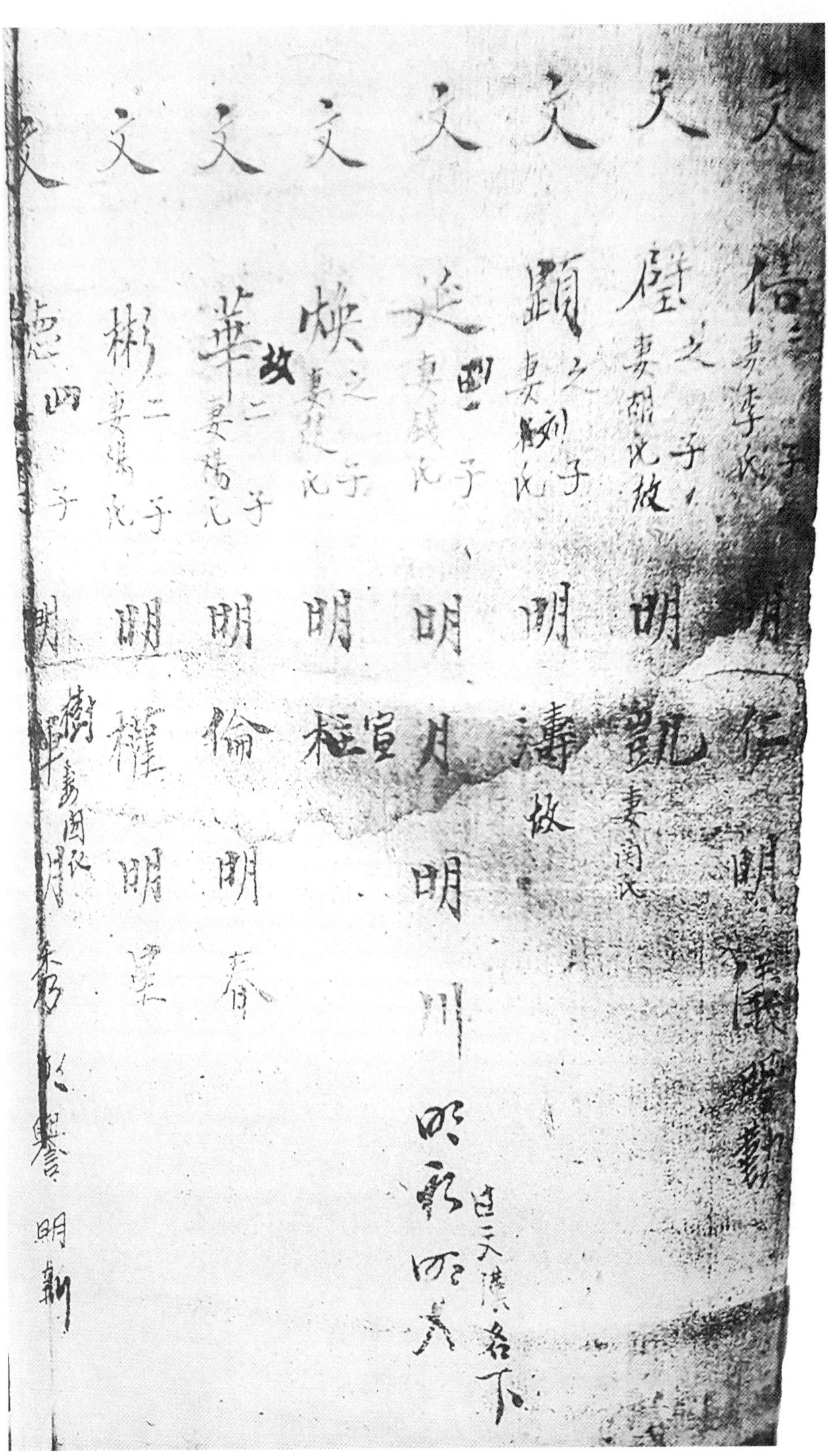

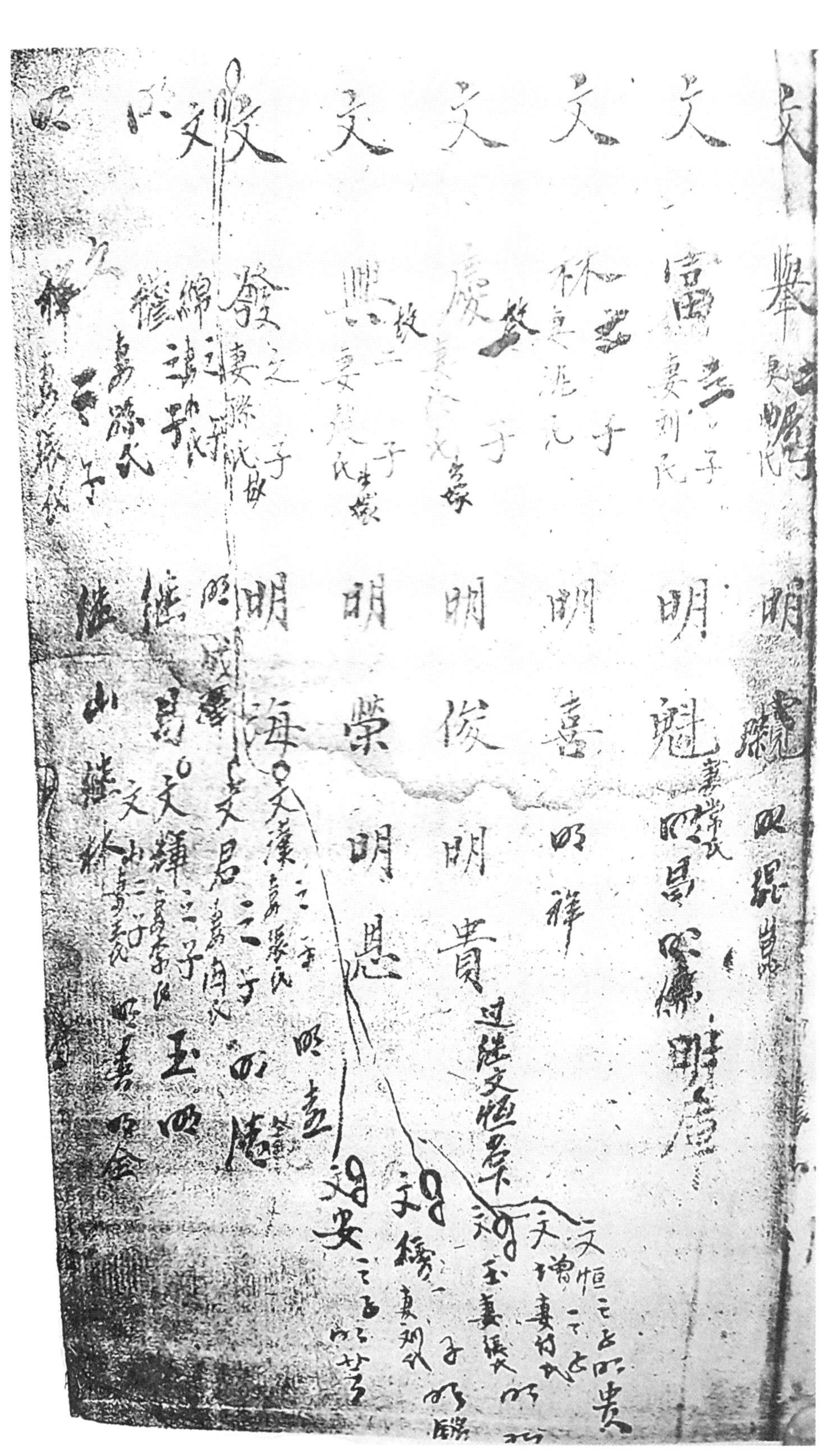

嘗聞慎終追遠子孫昌盛而裕後承先祖之功德世衍我前
龍興肇基設有烏拉八旗我族統歸採打蜜珠以及冬臭獻進　貢
品向在廂藍旗充差迨至乾隆三十三年間奉調出征凱歌旋回
身充披甲現時補立協領衙門八旗仍歸廂藍旗兵馬差使無遺
抄錄檔案皆系清文即我前輩抄錄族譜亦係清文口傳心授
詢有譜傳世世相傳二百餘年近年以來目覩時勢變遷清文幾覞
有失正值丙辰年修譜之際三支公同核議擬為漢文以備後輩
考驗而免衆流錯誤尊卑源本由來迨今傳流十二世之譜[illegible]

惟恐代遠年湮，我九族子孫各謀生計，遠遊難數，無憑可稽。擬於十輩下編纂二十字，作爲詞句文語，按輩挑列，流芳百代，世世法守，而子孫綿綿，豈不盛世也哉。

和泰潤色

祿慶草創　謹序

其詞曰

文明繼盛世　富貴慶長天　德俊恩榮永　春和喜裕綿

謹查我族三大支　始祖之坟塚原在打魚樓屯按年祭掃總族
譜向在石家屯玉環住宅供奉歷辦已久嗣因出售無處遷
移於光緒年間由祭掃款內提出錢壹百五十吊整暫行
典得海順住宅三間園五畝後經富森佈全咐行賣得入
手三支總戶長和衷商辦於宣統年間由富森佈名下
作爲賣契我給錢壹百叁拾吊整以照永遠俾有遵循不
與原業主干涉另有[illegible]長富森佈妥爲經理倘若日久

……有舛错，定以该户长是问。正值丙辰修谱之际，应将置得房间、园亩以及供奉总族谱前后办理各缘由永垂不忘也，尔
中華帝國洪憲元年，歲次丙辰新正月良辰敬修

《赫舍里氏康族世谱》内容简介

《赫舍里氏康族世谱》现收藏在吉林省长春市康氏族人家中。

该谱书是明良等人修纂于民国十一年(1922)。

赫舍里氏,是八旗满洲的重要氏族,无论是在入关前,还是入关后,在300年的大清基业中,立功建业者世不乏人,元勋巨卿,世代簪缨,庶有大家之称。

赫舍里氏,正黄旗满洲人,冠汉字赫、何、康、张、王等姓。赫舍里氏于清代名臣辈出,主要有:希福巴克什、硕色巴克什、清初首辅大臣索尼等清初重臣。索尼,于康熙六年(1667)晋封一等公爵,是年七月薨,谥文忠。索尼有三子:长子噶布喇、三子索额图、次子传说为索奈公,该谱修撰人的始迁祖为卡宜奇郎,是否为索奈公后裔?尚不能确定。但该支姓康,据传因索尼被封为康王,故以此为姓。

谱书保存完好无损,铅印本,字迹较为清楚可识。

内容主要有明良长序、范字例言、信口偶成诗、德广《创修谱书序》、李树滋《谱序》、宫庆亭八十二老人跋、康德峻《书序》、明良《题乃赓肖像诗》、科甲仕宦、旗员武职、孝行观成、节烈妇女、光绪岁次屠维大渊献抄《谨将康母项太安人之贞节碑文及坊联旌表分晰列后》、旌表坊联、索公之墓稽得于盛京昭陵侧恭录碑记、恭记抄录索公墓碑文四则均系原文列后、内大臣正一品伯男索尼恭记、诰命、皇清辅政大臣一等公男索尼恭记、备考、赫舍里康氏族谱跋、统系表、康奇郎四子招里后裔世系、世谱修纂编辑组织名单。

赫舍里氏康族世譜

康族世譜序

竊以共和分五族統稱爲黃帝之留裔溯夫滿清設八旗何莫非白山之遺脈惜朝更屢換旗存之冊檔失修而代遠年湮戶散則丁口雖稠紛如其水有源兮木有本固宜惟於終若乃春則露兮秋則霜尤須追乎遠也於是宗譜一書不可不修不能不修更不容稍緩於不修者爲唯我滿族赫舍里氏前代久失記載考自有清以來　原始祖隨　清太祖入關功忠於國子孫益延迨定鼎後乃分防各省駐八旗慨路遠疎音年深失考矣僅傳述希福巴克什原爲滿洲正黃旗人姓赫舍里其祖穆胡祿都督世居圖音額地方後遷自河又遷哈達天命四年（努爾哈赤萬曆四十四年稱元天命）偕其兄碩色巴克什自哈達來歸博通滿蒙漢文尊任文仕學館事使科爾沁城冒死復命從征大凌河屢經戰立功崇德（皇太極）元年詔爲弘文院大學士查戶口編牛彔定六部官制修遼金元三史特以不附睿親王[illegible]革職籍其家順治九年復其原官是年十一月病卒年六十有四謚文簡公贈以太保其兄碩色之長子索尼巴克什天命七年破明兵于[illegible]拾取滿洲[illegible]

以滿文清?獻守棱子鎮沙河驛等處遂定永平等以不附睿親王削其[illegible]

二年復授二等精奇尼哈番加正一等伯十八年　世祖[illegible]不豫召學士

麻勒吉王熙撰草詔並諭以索尼及蘇克薩哈遏必隆鰲拜等四人輔理政務

熙六年晉封一等公爵是年七月薨謚文忠後追封赫碩果康王其長子噶布喇

乃　孝誠仁皇后[illegible]之父也任正領侍衛內大臣世襲一等公三子索

額圖仕至保和殿大學士惟次子未詳傳聞為索奈公其吾始祖卡宜[illegible]奇耶

是否即為索奈公之後頗費疑問諸識卡奇耶出兵遼東娶瓜爾佳氏生子有五

長次絕嗣五子花子出繼富氏三子洛什巴四子招果其後人分為兩大支派前

後投駐鳳凰城分歸正黃正白等二旗計策由是以先祖名之譯音為姓氏故凰

邑除赫氏外而有康氏者蓋自此始因而此兩宗派即奉以康奇耶為始祖遺葬

遼陽洞溪溝二世祖達什巴墳在鳳凰門二世祖招果仍葬洞溪溝祖塋其次死

葬生居星散各處不及備載今已傳至十三世矣籍以生齒興繁同胞竟瑞與七

男而其戶口繁增萬殊應有歸一本雖同族有非同姓原本夏其同根而同姓或

不同宗亦屬人文同類總一言以蔽之無論隨任某城留駐某族當差或隨其
而易其姓舉凡赫舍里不拘誰氏俱同宗族如是吾族大枝繁支分派別或留
京師護衛抑分發外省駐防及隨往奉天又分駐各城實在沒無稽查無憑編纂
同譜然則本城正白一旗業於前清光緒五年曾將赫舍里罕都將軍族譜遷屬
遺之族派除已另立赫氏譜書各分統系外亦有我康氏一族原隸盛京開原縣
城昂堡吉洞峪上馬屯阿金溝並遼陽撫順千金堡鳳凰湯沟烟臺欄崴家堡子
鳳邊門城門口古城堡長嶺子後亦老爺廟河東西小山後及後遷吉林省外
岡場等處雖居鄉亦棋佈星羅而調查宜考今稽古況乎親宗譜云遠昭穆序有
條中若夫骨肉不知親情義轉同陌路乃無溯其原而淵其委恨無安人隆暗特
雖排漏貽譏茲略就於疏以及於親幸有諸君贊成藉免啜食之譏故不論官商
仕庶允邢當顯隱存亡譜此按派以編修俾萬戶千門長幼殊離失序愛擬命名
爲標準集六言四句承祧克使不紊須知孔孟一家本支則百世系明無非名排
一字纔謂顧曾兩姓遺型至今日究在究屬非兩歧因就十六三傳特從

四字共字計文臣倘字恩桂 振昌偶共之合 兆民發格家譜

於

此由文字知省現已佔有九伯顆一族萬人悉照字列諸系識支近派皆於矣

排從此情登勝而益親脈循血統之系而後親彌敦而彌篤誠敬胞與為懷若是

孝悌明人倫正誠發於修此世譜為急也夫族譜之重猶日月之經天江河之行

地縣萬世而不可朽滅至萬古而亦克從勝者矣余也浮沉宦海久矣離別家山

俾增丁或去户不知幾武官而文事不講今幸紹我 運昔弟駿涉各鄉調查三

月 宜三弟校對核閱携省付刊始創成我康氏世系之圖考名之曰康族存亡

世譜倘堂世晚恐不時解續重編更刷諸後生萬代相繼無替倘能遞流叶律五

族親若同胞不分畛域爭權共和團為結然是誠余所舞蹈歡迎且又翹企祝盼

者耳是爲序

中華民國十一年壬戌荷夏族人康仕隆六十年前原名明良字乃庚謹識於古

龍原巡省別墅

康族世谱例言

一 具體始祖共遺五支除長次缺嗣末支出繼外所遺係三四兩大支派既[illegible]此世有因後某派係某支後人某支統系昌盛某派血統斷絕後生如不忘本翻閱便知切囑君子務本

一 宗族最重統系倘統緒不接香烟恐斷則承祧不可無人但雖云業嫌擇愛務期昭穆相當以免混宗亂族故本世之記載有雙祧繼承螟蛉等字樣蓋以表示過繼失宜與否之區別

一 族中之統系既一脈相傳原不分乎嫡生庶出如嫡庶子嗣俱缺不妨承繼[illegible]兼祧而過繼子者關世孫究非人情法理之當然

一 本族戶大人多欲辨明有叙續旅行無殊以故選集二十四字共成六言四句由此命名有準每一輩佔用一字例如延昌兩輩之命延字上用昌字下用[illegible]上輩下之上昌下餘佔此起名用法均可類推以期統一可使宗族百代不紊其排字如左

文玉得榮恩桂　延昌爾[illegible]之合　兆民繼梓家儀

條規解釋

一本族之成字乃保平學最吉慶之字故命名選字[illegible]其[illegible]名多

上冠姓氏似應擇取以學字為名或一平一仄亦可[illegible]

嫌音晦族晚不可不知

一吾族先前之名多未一致茲就恩桂兩輩比較凡明（[illegible]）德（[illegible]）

蔭（[illegible]）等字與恩字同輩又祥（[illegible]）多（[illegible]）保（[illegible]）桂（[illegible]）等字與

桂字同輩但此桂字有上下用之分輩幸未差而保字因居鄉距遠乃確屬兩

輩未免混淆故兩應盡須著此乃一大原因

一吾族恭姓錄正白旗者已專立譜書選有二十八字曰德承吉林慶恩榮其明

保合樂鶴福崇良維國安全永世守純貞保泰平須知我族德承吉林等字與

康族尚學恩桂等字雖同餘可類推以防彼此識而不知最幼輩畢致失倫理

一本宗族前代功勳失考愧弗克逐細記載茲將近今文武科名旌[illegible]鄉[illegible]碑[illegible]

及節孝賢烈等婦女僅就所知略為著述則挂漏勢所難免倘[illegible]令族人等[illegible]覺

恕以侯賡續之君子

一脩家之道殊屬言易而行難即此旗籍查戶追遠立碑此年年來而人口多繁兄紛歧若非執事人跋涉晋耐煩經之營之辛苦不辭任勞任怨終難以觀厥成但除調查旅費川資暨碑部工料印刷等項種種應需化消自宜正用公款另附捐存備考外其如抄錄編纂撰文校對諸事自屬應盡之義務當然不支薪水亦無車馬等費為此附記以勉來者

一世譜告成恐謬多疏漏然雖草率猶較諸未經修者之為愈也是以吾兄弟三人於此功竣之日各攝一影以為紀念藉現臉山面目並非誇功乃介紹與族不識者識兼留後世之雪泥鴻爪云爾

信口偶成一絕

兄弟和衷纂譜書考今溯古費工夫支分派別名排字此書功成攝影圖

創修譜書序

且夫國家有綱史之編纂，皆有世系之譜，凡發既前人告後人，殷繁若夫水源木本追溯愈終，尤爲吾人切要之事，故族譜之編不容或緩者也。 生也不學，僕文字未求深解，記幼時 祖父教以滿語曰：吾族係滿洲正黃旗人，木力占牛彔赫舍里哈拉，及壯閱 祖宗統系表，始知我 先祖康奇郎墓在遼界洞溪溝，附英納墓在吉洞峪，併悉各支先人墓地。於前清光緒三十二年春 親至洞溪溝、吉洞峪兩塋祭掃，覩視 祖康奇郎之墓荒蕪，纍纍墳形僅存，睹物傷情，頓發修理之志，奈家道式微，不克如願，常與族兄乃文滴酌 先祖遺澤，感其助成孝思事，未果，而乃文作古，遂中輟，苦心孤詣，猶未能已。辛酉八月復來鳳城，聘族兄乃暢談及修墓編譜各事，彼蓄志已久，譜稿并序早脫稿，因族衆散居，苦無圖查之人。 毅然任之。本年正月，先在老爺廟街招集附近各村族中代表磋商，不僅衆認，且慨然助捐，當撥川資三十六元，由撫順、遼陽按戶查訪，集募捐款，旋至洞溪溝修理祖塋，建樹碑碣，埋立石樁，測繪坟圖，附近尚有祭田二一畝，現存大照偉琳屯洞溪满族人悉知之諏吉殺牲爲文如禮致祭用告成功四月十六日返回即將戶口列册繪圖編纂之惜城昂堡老坟當年未立碑碣不知魏其太爺墓在何處次序不明實爲憾事務望後人於先祖墓前悉立誌銘爲代遠年湮有所考焉余本能力棉薄幸得同志相助合族贊襄十余年心願今已觀成與不慶幸宗事屬創舉雖免遺漏尚冀後起秀者繼續編纂使吾族本支百世永昭不朽有厚望焉謹識

中華民國十一年孟秋念四日寓四可賓館滙普德廣韜識

康氏族譜序

余友康君宵三自撰族譜既竟索序於余余以義不容辭也甘其端曰古者左史記言右史記事事爲春秋言爲尚書蓋[illegible]乎不可偏已若夫譜牒之作繼焉由考其所自始然要嘗隱有史以俱生是亦史之支與流裔也自有姓氏之分而後有世族自有世族而後有宗支宗支爲衍時再不通殆若秦人視越人之肥瘠膜然不加喜戚於其間則人倫之變將不知伊于胡底矣有識之士欲有以維繫之故爭撰譜牒之書蓋所以重宗系而篤親親意至美也伊考脩書經籍志譜書之著錄者至有三百六十卷嗚呼盛已自唐以降或評託名人以自重或掄揚先人以鳴高求其記載翔實堪爲信譜者殆渺不可得是亦士君子之恥也孔子曰吾猶及史之闕文也孟子曰盡信書則不如無書譜牒之撰無徵不信苟有所不知宜付闕文之例謂猶見疑於後世吾不信也今康君之族譜雖未敢謂其曠幾於古然導源有自記事不濫一洗託名掄揚之失其庶幾所謂直道而行者乎余故表而出之以爲世之撰族譜者有所考鏡爲是爲序

民國十一年歲次壬戌凌川李樹滋序

宫凌亭八十二老人跋

壬戌夏来凤寓怡安堂趋访仕隐康君於退省别墅谈次出谱稿一序追本溯源收宗合族序尊卑以分远近传世世居仍咸知所自始而不休败先生小试宦途见幾而退约仁民爱物之心兴木本水源之念出处途殊其志同其道一也考其先系出长白赫舍里氏之苗裔也自文爾公随龍入關战功卓著賜職賜謚聖清徵勋辅弼公升伯爵代有偉人嗣是生齒日繁支派散處於八旗爲望族實北地之名家世遠年湮失考者遂闕文之典鳳山鴨涤始遷者居鼻祖之尊一本萬殊譜之譜別親疏而不濫萬殊一本譜之譜見本幹所自來溯譜宦三兩先生或任調查或負校刊既衆擎之易舉復爲飽而不孤選字命名作坊梓於今日傳賢納相留花様於他年宏綱畢列宗法大全先生之志大矣先生之心苦矣鳳山左遊人年平幾嗜癖淺言俚語不敢登諸華楊而樂其附驥頓自忘夫鄙拙

友末宫之顯顧跋

康氏譜書序

我康族系出滿洲赫舍里氏其先不可得而詳後世之散居[illegible]西豐雙城等處者又漫逮難稽誠非所以重親親之道也本年春族[illegible]爾君有感於此慨然有纂次譜書之提議一任調查一任編輯篳路藍縷其績可知已規模略備爰以校對之役屬德峻夫校對族譜非第是正文字而已也凡吾族之祖先由自何人宗支衍爲何派親疏遠近之別行輩長幼之序以及歷官之典型里居之遷徙均須網羅靡遺瑩剔不紊方足以召來禩而資觀感德峻學殖荒落頻年外游所有耳目之所及關於吾族名宦節孝之大軼事缺闕之故詎克盡得其詳乎惟是大略推輪何能美備所望吾族明達之士繼而匡正之補葺之庶親親之誼於以益篤也是爲序

中華民國十一年歲次壬戌吉月康德峻謹識

龍原瑞民康什隆

道廣六旬肖像

格言勸族座右銘 漫問前因與後因
幸勿縱情嗜物欲 務宜率性守天真
治家宜仿張公藝 訓子應思竇禹鈞
世外之名君子恥 墦間行乞婦人嗔
說來將相原無種 敢有詩書那怕貧
義路禮門求得入 賢關聖域自能臻
求人莫若求諸己 忠恕奚如忠立身
譜叙倫常何所棄 蕩蕩坦坦倍精神

朋良題

運普德廣肖像
現年五十有四

宣三四旬肖像

考吾族近代雖不乏名士而科第終不多覩其以武職起家者尚屬不尠至於鄉里孝子節婦貞淑女流諸孫輩凡所知獨堪記載者亦未便湮沒茲以列述備著於左以供全族後生之借鏡

（六）科甲仕宦

銘新字揖唐原名多輔字舜臣世居媛窑鋪光緒甲午恩科舉人敏而好學寫作俱佳性爽直尚謙和中年教讀甲午後因舉辦團練以濟餉奉天而家爲

其父

文哲布字保廷係本城正黄旗領催正領委官長於騎射惜挑選被政共二十二

次未僧保係標之胞其生前曾以器械其子

貴年字松豐係　盛京禮部讀祝官經前將　趙大帥考取任學館閑散併法政三年畢業法學淵博惟化性放蕩以任直隸豐潤及木省西豐縣

承恭目惜卑爵未滿四旬父子相繼物故

榮安字鳳山廿歲以前工純苦研雖學經無試依取入仕生關改前清文考稱錄

亦落地深閣納銀帖式補戶部調換本城驍騎一等卓異奉[illegible]

介溫村惜木三年任滿年五十六歲奉誥授中憲大夫其人[illegible]四門

深厚世居城門口捷三公長子

桂鍈字玉堂由兵部郎中賞戴花翎簡放四川保寧府知府丁內艱服滿改放

安徽知府任在候補道其人活潑天機爽快有為曾記伊在任府考時所出

詩文題目頗多對句例如文題南容三復白圭而詩題東坡載遊赤壁云云

即此可徵其風流多才也且素性謙和最重族誼良莠次引　見在京相

識因其到撤館湖訪同鄉不期而遇為族人道測諸家世伊晚一張以故於

尊卑長幼之節實出於天然之性非僞飾感情所能爾爾借其從任安徽道

未久在署病故身後僅有繼子

永惠字迪臣先任禮部員外郎後補郎中彼時因計請假奔喪扶柩歸省

恩祥原任刑部員外郎乃玉堂之生身父也

桂森字寶書工部員外玉堂之胞兄也

恩慶原任戶部郎中賓壽之父也

永錫字錫臣兵部員外郎改奉文變法裁撤五部改保送知府乃賓壽之長子也

以上原籍鳳凰門後由移居奉天大南關金蛟寺胡同均屬奎星保之後人

⊙ 旗以武職

奎星保原任協領從戎保郎剿捻匪凱旋立功保奏記名簡放副都統陞署副都

統領任政府誥封武顯將軍

賓臨泰字捷三原名尚志由領催起家升授復州驍騎校繼升蓋州防禦補放協

領保送鳳凰門章京三年任滿防守河本任授署蓋州城守尉候補放新任交代後

從辭職歸里由此家稱小康一生頗有為政治實情七十餘壽終蒙授四

品封典世居鳳凰門城門口

惠茂字松軒捷三公第五子也由披甲充財器兵司再挑司庫保奏驍騎校候補

覆以五品頂戴候補授奉京校政調換本城因以甲午年亂附城公辭休致

瑞察哈爾效力期滿同蒙寵放鄉里例附武職佐騎尉

明良字乃賡保德三公之四孫胎幼失怙事母滿漢未成沒其命兆門戶而
貽從補任補馬甲放司法任終得委官關復保升六品委官補滿漢廳印領催
嗣升專辦司法審司總稽審例相納驍騎校實缺驍騎領五品銜相繼補授
駐京正黃旗滿洲第三佐校改兼署世管佐領兼署本旗第一二四等佐及
正白等旗佐領治旗制變更考入奉天自治研習等畢業充任調查戶口滿回
籌辦警察兼充區官股員等差旋因政局時艱官職未擢升已久停故實
行隨陞現已更名康仕陞字濟民前委共途加三級紀錄七次

德峻字宜三世居長留子自幼讀書爾歸旗學騎射以附學讓公文未償其願恰
值國體變更紳學界舉於中央警察學門奉天分校及鳳凰廳自治研究所調
投入警察開辦之時代理辦文牘相繼任巡記書記等長轉升四區區官復
調換三區再該區匪黨充斥夙稱難治乃到差數月寬猛兼濟而著名稽盜
無不明風盜賊於是全區士紳爭送區額多數不及備載因而口碑載道上
峰深其能許其功遂擢升本城警務長任差二三年來全境人民均幸賴保

安寧遐邇周知則感其恩而戴其德者蓋大有人在不待贅述惜其性躁勢孤易招人嫉適值南海一帶因牛馬相激啓風潮而伊猝遇禪嚴致誤會釀成命案被評免職由此宦海馳驅游優北省年餘乃文乃武先游大費仍任警務長後充督軍公署及各局處科員科長護路軍司令部書記官等差業保八等嘉禾章二等二級警察獎章二等銀色獎章旋因回籍省親竟經衆票選爲省議員矣

寶崙字鏡峰住城門口正黄旗承辦領催三十多年忠厚待人和平處世人無間言隨僧王剿捻匪有功於國賞給七品頂戴馳封武略騎尉

倭什琿字貴卿住嫉窩堡由馬甲在兵司貼寫保候補領催得委官補領催後賞戴五品藍翎充總辦司建關因時勢所迫退歸林下年七十歲卒

榮奎住古城裏正黄旗領催因剿平大荒溝案内保奏以驍騎校候補乃未待補缺作故

奎祥字錫標住長嶺子正黄旗委官領催承辦旗務迨旗制變更致誤前程已矣

榮春字錦亭住[illegible]城[illegible]凝[illegible]試未能役歸旗當差充委官司[illegible]

務從儒道乃未待[illegible]體遞更早萌退志歸里現雖作古其子孫仍未改耕讀

傳家

榮湧字匯泉住城北堡人極梗直無謟無驕由披甲在財器貼寫以不慣於時局

急流勇退尚赴洲館當差己家成業就矣

烏雲森家住十余堡人極厚道在旗當差多年嗣因家貧寔遂早經告退矣

恩元字介臣[illegible]家住老爺廟河西原在正白旗當差雖充馬甲乃與領催平權嗣因

家務日繁早已歸田評能者多勞其性又兒事不捨而遊門六牌事無鉅細

非伊則為排解然非克解決此難過甚而其鼠牙雀角之訟爭更疏勝於旗

務之複雜也尤非其樂善好施見義勇為以故尤孚衆望當其年力未衰之

時代而其家無一日無客宴會其門無一登不待迎來賓儼成旅店矣其交

游而小縣可想而知是以全牌屯爲各台甘附有義聲遠播闔屯蓋眾一恩

賜鄉飲大賓享壽八十四歲古稀其子

桂寶字善卿頗有乃父遺風現充兩級國民學校學董多年亦得有　教育廳長
獎熱心學務四字匾額及四屯紳耆敬贈鄉鄰頼匾
榮廣家住古城裡先商而後農八十餘歲老而益壯蒙　縣獎賜鄉飲耆賓故於
八十七歲壽終時援例准戴七品頂戴其生前僅一子先亡幸有三孫送終
桂輪字品一正白旗兵委與領催同等辦事精明有識勇敢善言故每遇疑難事
件必諮詢伊爲表決先在兵司貼寫後專理本旗檔房事務嗣任管官無不
倚爲心腹嗣保升委官前值日俄戰爭嗣界添練鳳字營伊曾充任哨長頗
有軍律現年七十餘精神不減其家住邊門後屯
鴻坤住長嶺子原在邊門章京衙門當差彼值前季每逢三九臘月開而朝鮮國
王例遣使臣往返北京　大皇帝殿下貢獻國產必由該邊門開關查驗
放行是以該當差人等輪班稽查最關重要惟鴻坤公每值班不懼平生慎
儉見義勇爲故遇鼠雀之紛爭無不排難立解馳封武略騎尉其子
本順又名永陞字晉侯原籍由商起家取財有道教子有方可謂成家立業能

十

手迨甲午中日和約後棄商歸農兢兢業業勤儉治家嘗因地方不靖遂與紳耆衆辦鄉團經衆推伊充團練長曾賞五品頂戴於是聯絡各牌和衷共濟出入相友守望相助而鄉里匪黨賴以安謐民咸幸福匪淺至今猶稱道焉

德廣字運普心高志大嘗念無多仗義疎財家非巨富於是先就營伍學習滿語口號曾充奉天驍字營教習迨中日戰爭甲午不壞失利全軍潰散後值日俄交戰由鳳財添練鳳字營復充教練官相繼鳳城山繭稅務改由戶部征收添設稅差閘在鳳邊門街幾經設舖集股營商亦均未得利究非見異思遷乃一時之機遇氣運使然時值巡警創辦經合衆推爲字字牌會長兼巡長事宣統二年被選爲本城城廂議事會議員自治研究所畢業學員嗣投吉黑榷運緝私第一營代理二連二排排長轉調鹽務卡長因事交代查其見義勇爲不遺餘力按此修譜一事足徵其有志者事竟成惟其平素待屬春露秋霜之感頓啟水源木本之思以故隙乘賦閒甘願担任調查考今稽

古極其力以悰終溯本求源竭其誠而追遠東奔西馳査戶口北去南來查譜牒半年成功雖有三兩同人襄助而障礙諸多未始非其勞而無怨一人之力也

◎孝行純誠

桂錫字木堂住老爺廟河東家貧親老惟乃父年過古稀夙有阿芙蓉癖伊雖傍竭無日不以粳飯細菜供應且貴重藥品不斷又能不惹生氣此雖非孝子亦可爲族晚者告

◎節烈婦女

尹太君住城門口十七歲適尙珍公爲室公因設帳館窖寶誤傷耳根部斃命時太君十九歲苦守柏舟節帷遺一子榮縱浪蕩敗家如洗雖蒙綺賜旌表恤贅早被其子耗盡後經族孫明良爲伊毋項太安人立碑時併爲建坊惜太君七十餘丐食而壽終矣按此詳情均載鳳城縣志太安人另印有碑文見前

張氏係正白旗吳德興之妻二十九歲矢志守節撫育幼子有成現年五十有八

照例應有優獎待旌家什長崇子

項氏住老爺廟河西係正白旗閑散桂德之妻二十六歲誓守貞節備兼祧一子

撫育成人家產無多例

應旌表時年歲及格正擬請優獎之間

李氏蝦蟆窩堡旗室未婚之婦也該女隨母改醮楊姓寄養茲女年及笄婆家諏吉

訂娶而婿竟夭亡於是其繼父楊甲與其娘舅劉乙等合謀誘賣與地痞出丙為

妾而該女至死不從致鬧到官裂去無如丙勢頗大竟延延半年餘案則勝敗翻

覆者再而法庭之威信乃被丁官爲掃地矣惟該女矢志守貞終身不嫁雖現年

僅二十歲而其性剛志烈實顯有凜猛之氣但其窮多賦基於姑早去世故甲乙

丙等每以嫌言挾制若無影響其實光明磊落暫擬編族亦可風世究竟如何能

否百年如今日之完人誠難逆料此不能不佈告吾全族注意以覘後效此乃民國

十一年一月六日至八年七月下旬案由縣延玉判

康淑句内務門城門口項太安人之長孫女自幼讀書孝順祖母年十餘歲祖母偶病頗劇女名溫靜替父行孝因祝病愈且健許食常齋終身侍奉祖母不嫁嗣因四門字輒哭免值日俄交戰稍息隨卒女浣衣河畔猝遇日兵欲戲見用搗衣木猛擊殺兵頭部立斃復避匪仇調全隊圍攻宅院堅逼尋女此間該女早乘隙潛避板棚而老幼齊跪求免由是女驚致病吐血乃矢志保貞素口念經逢人勸善每欲認師爲尼求輒舍資權作菴觀之資而父母不許相繼祖母病故女則志愈堅而心愈誠於是苟延數年逐日誦經論道看善書爲生活之消遣其戀願早已脫離塵世年至三十二歲追孝祖母於九泉矣詳見鳳城縣志貞淑欄

十二

誥將康母項太安人之貞節碑文及坊聯特注於左

脊思竹植空山閱秋風而愈成勁節松存荒徑經冬雪而獨抱貞心懿範之交略無改易物之見貞若是人之守義亦然欽維鳳凰城駐防正黃旗滿洲穆力占佐領下世居鳳凰門城門口處　皇滿勅封安人赫舍里母項太安人昔維廿四芳辰赤心守志今逢六旬花甲白首靡他荷封爲此家地方官上請奉　旨旌表節孝例得建坊哲嗣乃脹[illegible]明良以碑代之冀其模而久諱而明也[illegible]孫保業契輿乃脹相知最稔因爲之叙其匪略而勒之石太安人者貢生[illegible]項穰公之次女原任防禦寶公[illegible]臨泰之兒媳武略騎尉榮公[illegible]惠之妻藍翎五品銜補用驍騎校明良之母也係出世家深明坤道故自二十一歲于歸孝翁姑敬伯叔和夫婿睦棠族已賢矣哉而惜也事夫僅滿三年生子將臨六月二十四歲竟守柏舟節凄凄然雖云有子呱呱兮何日成丁視昆仲之往來伊人不見聽姻婭之笑語維女胡爲追[illegible]稍長爲人從伯父宦遊錦水擇師丈業受淩川寡母孤兒天涯地角而心耿耿目炯炯欹孤枕以無言對殘燈而流涕及泣懷思則誠有之此雖百倍酸辛

尤行其所無事也用心無窒而勝於管操井臼以圖生活其勤也事絲紉以資度
用其儉也人有無母之女始育之而終聘之其仁也已有無父之兒明資之而暗
竝之其愛也凡家有婚嫁務使衣服生新妝奩著色又其有惻也治家則嫩淺就
深勞而無怨處事則能讓能忍怒不敢言如是者亦有年及嗣居子未受室佛茅
屋數椽瘠田三畝雖風雨可蔽而升斗無餘針經檢點殘籍獨存而求問價搜
羅故僕衣尙在而望附金世官爵遭此時艱未亡人其誰語耶幸而老境壯觀晚
年咨順子維一而武既成名孫有三而文克見赤豐衣足食齒厚福綿此後更有
不可限量者斯時也豈徒孀母收淚掌前即良人亦當含笑地下是殆三十七年
間所未敢望者周信天之報施不爽也爰爲銘曰有善必錄有美必彰發爾潛德
闡爾幽光力全貞節不丕振綱常至誠有感其後必昌勒諸金石萬古流芳

正黄族蒙古附生 譜姪 福增撰文 印

鳳凰廳文生員 世姻 崔文翰敬書 印

藍翎五品銜驍騎校 男 明 良跪立 印

光緒歲次屠維大淵獻杪秋月吉日

石工山左　姜本武[illegible]

皇清勑封安人旌表節孝赫舍里母項太安人之坊

巾幗有完人 松栢操堪風一世

大清光緒二十五年秋九月穀旦奉

旨旌表赫舍里母項太安人之名節

奉旨

貞心天鑒

賜進士出身候選廣東知縣王竹若敬書

藍翎五品銜補用驍騎校男明良孫[illegible]祥等敬立

絲綸旌苦節 瑣琚勒就焕千秋

族[illegible]

索公之墓稽得於盛京昭陵側恭錄併記

岸門賢君有傾臣之業孝嗣有思先之念是以歲氏宗族存與修譜意在慎終追溯淵本求源山惜先湮失考良用慨然○○任調查之責凡我歲族寄居無不奔謁採訪關求宗族而族兄洒雅蚌并序續著完備叙載赫舍哩氏乃長白正派希福巴克什之後詳考　先祖索尼之諱○于民國十一年夏曆七月念五日覓抵省城會同族弟宜三將原錄底冊付梓惟明族之譜未考統緒上下失接於八月五日赴西安至遼中山調查詳備而遼族之譜猶俱完好○寄居省族趨謁本族永殿臣談及昭陵之側有陪葬大臣索公等墓闕後於念七日親至墓前見古道依然碑蔭滿徑荊塚猶存碑碣損壞塚後倚圍形土山仍然屹立如峰塚前石獅一對尚在九眼涇龍碑猶潔白玉所製左右立碑六統損壞者三存立碑碣字跡模糊○○竭月力始辨什一墓前之誌已損為兩段碑版上鐫滿字末鐫漢文上書

光緒[illegible]之墓○將碑文抄錄付刊闡明族任封桂城附缺字不文乳字甚多故約於九月初三日同往刻族伊將該碑記逐件竭力辨識恭錄以誌我族

[illegible]

共同[illegible]考訪查源太師[illegible]林氏康族有志之士追溯惟殷以索氏爲太師補[illegible]

勿失先遺□實有厚望焉斯爲記

恭記抄錄索公墓碑文四則均係原文列後

族人[illegible]謹識

奉

天承運

皇帝制曰爻有合德子職務在賜揚臣著賢勞國典必先推錫用申新命以表尚

依爾邵斯榜式乃一等伯總理朝內事務內大臣兼掌牛彔加議政大臣索

尼之父識天之命蓋臣之誼忠以來既忠誠已著追爾子功懋旂常登見傳

家之訓茲以覃恩贈爾爲光祿大夫牛彔章京一等伯總理朝內事務內大

臣加議政大臣錫之誥命於戲率行式穀澤流青史之光教孝作忠勳隆業

綸之色永培祚緒益底昌隆

制曰國之最重者惟是忠藎之臣家所由興者以有劬勞之母特頒恩命用慰子

情爾一等伯總理朝內事務內大臣兼掌牛彔加議政大臣索尼之母□氏

被茲覃恩貤贈爾為一品夫人於戲徽□遐奕祐祚綏而 克昌翟服赫然
□昭融於無斁傳諸永遠服此休禎
康熙六年十一月二十六日
寶
（其三誥命）
天承運
皇帝制曰眙厥孫謀忠英纘世傳之澤綱其祖武恩榮昭上逮之休忠厚之道攸
存激勸□典斯在爾□世祿乃輔政大臣一等公索尼之祖父爾有貽謀以
啓乃孫傳至再世克勤王家褒寵之恩宜及大父茲以覃恩貤爾為光祿大
夫輔政大臣一等公錫之誥命於戲再此而昌無忘貽燕之報崇階特晉用
昭寵錫之恩奕代垂休九泉如在
制曰孝子之念王母情無異於慈幃贊覲之章勞臣恩并隆於□烈爰沛貤封之
命用慰報本之懷爾輔政大臣一等公索尼之祖母納喇氏爾有貽恩迨於
再此乃孫積嬰綸懸國家嘉爾淑儀宜錫褒寵慈以覃恩貤贈爾為一品夫人

於戲章服式彥沛介錫于太母綸綍寵頒保昌降百禩永承家慶以妥幽
靈　其後面碑序概同
康熙六年十一月二十六日
皇清輔政大臣一等公男索尼恭記　索尼仰承世德幸際昌期恭紀
太祖高皇帝　太宗文皇帝　世祖章皇帝三朝簡任膺參機密　恩眷有
加□進一等伯世襲免死二次寵賜三世又以尼第五子心裕尚公　主遭
遇之隆古今罕覯爰勒貞珉傳諸永世矣　顧命益矢公忠務期上溯
聖躬下贊庶績又蒙
太皇太后篤眷世勳以尼長男噶布喇第二女　冊立為　皇后正位中宮六
職以來海宇蕩平天工無曠我　皇上俯念成勞特舉懋功之典復於所
得一等伯外授為一等公世襲罔替伏念尼歷事四朝鞠躬盡瘁臣節靡留
曷敢言功乃一命再命洊膺殊寵戚屬勳門恩榮莫並撫躬循省何以克承
此皆我

先考妣積德凝庥冥漠啓佑之所致也敢不敬銘碑版條頌　天恩慰幽靈於九京賁榮光於奕禩更願我子若孫勉思前烈世篤忠貞以上報
皇仁永永無斁而已謹記
康熙六年六月吉日敬立

又一碑文

贈　先府大夫牛彔章京一等伯總理朝内事務内大臣加議政大臣特黑納正一品夫人納喇氏　之碑
康熙六年十一月二十六日曾孫内大臣一等伯索尼立

備考

索尼　曾祖父諱（特黑納娶納喇氏）生（二世穆娶納喇氏）生（邵斯榜式娶黑攝里氏）生索尼公故此分晰以備閲者一目瞭然

以上所録碑記均照原文殘缺無字者以空方圍代之

烏合里瑚氏族譜序

烏合里瑚氏祖居長白後徙隣郡而蕃衍於鳳山衍水滿太祖時　文爾公博通滿蒙漢文曾任文仕學館後遷弘文院大學士年六十四卒於官康氏遺譜可考者自此始嗣是生齒日繁散居各處迄於今派愈歧戶愈多遷雜難於稽攷更何以序幼長別行輩而追夫先遠耶族叔滙若謀刊族譜彙成將付梓封姪見之不禁慨然曰祖宗之德不其遠哉夫自古未有無祖而興不繼而昌者也槃棨之祖栩布衣服勤勞備於身功及於物天乃昌其後以報之而為之後者尤必自奮自勵務思有以亢其宗者封侄不肖孟幼弗知撿拔雖有纘緒大功之觀亦何以克昌哉是求所以紹前徽而留其有餘者猶未得其道也茲後敢不謹[illegible]自[illegible]嗚呼是譜之刊冀示以毋忽先遠然族人觀是譜者其尊[illegible]對勵之心[illegible]以興耶

中華民國十一年壬戌季秋充當奉天第四兩等學校管理員本族人封姪謹[illegible]

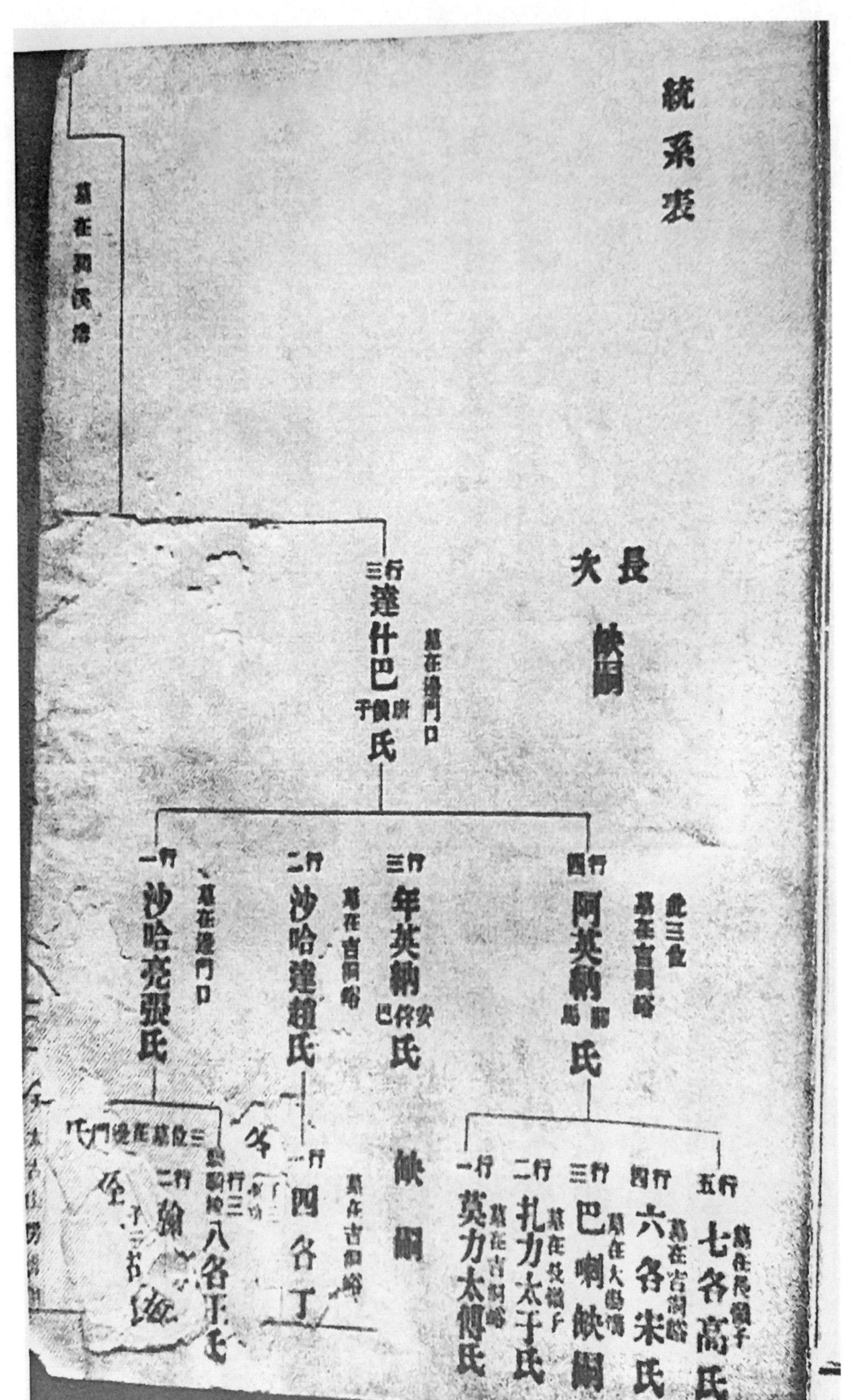

統系表

長
次
缺嗣

三行
達什巴氏
墓在邊門口

四行
阿英納氏
此三位墓在吉洞峪

三行
年英納氏

二行
沙哈達賴氏
墓在吉洞峪

一行
沙哈亮頭氏
墓在邊門口

五行
七各高氏
墓在尼嶺子

四行
六各米氏
墓在吉洞峪

三行
巴喇缺嗣
墓在大場溝

二行
扎力太子氏

一行
莫力太傅氏
墓在吉洞峪

一行
四各丁
墓在吉洞峪

缺嗣

三行
八各丁氏

二行

赫舍里康族世譜先遠不及備考

始祖

一世
考 康奇郎 子五 誥封武德騎尉
妣 關氏 宜人

二世
長次子缺嗣
三 達什巴 子四
妣 氏

三世
長 沙哈亮 子三
張氏
次 沙哈達 子一
趙氏

四世
長 拴柱 子三
胡氏
次 翰班 子三
孫氏
三 八各
王氏
四各 子 石城
丁氏

赫舍里康族世譜

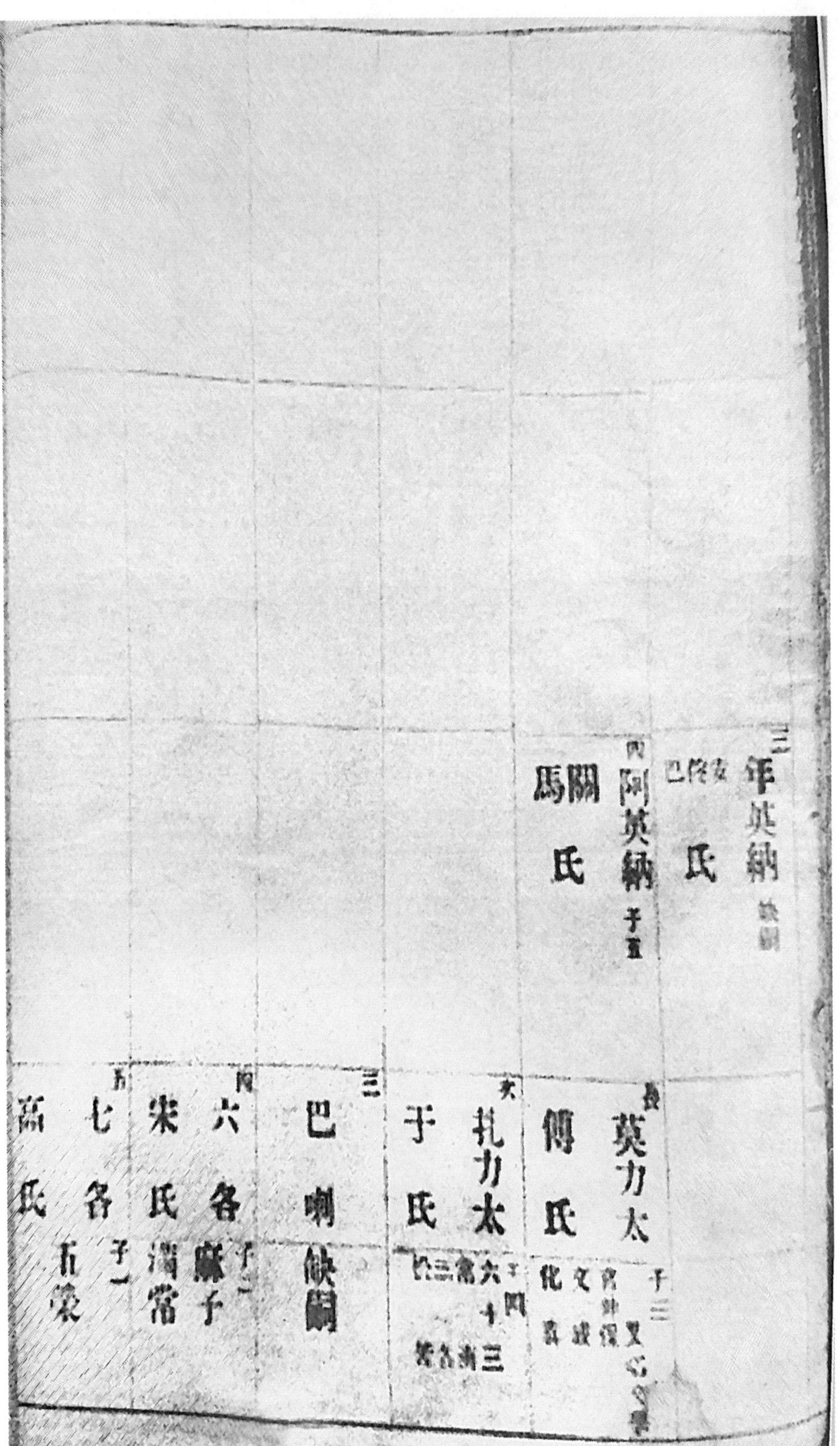

二世

招里 子四

氏

三世

六各 子六

氏

四世

生保 子一 六十三

佟氏

生子 子三

张氏

生太 子四

孙氏

生柏 子二

黄氏

苏氏

五各 子二

丁氏

士[illegible] 子一

屈氏

花子

□達 子三
傅（保）氏

魏其 子二
王氏

□達

付□ 子四
李氏

米住 子二
黄氏

索住 子六
郝氏

白□ 子一
□氏

自明 子七
王氏

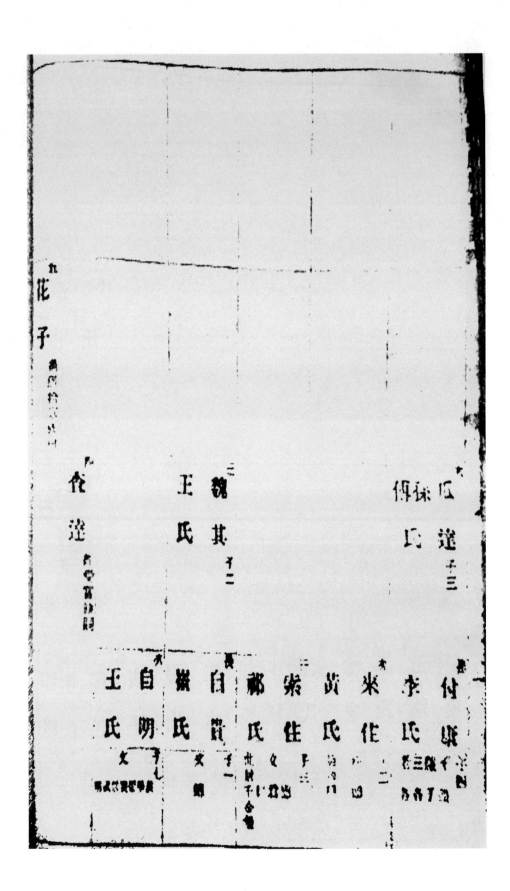

洛什巴後裔長支拴柱榆班八各兄弟三人各生三子分晰列後

五世　六世　七世　八世

長 劉保住 缺嗣

次 吉生 缺嗣
屈氏

三 九榮 缺嗣
以上三位保拴兵之子

長 他力榆
闕張氏
始入正白旗籍 老鶴力粘時在 林氏請實

阿力京阿 子四
李氏

長 三音太 子二
李氏

三成阿 子二
王氏
明春 文

海成阿 子三
李氏
祥春 令作 恩元

后记

经过几年的努力，《佛满洲家谱精选》一书终于编辑完稿。本书是我们多年跟踪调查佛满洲家族后人，挖掘抢救而得成果之一。

关于本书的定名，编者思考再三，因其涉及本书如何收录满族家谱，即收录满族家谱的取向是什么。编者借鉴以往所出版的各种满族家谱选辑，从收藏地域上看，或是以市、省为界，或是全国范围，谱主包括满蒙汉八旗，亦即『满族』。实际上，满族是当代的民族学概念，而在清代则称为『满洲』，满蒙汉八旗统称之为『旗人』。『满洲』在清代分为『佛满洲』和『新满洲』，『佛满洲』是满族共同体形成的核心，在清代占有统治地位。因此，本书编者认为，专门收录整理佛满洲家谱出版，更有益于研究满族共同体发展变迁。从这一理念出发，以『佛满洲』定名，经过精挑细选，编辑出版这部《佛满洲家谱精选》。

由于满族发源于长白山，明代晚期时分为建州女真、海西女真和东海女真三大部分，清初入关，因八旗驻防而分布全国，但其先祖源流仍然在东北的辽吉黑三省。所以，本书以收藏人所在地为准，仅设置辽、吉、黑三卷，谱主源流包括建州女真、海西女真和东海女真三大部分，收录的家谱基本体现佛满洲代表性。

为了给研究者提供有价值的研究参考资料，本书完整地汇编影印了精选的佛满洲家谱，这里不乏鲜为人知初次面世的家谱，对于了解佛满洲文化乃至整个的满族文化，抢救非物质文化遗产具有一定的现实意义。

在这里，我们真诚地感谢佛满洲家族后人无私奉献积极配合，为我们传承保留下来如此完整的原本家谱，感谢满学专家们特别是家谱研究专家给于的指导和帮助。感谢辽、吉、黑三省及相关市县民委给予的支持和关照，感谢三省图书馆给予的帮助和支撑。

感谢张林、王出航、孙利、芦洋、曹昊哲、马贝贝等好友给予的支持和协助。感谢长春师范大学将此研究立项并给以资金支持，使得成果及时出版。同时，更要感谢人民出版社为出版此书所付出的辛苦。

由于我们水平有限，书中难免有一些疏漏和遗憾之处，恳请诸位专家学者给予斧正。

吕　萍

2016 年 12 月

责任编辑：赵圣涛
封面设计：周方亚
责任校对：吴晓娟

图书在版编目(CIP)数据

佛满洲家谱精选:三卷本/吕萍 总主编. —北京:人民出版社,2017.7
ISBN 978-7-01-017646-8

Ⅰ.①佛… Ⅱ.①吕… Ⅲ.①满族-家谱-中国-清代 Ⅳ.①K820.9

中国版本图书馆 CIP 数据核字(2017)第 101180 号

佛满洲家谱精选
FOMANZHOU JIAPU JINGXUAN
(三卷本)

吕 萍 总主编

人民出版社 出版发行
(100706 北京市东城区隆福寺街 99 号)

北京新华印刷有限公司印刷 新华书店经销

2017 年 7 月第 1 版 2017 年 7 月北京第 1 次印刷
开本:787 毫米×1092 毫米 1/16 印张:148
字数:2000 千字

ISBN 978-7-01-017646-8 定价:699.00 元(三卷本)

邮购地址 100706 北京市东城区隆福寺街 99 号
人民东方图书销售中心 电话 (010)65250042 65289539